Esther Kietz-Beck

Heimat im Herzen

Mein steiniger Weg nach Hause

scm R.Brockhaus

Die zitierten Bibeltexte ohne Quellenangabe entstammen der Lutherbibel,
revidierter Text 1984, durchgesehene Ausgabe in neuer Rechtschreibung,
© 1999 Deutsche Bibelgesellschaft, Stuttgart

Die anderen Zitate sind aus folgender Übersetzung entnommen:
Gute Nachricht Bibel, revidierte Fassung, durchgesehene
Ausgabe in neuer Rechtschreibung, © 2000 Deutsche Bibelgesellschaft, Stuttgart.

Umschlaggestaltung: Ralf Krauß, Herrenberg
Satz: Breklumer Printservice, Breklum
Druck: Ebner & Spiegel, Ulm
ISBN: 978-3-417-24980-4
Bestell-Nr. 224.980

INHALT

Erinnerungen an glückliche und traurige Tage,
an gute und schwere Stunden,
an sorgen- und angsterfüllte Augenblicke,
an überraschende Wendungen
und an die unfassbare, unbegreifliche,
unwandelbare und grenzenlose Treue und Liebe Gottes,
die doch alle Erkenntnis übertrifft.

Teil 1:

Heimat in Hinterpommern
1925-1945

Unsere Erinnerungen bergen viel mehr, als wir annehmen; wir müssen mit ihnen nur behutsam umgehen.
Christian Graf von Krockow

Mein Bruder Walter und ich

Mein Vater mit dem Pferd Grete, 1927

Kapitel 1

Aus der Kindheit

Das Glück überwiegt die Bitternis in der Erinnerung. Freude ist stärker als das Leid. Wie könnte sonst solche Sehnsucht nach der Heimat in einem sein? Ein Tag reiner Freude löscht ein ganzes Jahr des Schmerzes aus.

TH. W. ELBERTZHAGEN

Der Erste Weltkrieg war zu Ende, auch die Inflation, die darauf gefolgt war. Am 19.06.1925 wurde ich geboren. Zwei Tage zuvor war mein Bruder fünfzehn Jahre alt geworden. Meine Mutter, fast 40 Jahre alt, hatte dem zu erwartenden Kind etwas besorgt entgegengeblickt. Die Zukunft sah nicht gerade rosig aus. Die Auswirkungen der Inflation waren durch die Einführung einer wohl stabilen Währung, der Rentenmark, für uns weniger zu spüren, denn mein Vater hatte als selbstständiger Kaufmann unter der Arbeitslosigkeit kaum oder wenig zu leiden. Aber die vergangene, schwierige und problematische Zeit bewegte und verunsicherte doch noch die Gemüter. Wer konnte sagen, ob sich so etwas nicht wiederholte? Und dann? Und überhaupt – würde meine Mutter den Anforderungen, die ein Säugling an sie stellte, noch gewachsen sein? Konnte sie in ihrem Alter überhaupt noch ein Kind aufziehen? Seit sie ihr Leben jedoch der Führung Jesu übergeben hatte, wollte sie ihm nun auch ihre Bedenken und Sorgen überlassen und sich trotz vieler unruhiger Gedanken auf ihr Kind freuen.

Mein Vater wollte gerne eine Tochter haben. Nun war ihm sein Herzenswunsch erfüllt worden. Vor Begeisterung hatte er meiner Mutter ein Auto geschenkt und mit dem Rauchen aufgehört. In jeder freien Minute freute er sich über das kleine Wesen, das in dem schönen Himmelbettchen lag. Mein Bruder Walter hatte zuerst energisch protestiert, als ihm das Ereignis angekündigt worden war. Er würde dann ins Wasser gehen, hatte er den Eltern gedroht. Mein Vater hatte jedoch ironisch gefragt: »Du meinst zum Schwimmen? – Ja, zu der Zeit wird das Wasser wohl schon warm genug sein.«

Als dann die Schwester angekommen war, konnte er sich nicht satt sehen an dem kleinen Wunder. Auch die Aussicht, später einmal das Auto fahren zu dürfen, versöhnte ihn weitestgehend mit dem Nachkömmling.

In einer hinterpommerschen Kleinstadt war ein Auto zu dieser Zeit noch eine Seltenheit. In unserer Stadt war es die erste Limousine – heiß begehrt und gern genutzt von Geschäftsleuten, Ärzten, Rechtsanwälten und anderen prominenten Bürgern, ganz besonders bei schlechtem Wetter. Bis Walter jedoch damit fahren durfte, musste er noch etwas Geduld haben. Nun stritt er mit Irma, der zehnjährigen Cousine, um einen Platz am Kinderbett. Irma gehörte ebenfalls zu unserer Familie, seit ihre Mutter vor drei Jahren gestorben war.

Von all den Problemen, die meine Eltern vor und nach meiner Geburt beschäftigten, wusste ich natürlich nichts. Ich habe erst später von ihnen erfahren, als jene wundervolle Zeit zu Ende ging und mein Vater einige Jahre später das Auto verkaufen musste. Diese Gelegenheit war für mich sehr seltsam. Ich hörte, wie die kaufwilligen Interessenten, die das Auto kritisch oder wohlwollend begutachteten, über die Vorzüge einer Limousine sprachen und viele andere Fragen erörterten, von denen ich überhaupt nichts verstand. Dabei ging es zum Beispiel um »sechs Zylinder«. Ich zählte, soweit ich das damals schon konnte, die Sitzplätze vorn und hinten an den Fingern zusammen. Drei und drei und drei – warum sollten in dem Auto nur sechs Männer mit Zylindern fahren? Es gab doch Plätze für acht oder neun Leute darin. Und warum die dabei Zylinder aufsetzen mussten? Was war daran so wichtig? Männer, die zu irgendwelchen Feiern gingen, trugen diese schwarzen, steifen Hüte, die ich absolut hässlich fand. Aber mich fragte ja niemand. Warum wurde nun im Hinblick auf das Auto davon gesprochen und so viel Wirbel darum gemacht? – Viele Fragen, auf die ein kleines Mädchen keine Antwort hatte. Es beschäftigte mich jedoch so sehr, dass ich es bis heute nicht vergessen habe.

Rund um Falkenburg (heute Zlocieniec), einer kleinen Industriestadt in Hinterpommern, mit dem großen, nicht zu übersehenden Poststempel »Stadt der guten Tuche«, gab es ausgedehnte Wälder, sanfte Hügel und viele, viele Seen.

Die »Pommersche Schweiz« – so lautete die offizielle Bezeichnung für den Höhenzug, obwohl die höchste Erhebung wohl kaum mehr als 200 m über dem Meeresspiegel liegt. Den anderen Namen für diese Gegend, »Pommersche Seenplatte«, finde ich zutreffender; denn es gab dort so viele Seen, dass man bei jedem kurzen Spaziergang an einem kleinen oder größeren See vorbeikam. Viele dieser Seen waren kaum bekannt, andere dagegen beliebte Badeseen, sofern sie einen schönen Strand und ein schattiges, nicht zu steiles Ufer hatten. Dort konnte sich die Familie niederlassen, Picknickkörbe sowie kalte und warme Getränke auspacken. Mit Wasserbällen und Schwimmreifen hatten die Kinder die Möglichkeit im seichten Wasser unter Aufsicht der Eltern zu planschen.

Manche Seen waren versteckt, von dunklem Tannen- und Kiefernwald umgeben. Sie sahen romantisch, geheimnisvoll, sogar unheimlich aus, wenn sich auf dem dunkelgrün schimmernden Wasserspiegel die hohen Kiefernkronen spiegelten. Das unergründlich scheinende Wasser wirkte verlockend und bedrohlich zugleich. Beim kleinsten Luftzug raschelte und knisterte das dichte Schilfgras, als raunten und flüsterten unbekannte Wesen sich etwas zu, das der Beobachter nicht hören sollte und auch nicht verstehen konnte.

Hatten die vielen Spukgeschichten, die an den langen Winterabenden beim spärlichen Schein der Petroleumlampe erzählt wurden, an solchen unheimlichen Seen ihren Ursprung? Ich erinnere mich noch, wie eine Gänsehaut nach der anderen über meinen Rücken lief, wenn ich am Abend im Bett lag und mir die riesigen Hunde vorstellte, die plötzlich aus der Dunkelheit auftauchten und mit rot glühenden Augen einsame Wanderer erschreckten und verfolgten. Papa hatte erzählt, dass das Pferd, die gute alte Grete, an einer Wegkreuzung gescheut hatte und in vollem Galopp nach Hause geprescht war. Dort war sie zitternd und schaumbedeckt, das schwarze Fell weiß vom Angstschweiß, vor der Stalltür stehen geblieben. Ob dafür wohl die geheimnisvollen Hunde verantwortlich waren?

Die Frauen, die in unserem Wohnzimmer um den Tisch herum saßen, um Berge von Gänsefedern zu reißen, die in der Mitte des Tisches aufgeschüttet wurden, bemerkten kaum etwas von den weit aufgerissenen Kinderaugen. Selbst meine sonst so verständnisvolle Mutter achtete nicht darauf, dass ich schaudernd zuhörte.

Unser viel und gern gesungenes Heimatlied weiß nichts von solchen unheimlichen Geschichten. Es besingt die faszinierende Landschaft und wurde beim Feiern in froher Runde oder beim Wandern gern und laut gesungen:

»Falkenburg im Kranz der Wälder – Falkenburg im Kranz der Seen, Falkenburg im Kranz der Felder – Falkenburg, wie bist du schön!«

In dem zweitletzten Haus der Tempelburger Straße, in dem ich meine ersten Jahre verlebte, wohnte auch meine Großmutter, die sich gemeinsam mit meiner Mutter um meine Cousine Irma kümmerte. Irma war Vollwaise. Sie war zehn Jahre älter als ich. Ihr Vater war im Ersten Weltkrieg gefallen und ihre Mutter drei Jahre vor meiner Geburt gestorben. Sie war für mich wie eine ältere Schwester.

Meine lebhafteste und schönste Erinnerung geht in meine früheste Kindheit zurück. Mein erster Freund und Nachbar war Werner Beck. Kaum zwei Jahre alt waren wir, als unsere Mütter uns miteinander bekannt machten. Werner! – Ein Freund und Spielgefährte, wie man sich keinen besseren wünschen konnte! Zank und Streit waren für uns Fremdwörter. Wir waren uns ja immer einig. Ich gab den Ton an, bestimmte, wie und was ich bauen wollte, und Werner sagte nur: »Ja, so mach ich das auch!« Noch viele Jahre später erinnerte sich meine Mutter daran und meinte, wir wären die liebsten und artigsten Kinder gewesen, die sie je beobachtet hatte.

Werner war ein Frühaufsteher, ich eine Langschläferin. Stundenlang saß er auf der Treppe, um darauf zu warten, dass ich auch wach wurde. Dabei wurde er von meinem zwei Jahre jüngeren Vetter Gerhard gestört, dessen Vater auf dem Hof eine Tischlerwerkstatt hatte, aus der wir mit den schönsten Bauklötzen versorgt wurden. Diese glatt gehobelten kleinen und größeren Abfallstücke in vielen verschiedenen Formen, rund und eckig, dick und dünn, kurz und lang, waren unser schönstes Spielzeug. Wir liebten diese Tischlereiabfälle. Noch heute fällt es mir schwer, ein glatt gehobeltes Hölzchen wegzuwerfen. Zu gern nehme ich es in die Hand und lasse meine Finger über die warme Oberfläche gleiten. Beim Spielen und Bauen mit diesen Klötzchen waren unserer Fantasie keine Grenzen gesetzt. Nie wurde es langweilig. Auf dem Fußboden bauten wir quer durch alle Zimmer riesige Anlagen, Häuser, Gärten und Eisenbahnzüge. Schachfiguren waren die Bewohner der Häuser und die Reisenden in der Eisenbahn. Immer wieder konnten wir alles verändern und neu gestalten, wenn uns eine andere Idee kam, und dabei vergaßen wir alles um uns her.

Ich bemerkte nicht einmal, dass mein Bruder nach kurzer Krankheit noch vor seinem achtzehnten Geburtstag starb. Er hatte sich mit Tuberkulose angesteckt, was zu spät erkannt wurde und nicht mehr behandelt werden konnte. Erst Monate später wurde es mir bewusst, als ich meine Mutter auf dem Teppich im Wohnzimmer knien sah, während ihre Tränen unaufhaltsam darauf tropften. Die still weinende Mutter – dieses Bild hat mich so erschüttert und sich so tief eingeprägt, dass ich es nie vergessen habe. Ich war zu dieser Zeit erst drei Jahre alt.

Als ich mich sehr viel später daran erinnerte und meine Mutter fragte, warum sie damals geweint habe, erzählte sie mir den Grund: Mein Bruder hatte sich den sehr wertvollen Teppich im Wohnzimmer schon vor meiner Geburt als sein Erbe erbeten. Den sollte die kleine Schwester nicht bekommen. Das möge meine Mutter doch in ihrem Testament bestimmen. Daran hatte Mutti denken müssen, als sie nun nach Walters Tod den Teppich gebürstet und ich ihre Tränen gesehen hatte.

Mit dieser Erinnerung an die weinende Mutter wird noch ein anderes Bild an meinen lebenden, noch gesunden, Bruder lebendig. Es war sein letztes Weihnachtsfest. Der Weihnachtsmann war gekommen und ich hatte einen kurzen Vers aufgesagt. Nun sollte auch mein Bruder ein Gedicht vortragen. Er stotterte dabei so, dass der Weihnachtsmann böse wurde und Walter mit der Rute drohte. Zitternd vor Angst saß ich neben meiner Mutter auf dem Sofa und wollte meinem Bruder so gern helfen. Aber der versteckte sich vor dem laut schimpfenden Weihnachtsmann und kroch unter den großen Blumentisch vor dem halbrunden Erkerfenster. Von dort aus flüchtete er hinter den Kachelofen und schien meine ängstlichen Bemühungen, ihm einen Vers vorzusagen, nicht zu bemerken. Wahrscheinlich machte Mutti im Hinblick auf meine Angst dem Spiel dann ein Ende. Der Weihnachtsmann ließ von Walter ab und wandte sich mir wieder zu. Ob ich für meinen ungezogenen Bruder nicht noch einen Vers sagen könne? Und ich stotterte bebend: »Lieber, guter Weihnachtsmann ….« Das genügte ihm schon.

Wäre dieses Erlebnis nicht gewesen, könnte ich mich an meinen Bruder Walter überhaupt nicht erinnern. Drei Wochen vor meinem dritten Geburtstag starb er.

Meine Mutter gehörte der Landeskirchlichen Gemeinschaft an, die im Haus meiner Eltern im Souterrain einen Raum für Bibelstunden und den Kindergottesdienst gemietet hatte. Der Prediger, der in Dramburg wohnte, übernachtete manchmal auch in unserem Hause, nachdem er die Bibelstunde gehalten hatte. Er half auch meinen Eltern durch seinen Zuspruch und Trost über die traurige Zeit nach dem Tode Walters hinwegzukommen.

Sonntagnachmittags durfte ich Mutti zum Gottesdienst in den Konfirmandensaal gegenüber der Kirche begleiten, »zur Stunde«, wie sie es nannte. Obwohl ich von der Predigt nichts verstand, ging ich gern mit wegen der schönen Lieder, die gesungen wurden. Ich sang ja so gern, obwohl ich die Texte nicht verstand. Um mich während der Predigt zu beschäftigen, nahm Mutti ein Bilderbuch für mich mit; mein »Liederbuch«, aus dem ich hin und wieder auch sang, begeistert, laut und nicht unbedingt mit der Melodie übereinstimmend, so dass manche Gottesdienstbesucher dadurch irritiert wurden.

Für meine Eltern war der Tod Walters der Beginn einer schweren Zeit voller Not. Nicht nur die Trauer um den Sohn war es, die sie erschütterte, auch finanzielle Sorgen belasteten sie zunehmend. Mein viel zu gutmütiger und gutgläubiger Vater hatte unmittelbar nach der Inflation einigen Geschäftsfreunden helfen wollen, indem er ihnen Wechsel unterschrieb, die er dann auch einlösen musste. Das war zu viel Belastung für sein sonst gut gehendes Geschäft. Bald musste er Konkurs anmelden. Er fand niemanden, der bereit war, ihm zu helfen. Das Auto wurde verkauft, das Haus versteigert, und nur ein kleiner Rest für einen spärlichen Neuanfang blieb den Eltern erhalten. Mit diesem Geld konnten sie außerhalb der Stadt, fast in der Einöde, ein Grundstück erwerben. Sie bauten eine provisorische Wohnung, ein Gartenhaus mit angebautem Stall für das Pferd, eine Kuh, ein paar Hühner und Gänse. Später sollte dann ein solides Haus vorn an der Straße errichtet werden.

In meinem Puppenwagen transportierte ich unsere alte graue Katze und meine zwei Puppen zu unserem neuen Heim. Für meine Begriffe war es ein weiter Weg. Die Polziner Chaussee begann unmittelbar hinter der Schlossziegelei, am Ausgang der Stadt. An der langen, graden Straße standen rechts und links Kastanienbäume, daneben waren Felder und Wiesen. Zuerst ging es sanft abwärts bis zur Dragebrücke, von der aus man einen wunderbaren Blick auf die Stadt hatte, unmittelbar hinter der Brücke ging es wieder bergauf. Weit und breit kein Haus. Erst oben, wo die Straße wieder eben wurde, standen rechts drei Villen, links verdeckte eine hohe Böschung die dahinter liegenden Felder. Hinter den Villen bog ein sandiger Feldweg nach rechts ab, an dem zwei lang gestreckte, schmucklose Häuser standen, zwischen beiden lag ein großer Hof, dessen Mittelpunkt eine Wasserpumpe mit einem langen Schwengel und einem gemauerten Brunnen mit niedrigem Rand bildeten. Die beiden Backsteinhäuser waren nach dem Ersten Weltkrieg für Deutsche gebaut worden, die in Westpreußen gewohnt hätten, aber nicht dort bleiben wollten, als das Gebiet an Polen fiel, wie es im Versailler Vertrag ausgemacht worden war; »Optantenhäuser« nannte man sie.

Unmittelbar angrenzend begann das Grundstück, das meine Eltern gekauft und auf dem sie unser provisorisches Heim erbaut hatten. Es war das letzte Gebäude am Ausgang von Falkenburg in Richtung Teschendorf. Als wir dort einzogen, gab es weder elektrisches Licht noch fließendes Wasser. Papa hat darum als Erstes eine Pumpe aufgestellt, aus der wir unser Wasser holen konnten. Die Pumpe war lange nicht so groß und hoch wie die auf dem Nachbargrundstück, aber sie war näher und für uns bequemer. Für die Beleuchtung dienten uns ausschließlich Petroleumlampen. Ich fand das alles ganz interessant. Es machte mir Spaß, den leichten Pumpschwengel zu bewegen und den kühlen Strahl des frischen Wassers über meine nackten Füße laufen zu lassen. Für Mutti war es ziemlich unbequem. Sie musste fast ein Jahr lang auf den Stromanschluss warten.

In der Küche war ein aus Backsteinen gemauerter Herd, der gleichzeitig zum Kochen und Heizen diente. Der Ofen im Wohn- und Schlafzimmer, das nur durch Vorhänge abgeteilt war, war ebenfalls aus Backsteinen gemauert. Auf der Ofenbank war es im Winter so richtig mollig und behaglich. Ich saß gern darauf, um meine Füße aufzuwärmen, wenn es draußen eiskalt war und man durch die zugefrorenen Fenster nur hinaussehen konnte, nachdem man die Eisblumen durch den Hauch oder eine darauf gepresste Münze kurzzeitig weggetaut hatte. In der Ofenröhre lagen Äpfel, die nicht nur wunderbar dufteten, sondern auch sehr gut schmeckten.

Etwa 400 Meter weiter war das Birkenwäldchen. Ein tiefer, von Sträuchern und niedrigen Bäumen bewachsener, trockener Graben, durch den vor langer, langer Zeit noch Wasser in die Drage geflossen war, trennte dieses Wäldchen in zwei verschieden große Bereiche. Für uns Kinder war nur der vordere Abschnitt interessant; denn an der steilen Böschung gab es Fuchsbauten und tiefe oder flache Gruben, die wir erweiterten und als Höhle oder Versteck nutzten, nachdem wir aus belaubten Zweigen ein Dach darüber gelegt hatten.

Aus dem Fenster sah man über die Drageniederung hinweg unser altes Haus. Unmittelbar daneben, in dem letzten Haus der Tempelburger Straße, wohnte Werner. Hier, so weit draußen, hatte ich mich mit niemandem angefreundet, gewöhnte mich aber allmählich daran, mich allein zu beschäftigen und zu spielen. Viel schlimmer war es für Werner, dessen Mutter nach kurzer, schwerer Krankheit gestorben war. Sein Vater heiratete aber bald eine junge Frau, die Werner schon kannte. Sie hatte im gleichen Haus gewohnt.

Kapitel 2

In der Schule

Also lautet der Entschluss: Dass der Mensch was lernen muss!

WILHELM BUSCH

Ein Jahr nach unserem Umzug begann für mich der Ernst des Lebens, die Schule. Obwohl Werner und ich gleichzeitig eingeschult wurden, kamen wir doch nicht in eine Klasse. Es waren zu viele Schüler in Falkenburg, so dass diese in mehrere Klassen aufgeteilt werden mussten, in reine Mädchen- und Jungenklassen. Schüler, deren Familienname mit den Buchstaben S bis Z begann, wurden in einer gemischten Klasse zusammengeschlossen und außerhalb des Schulgebäudes in einem Raum neben der Sparkasse unterrichtet. So wurde Herr Siewert aus der Pfarrhufenstraße mein Lehrer.

In dem provisorischen Klassenzimmer standen vier (oder 5) lange Bänke, die von einer Wand zur anderen reichten. Rechts endeten die Bänke unmittelbar an der Wand, links war ein schmaler Gang zwischen dem Ende der Bank und der Außenwand des Klassenzimmers. Auf der rechten Seite saßen die Buben – die konnten nämlich besser klettern. Falls während der Unterrichtsstunde einer austreten musste, blieb ihm nichts anderes übrig, als über die vor ihm sitzenden Mitschüler hinweg zu steigen.

Nach dem zweiten Volksschuljahr wurde unsere gemischte Klasse aufgelöst und in die reinen Jungen- beziehungsweise Mädchenklassen verteilt. Jetzt sahen Werner und ich uns gelegentlich auf dem Schulhof, aber wir ließen uns nicht anmerken, dass wir uns kannten. Ob Werner überhaupt daran interessiert war, dass wir uns auf dem Schulhof trafen? Er schien mir aus dem Weg zu gehen. Darüber war ich etwas betrübt. Manchmal wagte ich mich provozierend in seine Nähe und winkte ihm zu, aber das geschah wohl sehr selten, und ich weiß nicht, ob er es überhaupt bemerkt hat.

Ein Jahr nachdem wir in unserem Behelfsheim eingezogen waren, ließ Papa eine Wohnung anbauen. Meine Cousine Irma erwartete ein Kind und wusste noch nicht, ob der Vater sie heiraten würde. In der damaligen Zeit war das für ein junges Mädchen ein großes Problem. Irma war gerade erst 17 Jahre alt. Sie hatte eine Ausbildung als Verkäuferin in einem Geschäft für Papier- und Schreibwaren begonnen. Lange konnte ihr Zustand nicht verborgen bleiben, und sie wurde fristlos entlassen. Niemand wollte eine junge Frau mit einem unehelichen Kind beschäftigen oder in seine Wohnung aufnehmen. Meine Großmutter, mit der Irma bis zur Versteigerung unseres Hauses die obere Etage bewohnt hatte, war im so genannten Hospital eingezogen, in dem sie schon lange ein Zimmer mit kleiner Küche reserviert hatte. Unsere behelfsmäßige Wohnung war viel zu klein, um noch jemanden darin unterzubringen.

Papa machte Pläne, wie er Irma helfen konnte. Er, der kleine, rührige Geschäftsmann, gab nicht so leicht auf vor schwierigen Problemen, schon gar nicht, wenn jemand seine Hilfe brauchte und noch dazu verwandt war. Auf dem Grundstück, auf dem unser Domizil stand, war noch Platz genug, eine Wohnung anzubauen. Es brauchten ja nur drei Mauern und ein flaches Dach errichtet zu werden! Helfer gab es genügend unter den Verwandten und Bekannten, von denen viele arbeitslos waren. Papa hatte auch gute Freunde, die ihm kostengünstiges Material lieferten. Als die Anbaupläne genehmigt waren, legte er los, und kurz bevor Irmas Tochter geboren wurde, war die Wohnung fertig. Es war Papa sogar gelungen, den Vater des Kindes zur Heirat zu bewegen, gerade noch rechtzeitig, bevor das Kind kam. Mutti kümmerte sich um Irma, die, wie die meisten Frauen damals, zu Hause entbinden konnte.

Einige Monate zuvor hatten wir auch elektrisches Licht bekommen. Nun besorgte Papa einen Generator und verlegte eine provisorische Wasserleitung in unsere und Irmas Wohnung. Welche Erleichterung für Mutti und Irma!

Zu dieser Zeit war Hitler auch gerade deutscher Reichskanzler geworden. Das hat mich damals kaum interessiert, und ich hätte es wohl gar nicht bemerkt, wenn ich nicht die erregten Erörterungen der Erwachsenen gehört hätte. Ich wusste nicht, welche Bedeutung dies hatte und haben würde, doch spürte ich, dass es etwas Besonderes sein musste. Viele schienen verunsichert und nicht recht zu wissen, ob sie sich freuen oder fürchten sollten. Wenn Männer beieinander standen, diskutierten sie lebhaft die Folgen, die es mit sich bringen könnte, wenn Hitler seine Pläne verwirklichte, obwohl niemand so recht zu wissen schien, was er plante, außer dass er versprochen hatte, für jeden Arbeit und ein geregeltes Einkommen zu schaffen. Das wünschten sich doch alle, denn es sah nicht gerade gut aus in Deutschland, wie ich aus den Gesprächen der Erwachsenen hörte, die nun auf den Aufschwung mit Hitler hofften.

Viele seiner Vorgänger hatten auch versprochen, dass sich die Verhältnisse bessern würden, aber niemand hatte es verwirklichen können. Ob es Hitler gelingen würde? Oder würde es gar noch schlimmer werden? Mein Vater schien optimistisch zu sein. Er glaubte Hitlers Plänen und hielt ihn für fähig, diese auch zu verwirklichen. Der von vielen sehr geschätzte Präsident Hindenburg würde wohl dafür sorgen, so meinte Papa. Aber der starb bald und mein Vater war sichtlich betroffen und nun auch nicht mehr so sicher in seinen Erwartungen. Ich ließ mich nur zu gern von denen beeinflussen, die nun erst recht an den Aufschwung für Deutschland glaubten. Und es wurden auch immer mehr, die Hitler begeistert zujubelten. Dass andere immer stiller wurden, fiel mir nicht auf.

Als ein Nachbar aus den Optantenhäusern, ein Kommunist, wie Papa sagte, abgeholt wurde, bemerkte ich, dass meine Eltern ziemlich beunruhigt waren. Sie versuchten aber, es vor mir zu verbergen. Der Nachbar war mir unsympathisch gewesen. Oft hatte er betrunken herumkrakeelt, und wir Kinder waren ihm lieber aus dem Weg gegangen.

In dieser Zeit feierte unsere Stadt Falkenburg ihr 600jähriges Jubiläum. Da war viel los. Seltsam erscheinende Kriegsheere, Raubritter und andere unheimliche Gestalten stellten die Stadtgeschichte dar. Alles habe ich wohl gar nicht einordnen können; denn bisher hatten wir noch keinen Geschichtsunterricht gehabt. Aber von dem Gezeigten war ich zutiefst fasziniert. Solche Darstellungen würde ich gern noch einmal erleben. Ich nahm mir fest vor, bei der 700-Jahrfeier wieder dabei zu sein. (Diese Absicht werde ich wohl nicht verwirklichen können.)

In unserer Nachbarschaft gab es wenige Kinder in meinem Alter. Mir machte das auch nur anfänglich etwas aus. Wenn ich nicht mit Werner zusammen sein konnte, wollte ich auch keine anderen Freunde. Ich konnte mich gut allein beschäftigen. Gelegentlich half ich Mutti im Garten, besonders gern im Sommer, wenn die zuckersüßen Erdbeeren reif waren oder ich mir mit den zarten Erbsen die Schürzentasche voll stopfen durfte. Dann trieb ich die Gänse auf die Wiese und passte auf, dass sie ihre Visitenkarten nicht über die ganze Wiese verteilten, weil das Gras dann der Kuh und dem Pferd nicht mehr schmeckte.

Wenn die flaumigen, gelben Gänseküken anfingen, die ersten saftigen Grashalme zu zupfen und sich dabei »unterhielten«, machte mir das Hüten besonders viel Spaß. Das leise Piepsen und Girren fand ich bezaubernd. Wie das schilpte und piepste! Und die Mutter wusste genau, wann die Kleinen müde und satt waren. Sie setzte sich dann und breitete ihre Flügel aus, damit alle darunter Platz fanden. Hier und da guckte ein vorwitziges gelbes Schnäbelchen zwischen den weißen oder grauen Federn der Mutter hervor, und die blauen Perläugelein lugten halb verschlafen in die große Welt. Der Gänsevater gönnte sich erst eine Ruhepause, als die ganze Familie still war. Dann steckte er seinen langen Hals unter einen seiner Flügel. Ich legte mich auf der Wiese ins Gras und sah den Wolken zu, die sich immer wieder neu und anders formierten. Schiffe, Gebirge, Tiere und vielerlei Gestalten bildeten sich am Himmel und lösten sich wieder auf. Meiner Fantasie waren bei der Ausdeutung keine Grenzen gesetzt. Da konnte ich träumen von Reisen in andere Welten, mit Feen und Elfen spielen, Luftschlösser bauen und mich ganz und gar vergessen. Solange, bis der

Gänserich erwachte und mit lautem Krakeelen auch seine Frauen und Kinder daran erinnerte, dass sie nicht nur zum Schlafen auf dieser schönen, saftigen Wiese waren. Dann wartete ich noch, bis meine Schützlinge rund gefüllte Kröpfe hatten, um den Heimweg mit ihnen anzutreten.

Nach der vierten Volksschulklasse (1936) wechselten die guten Schüler auf Empfehlung ihrer Lehrer in die Mittelschule. Fräulein Schade, unsere Klassenlehrerin, hatte mich auch vorgeschlagen. Meinen Eltern fiel es aber schwer, das Schulgeld aufzubringen. Doch meine Lehrerin legte viel Wert darauf und befürwortete Schulgeldermäßigung für mich, so dass meine Eltern nur zwei Reichsmark im Monat zahlen mussten.

Nun waren Werner und ich zusammen in einer Klasse, in der etwa 40 Schüler und Schülerinnen zusammengekommen waren! Ein bekanntes Gesicht unter vielen fremden. Viele der Schüler, die in dieser Klasse waren, kamen nicht aus der Falkenburger Volksschule, sondern aus den benachbarten Dörfern. Außer Werner kannte ich nur Ruth Lux. Ruth hatte ich öfter in der Sonntagsschule getroffen. Ihre Eltern gingen in die Gemeinde, zu der auch meine Eltern gehörten.

Wir beide waren die Kleinsten unserer Klasse. Deshalb ergab es sich, dass wir nicht nur zusammen in einer Bank saßen, sondern auch auf dem Schulhof zusammen als die Letzten in der Reihe standen, wenn nach der Pause jede Klasse antrat, um sehr diszipliniert und ordentlich in die jeweiligen Klassenräume einzuziehen. Auch hier verriet ich niemandem, dass ich Werner schon lange kannte. Und ich vermute, dass auch Werner seinen Freunden nichts davon gesagt hat. Ich bemerkte jedoch mit Genugtuung, dass mein alter Vertrauter einer der besten Schüler unserer Klasse war.

Gleichzeitig mit uns hatte auch ein junger Lehrer von der Volks- in die Mittelschule gewechselt. Er war im ersten und zweiten Jahr unser Klassenlehrer, ein fanatischer und überzeugter Nationalsozialist. Vermutlich sollte er den meist älteren und konservativ eingestellten Lehrern der Mittelschule die richtige Denkweise zum neuen Lehrstoff vermitteln und dafür sorgen, dass die Schüler alles aus der nationalsozialistischen Perspektive zu sehen lernten. Darüber dachte ich damals aber nicht nach. Herr Latuske war mir gegenüber fair, wie ich meine, obwohl er wohl wusste, dass meine Eltern weder in der Partei waren, noch an irgendwelchen nationalsozialistischen Veranstaltungen teilnahmen. Sicher war ihm auch bekannt, dass sie gläubige Christen waren.

Ich mochte ihn nicht sonderlich. Seine stählerne, herrische Stimme stieß mich am meisten ab. Er hatte mich zwar nie angeschrien, aber wenn er morgens mit markigem, militärischem Schritt das Klassenzimmer betrat, beobachtete ich ihn ängstlich. Mit Knickerbockern und Schaftstiefeln trat er vor die Klasse. Jeweils einer der Schüler musste statt des bisher üblichen Morgengebetes einen Ausspruch von Hitler oder Gedanken eines deutschen Dichters vortragen. Dann grüßte er der Klasse zugewandt mit ausgestrecktem Arm »Heil Hitler!«, und wir durften uns wieder setzen.

Dabei denke ich an ein Erlebnis, das mich damals sehr erschreckt und verunsichert hat. Es war an einem 9. November. Ich war mit dem »Begrüßungsvers« an der Reihe. Vom Kalenderzettel hatte ich einen vierzeiligen Spruch von Goethe gewählt. Kaum hatte ich die erste Zeile gesagt, als Herr Latuske mich schroff unterbrach und mit deutlichem Unwillen nachdrücklich und emphatisch schrie: »Und ihr habt doch gesiegt! – Heil Hitler!« Kleinlaut und eingeschüchtert setzte ich mich wieder hin. Innerlich bebte ich vor Furcht und Besorgnis. Wie hatte ich es nur übersehen können, dass heute der 9. November war! *Der* Gedenktag für die Nazis! Das war uns doch eingehämmert worden: Am 9. November 1923 war Hitlers versuchter Staatsstreich gescheitert. Unter seinen Anhängern hatte es viele Tote gegeben. Hitler war mit Gefängnis bestraft worden. Zehn Jahre später war er Reichskanzler geworden! Das war für seine Gefolgsleute und Parteifreunde Grund genug, stolz zu sein und der »Märtyrer der Bewegung« zu gedenken. Darum konnte auch unser Lehrer jetzt selbstbewusst betonen: »Und ihr habt doch gesiegt!«

Die meisten der Lehrer mochte ich gern. Fräulein Deckmann, die wir in Deutsch, später auch in Französisch hatten, war wohl bei allen

Schülern beliebt. Herrn Tesch, unserem ersten Englischlehrer, verdanken wir eine sehr gute englische Aussprache, mit der wir uns auch lange nach der Schulzeit mit Engländern unterhalten konnten, ohne ihre Heiterkeit ob unseres seltsamen Akzents zu erregen. Dr. Herding war unser Mathelehrer, streng und sehr korrekt. Manchmal bestellte er einen der Jungen ins Lehrerzimmer, weil er frech gewesen war. Dort, so wussten wir, bekam derjenige mit dem Rohrstock auf seinen Allerwertesten. Dann und wann drohte er auch einem Mädchen, sie ins Lehrerzimmer zu bestellen. Für sie würde er ein rosa Bändchen um den Rohrstock knoten, versprach er scherzend. Ob jemals eine Schülerin den mit dem Bändchen verzierten Rohrstock zu Gesicht bekommen hat?

Besonders gern erinnere ich mich an unseren Musik-, Geschichts- und Erdkundelehrer, Herrn Gläser. Was wir bei ihm gelernt haben, hat sich so eingeprägt, dass ich es auch jetzt noch weiß. Schmunzelnd erzählte er uns, dass er keinen Schweizer Käse kaufen würde, weil die Löcher darin ja alle mitgewogen würden. Den Schwarzwald fand er ganz besonders schön und empfahl uns, dorthin zu reisen, nur nicht gerade nach Baden-Baden, weil dort nur die ganz Dreckigen wohnten. Zu denen gehörten wir ja nicht. Unaufmerksame Schüler ließ er im Musikunterricht vorn in der ersten Reihe »auf dem Sperrsitz in Backpfeifennähe« sitzen.

Für die Falkenburger Kirche war er wohl einer der besten Organisten. Jeder, der einmal am Weihnachtsmorgen um sechs Uhr dabei war, entweder als Hörer oder Mitwirkender in einem der Chöre, wird dieses Erlebnis sicher nie vergessen haben. Für mich war es auf jeden Fall einer der Höhepunkte meiner Schulzeit, als ich im Leineweberchor beim Eia-Singen mitsingen durfte.

Wie alle meine Schulkameradinnen gehörte ich auch zur jüngsten Gefolgschaft Hitlers. In der Jungmädchen-Gruppe war ich zumindest als Mitglied eingetragen, ging aber nur selten zum »Dienst«, wie man es nannte. Dazu hatte ich keine Lust. Heute frage ich mich, warum man mich gewähren ließ. Es kam niemand, der mich abholte, der gar mit Strafen drohte, wenn ich ständig den Dienst schwänzte. Ich hatte keine »Uniform«, wie der dunkelblaue Rock, die weiße Bluse mit dem schwarzen Tuch und dem braunen Lederknoten und der kurzen braunen Wildlederjacke genannt wurde. Dafür wollten meine Eltern kein Geld ausgeben. Fühlte ich mich ohne diese Uniform nicht dazugehörig und nahm deshalb nicht gern an den Veranstaltungen teil? Oder war es einfach Faulheit und Bequemlichkeit? Wenn mich eine Schulkameradin hin und wieder überredete, mit ihr zu gehen, gefiel es mir recht gut. Wir machten Spiele, bastelten und sangen fröhliche Lieder. Aber wenn niemand kam, um mich abzuholen, blieb ich zu Hause. Ich habe während des »Tausendjährigen Reiches« höchstens zehnmal aktiv an den Zusammenkünften der Jungmädelgruppe teilgenommen, habe keine Aufmärsche und Fahrten mitgemacht, und niemand hat mich aufgefordert oder gar gezwungen.

Im Geschichtsunterricht und bei vielen anderen Gelegenheiten wurde uns konsequent eingehämmert, dass die Deutschen ein ganz besonderes Volk seien, eine »Herrenrasse«, und dazu berufen, alle Nationen zu beherrschen. Wir hörten nun auch, dass man uns nach dem verlorenen Weltkrieg sehr ungerecht behandelt hatte. Aber unter der Führung Adolf Hitlers sollte das Unrecht wiedergutgemacht werden. Das war ein erhebendes Gefühl für uns. Unser Selbstbewusstsein und unser Stolz, Deutsche zu sein, wuchs mit jeder Unterrichtsstunde. Und wir warteten ungeduldig darauf, dass wir den Siegern des Ersten Weltkrieges zeigen konnten, wer wir wirklich waren!

Die Polen, unsere nächsten Nachbarn, die nach dem verlorenen Krieg so viel von dem deutschen »Kuchen« abgekriegt hatten – das fruchtbare Land Westpreußen, die deutsche Kornkammer –, wurden immer unverschämter. Sie fingen an, die wenigen Deutschen, die nach dem schändlichen Friedensvertrag dort geblieben waren, gewaltsam zu vertreiben oder doch so zu drangsalieren, dass sie nicht länger bleiben wollten. So wurde es uns jedenfalls gesagt, damit wir systematisch gegen die Polen aufgehetzt wurden. Täglich hörten wir von schrecklichen Gräueltaten, die Polen an Deutschen verübten, und unser Wunsch nach Vergeltung wurde immer stärker. Das wollten wir uns nicht gefallen lassen. Das konnten wir einfach nicht zulassen, das ging zu weit! Wir waren bereit, dem Führer zu folgen, wenn er die Deutschen dem polnischen Terror entreißen würde, auch dann, wenn es nur mit Gewalt ginge, ja, selbst wenn es deswegen Krieg geben musste.

Ein nicht gerade angenehmer Gedanke! Krieg – das war etwas Furchtbares, wie wir von den Eltern wussten. Seit dem großen Krieg waren ja noch keine 20 Jahre vergangen! Mutti dachte mit Schrecken daran zurück. Zwei ihrer Brüder waren gefallen, der Mann ihrer Schwester (Irmas Vater) ebenfalls. Und wir wohnten sehr nahe an der polnischen Grenze!

Ganz in unserer Nähe wurde bald nach Hitlers Machtübernahme in einem zwar reizvollen, aber nicht gerade fruchtbaren Landstrich, am Krössinsee, eine Ordensburg gebaut. Dort sollte die nationalsozialistische Elite nach dem Vorbild der Ordensritter ausgebildet werden. Papa erzählte von der Gegend nur erschaudernd. Er versuchte auch, dieses Gebiet zu meiden, wenn er mit Grete, unserem russischen Steppenpferdchen, unterwegs war. In ganz Deutschland gab es nur drei Ordensburgen dieser Art, Krössinsee, Sonthofen und Vogelsang. Wir jungen Falkenburger waren stolz darauf, dass es so etwas in unserer Nähe gab.

Weniger erfreut waren meine Eltern, dass der Feldweg, an dem unser Grundstück lag, zu einer Hauptverkehrsstraße zu dieser Ordensburg ausgebaut werden sollte. Ihnen wurde vorgeschrieben, auf dem noch unbebauten Grundstück ein »repräsentatives« Haus zu bauen. Andernfalls würde man uns enteignen. Meine Eltern hatten ja geplant, dort ein Haus zu bauen, aber zu dieser Zeit hatten sie nicht genügend Geld, um damit anzufangen. Bevor man ihnen das Land jedoch »wegnahm«, wollten sie lieber alles versuchen, um einen Kredit zum Hausbau zu bekommen. Papa hatte Freunde in dieser Stadt, in der er geboren war; vielleicht würde ihm ja jemand helfen?!

Nach einigen vergeblichen Versuchen hat er wirklich jemand gefunden. Papas Schulfreund war bereit, für den Bankkredit zu bürgen. Danach ging alles sehr schnell. Verwandte und Freunde boten ihre

Mithilfe an. Der Aushub, reiner Sand, wurde von einem Geschäftsfreund Papas, Ewald Fratscher, abgeholt, der ihm im Gegenzug Material für das Fundament lieferte. Das Material musste natürlich bezahlt werden, aber der Transport war umsonst. Letztendlich ging es nicht nur schneller als geplant, es wurde auch erheblich billiger. Immer wieder hörte ich meine Mutter dankbar sagen: »Gott ist dabei! – Er will, dass wir das Haus bauen, darum hilft er uns auch.«

Eine für mich interessante Verzögerung gab es dann doch. Beim Aushub für den Keller, der in mühsamer Handarbeit gemacht wurde, fand Mutti Urnenreste aus der Bronzezeit. Sie hatte sich schon immer sehr für Archäologie interessiert, nun war sie von dem Fund so begeistert, dass sie sofort alle weiteren Arbeiten einstellen ließ und das Heimatmuseum beauftragte, Untersuchungen einzuleiten. Dabei erfuhren wir von einer ganzen Menge Menschen, die lange vor uns hier gewohnt hatten. Fast alle Schulklassen kamen nacheinander, um die Funde zu besichtigen und zu hören, aus welcher Zeit die Fibeln mit winzigen daran haftenden Stoffresten stammten. Durch eine amtliche Verfügung wurden die Arbeiten dann für längere Zeit unterbrochen, und Papa machte Mutti viele Vorwürfe, dass sie davon etwas verlauten lassen hatte, weil das Haus erst Monate später weitergebaut werden konnte.

Nach Beendigung des zweiten Mittelschuljahres, der fünften Klasse, verließ Werner unsere Klasse und die Schule, um in Dramburg das Gymnasium zu besuchen. So sah ich ihn nur ganz selten, denn er fuhr früh morgens mit dem Zug von Falkenburg nach Dramburg, noch bevor in der Mittelschule der Unterricht begann.

Kurz vor meiner Konfirmation, am Palmsonntag 1939, konnten die ersten Mieter in unserem neuen Haus einziehen. Die Nicolais, eine junge Familie, die aus dem Schwarzwald stammte, hatte drei Kinder, das vierte Kind war unterwegs. Zwei ältere Damen, Mutter und Tante der jungen Frau, kamen auch mit.

Herr Nicolai arbeitete auf der Ordensburg Krössinsee als Lehrer und Ausbilder der Elite. Er kam oft zu meinem Vater, um sich mit ihm zu unterhalten. Wenn ich den Gesprächen manchmal lauschte, fiel mir auf, wie vorsichtig Papa war, der sonst immer viel zu viel redete, oft mehr, als angebracht war, wie es mir schien.

Um den Bankkredit möglichst schnell zurückzahlen zu können, wohnten wir auch weiter in unserem Behelfsheim und vermieteten beide Wohnungen im Neubau. Der Direktor der Sparkasse versicherte meinem Vater wohlwollend, dass dieses Haus eines der modernsten in Falkenburg geworden sei. Aber bei uns wurde weiterhin an allen Ecken und Enden gespart. Selbst meine Konfirmation wurde im allerkleinsten Kreis gefeiert. Die Kleider nähte Mutti selbst. Das war billiger. Großeltern und Paten waren meine einzigen Gäste. Freunde hatte ich keine, die ich hätte einladen wollen. Deshalb war ich auch nicht traurig bei der kleinen Feier ohne Gäste.

Am Konfirmandenunterricht hatte ich sehr gern teilgenommen. Die zwei Jahre waren wie im Flug vorbeigegangen. Der Konfirmationsspruch, den Pastor Strege für mich ausgesucht hatte, machte mich nachdenklich. Das war ja auch mein Taufspruch gewesen! Damals hatte Mutti ihn bewusst gewählt, wie sie mir gesagt hatte. Ob der Pastor das wusste? Ich wagte nicht, ihn zu fragen. Als ich aber auch eine Gratulationskarte mit dem Vers aus Jesaja 43,1 bekam, bestätigte sich, dass Gott dieses Wort für mich bestimmt hatte: *»Fürchte dich nicht, denn ich habe dich erlöst; ich habe dich bei deinem Namen gerufen; du bist mein!«*

Wenn Gott dieses Bibelwort für mich ausgewählt hatte, dann bedeutete das, dass Gott mich beim Namen gerufen hatte und ich ihm gehörte. Dann wollte er auch über mich und mein Leben bestimmen. Doch das verstand ich zu jener Zeit als Einengung: kein Vergnügen, kein Tanz, kein Kino und nichts, an dem andere junge Menschen Freude hatten. Nein, das gefiel mir überhaupt nicht. Ich wollte doch lieber selbst meine Entscheidungen treffen! So weigerte ich mich, Gott mein Leben zu überlassen, fand den Gedanken aber angenehm, in kritischen Situationen beten zu können.

Mutti dagegen nahm mich mit Freudentränen in den Augen in die Arme, als sie den Konfirmationsspruch gehört hatte, und wünschte mir, dass ich mich an diese Zusage Gottes immer erinnern möge, auch und besonders dann, wenn einmal Zweifel in mir aufkämen und ich mit Gottes Führung nicht einverstanden wäre. Sie fand das also ganz in Ordnung! Und ich dachte auch nicht mehr lange darüber nach.

Hier, so weit außerhalb der Stadt, bemerkten wir kaum etwas von den schlimmen Geschehnissen in Stadt und Land. Dass die jüdischen Geschäfte eines nach dem anderen von »arischen« Kaufleuten übernommen wurden, erfuhren wir meist erst viel später. Selbst von der Pogromnacht, die in ganz Deutschland gegen die Juden inszeniert worden war, hatten wir wenig mitbekommen. Nicht einmal Papa, der ja häufig in der Stadt zu tun hatte, erzählte uns etwas davon. Auch in der Schule sprach niemand darüber. Erst viele Jahre später erfuhr ich, wie alles abgelaufen war, und wollte nicht recht glauben, dass so etwas wirklich möglich gewesen war: dass deutsche Menschen jüdischen Mitbürgern so viel Schreckliches zufügen konnten.

Einmal hatte Papa besorgt erzählt, dass Levin, ein befreundeter Geschäftsmann, nicht mehr da sei. Papa meinte, wahrscheinlich habe er es vorgezogen, nach Palästina auszuwandern. Dazu wurden alle Juden aufgefordert, wie man uns wissen ließ. Was aber wirklich mit ihnen geschah, wussten wir nicht. Auch von meinen Bekannten hörte ich darüber nichts. Ob sie es auch nicht wussten? Oder sprachen sie nur nicht darüber? Sagten sie nur mir nichts davon, weil sie meine Begeisterung für Hitler kannten? Ich kann mir heute vorstellen, dass ich es damals auch nicht geglaubt hätte, wenn mir so etwas zu Ohren gekommen wäre. Die Leute, die das erzählten, hatten bestimmt ausländische Sender gehört! Und es war doch bekannt, dass die Nachrichten aus dem Ausland ganz und gar erlogen waren! Darum war es ja auch verboten, sie zu hören. Warum sollten wir Deutschen uns von solchen Lügen und Verleumdungen irritieren lassen?

Bis heute weiß ich nicht, ob die Ausschreitungen gegen die Juden in unserer Stadt weniger schlimm ausfielen. Unser beliebter, konservativ eingestellter Bürgermeister hatte womöglich Schlimmeres verhindert? Er hatte Mut, sich nicht anzupassen. Papa erzählte uns mit Augenzwinkern, dass der Bürgermeister Hitler, der zu einem Besuch auf die Ordensburg kam, im schwarzen Anzug ohne Parteiabzeichen auf dem Falkenburger Bahnhof empfangen hatte. Das muss ja provozierend auf die Führungselite der Nazis gewirkt haben! Aber sie konnten wohl nichts machen, weil die meisten Falkenburger ihren Bürgermeister zu sehr schätzten.

Es ging uns Deutschen recht gut. Viele Arbeitslose hatten nun wieder Arbeit und bekamen guten Lohn. Nicht nur mein Onkel Albert konnte für sich und seine Familie ein Häuschen bauen. Dort in der Nähe des Rakow-Sees entstand eine ganze Siedlung, wo Männer, die lange Zeit arbeitslos waren, nun Eigenheime bauten. War es da verwunderlich, dass Hitler immer beliebter wurde? Fast jede deutsche Familie hatte ein Radiogerät. Der Volksempfänger war billig genug, erschwinglich auch für ärmere Leute. Sogar meine Eltern hatten einen gekauft, die sonst so sparsam waren.

In den Sommerferien 1939 besuchte mich meine Freundin Hannchen Ehmler, die Tochter unseres Gemeinschaftspredigers, der vor einigen Jahren von Dramburg nach Stralsund versetzt worden war. Für mich war es ganz ungewohnt, Ferien mit einer Freundin zu erleben. Es gefiel mir aber gut. Mit Hannchen zusammen waren die Ferien doch nicht so langweilig. Es machte Spaß, mit ihr im Birkenwäldchen herumzustreifen, bei der Heuernte zu helfen, im Garten die frischen Schoten zu ernten und mit diesen in der Tasche auf der Wiese die Gänse zu hüten oder einfach zu faulenzen.

Wir beobachteten, dass in unserer Nähe Kabel verlegt wurden und schwere Lastwagen den sandigen Feldweg aufwühlten. Das seien Kriegsvorbereitungen, wurde gemunkelt. Doch ich meinte, dass nun die vorgesehene Straße zur Ordensburg gebaut würde. Das fand ich gut. Dann brauchte ich ja nicht mehr in die Stadt zu laufen, wenn der Führer einen Besuch auf der Ordensburg machte. Er würde hier vor unserer Haustüre vorbeikommen! Ich war richtig begeistert von diesem Gedanken. Kriegsvorbereitungen waren das sicher nicht! Wie gut hatte Hitler es verstanden, Konflikte zu lösen, auch wenn es noch so brenzlig ausgesehen hatte! Sogar die gefährliche Situation mit der

Tschechoslowakei ging friedlich aus. Hitler würde sicher auch eine Lösung für die Deutschen in Polen finden, die so sehr unter dem Terror zu leiden hatten.

Gleichwohl stimmte ich Hitler aus tiefstem Herzen zu, wenn er uns darauf vorbereitete, dass wir die Ausschreitungen gegen Deutsche im »Polnischen Korridor« notfalls gewaltsam verhindern müssten. Aber ich war überzeugt, dass es auch ohne Krieg gelingen würde.

Kapitel 3

Es ist Krieg!

Herr, wenn du anders handelst, als wir es erwarten, lass uns erkennen, dass du bei all deinem Tun es nur gut mit uns Menschen meinst. BERGERHOF

Die Ernüchterung ließ nicht lange auf sich warten. Am Morgen des 1. September 1939 weckte Mutti mich: »Es ist Krieg«, sagte sie, »die Schule fällt heute aus.«

Sie sah ängstlich und verstört aus. »Wer weiß, was jetzt auf uns zukommt«, meinte sie besorgt. Ich spürte ihre Furcht und stand zitternd auf, auch wenn ich Zeit hatte, noch liegen zu bleiben, weil ich ja nicht zur Schule gehen musste.

Dann hörte ich die Nachrichten. Deutsche Truppen waren am frühen Morgen in Polen einmarschiert. Immer wieder waren unvorstellbare Grausamkeiten an den Deutschen nahe der polnischen Grenze begangen worden. Nun war das Maß voll und es musste etwas unternommen werden.

Besorgt verfolgten wir in den nächsten Tagen jede Nachricht von den Frontereignissen. Unsere Truppen kamen schnell voran. Wir konnten uns beruhigen; unsere Heimat würde nicht zum Kriegsschauplatz werden. Die deutsche Wehrmacht hatte ein Wunder vollbracht, in wenigen Tagen so tief in ein fremdes Land einzudringen!

Drei Tage später hatten England und Frankreich Deutschland den Krieg erklärt. Einige unserer Lehrer wurden zum Wehrdienst eingezogen. Der Unterrichtsplan änderte sich. Für Fremdsprachen wurden nicht mehr so viele Stunden eingeplant. »Wenn die Franzosen und Engländer was von uns wollen, sollen sie gefälligst Deutsch reden!«, so hieß es.

Wir meinten, das sei ja nur vorübergehend; bestimmt würde der Krieg bis Weihnachten zu Ende sein, dann ginge alles wieder seinen gewohnten Gang. Aber der Krieg ging nicht zu Ende! Im Gegenteil! Er breitete sich immer weiter aus. Bald kämpften unsere Truppen an der deutschen Westgrenze, zogen über Holland und Belgien tief nach Frankreich hinein. U-Boote versenkten englische Schiffe, und alles trug dazu bei, dass unsere Begeisterung für Hitler immer mehr wuchs. Wir zeigten es allen, dass Deutschland »erwacht« war und das Unrecht, das uns nach dem Ersten Weltkrieg zugefügt worden war, wieder in Ordnung bringen würde. Nur bei einigen Leuten regten sich Zweifel, ob das wirklich so gut sei. Man kann schließlich nicht ein Unrecht durch ein anderes gutmachen! Aber diese sagten es nur sehr leise oder verschwiegen ihre Meinung lieber ganz.

Nach wenigen Monaten hatten deutsche Truppen Frankreich besiegt und zur Hälfte besetzt. Frankreich bat um Waffenstillstand und Hitler triumphierte. Er hatte ja im vorigen Krieg selbst als Gefreiter gegen Franzosen gekämpft. Nun war er der Führer der deutschen Armee!

In Pommern merkten wir vom Krieg wenig. Es gab Lebensmittelkarten, mit denen wir kaufen konnten, was wir benötigten. Wenn meine Eltern ein Schwein schlachteten, wurde davon etwas auf die Fleischration angerechnet, die Puten, Gänse und Hühner wurden überhaupt nicht berücksichtigt. So konnten wir unseren Verwandten und Freunden davon abgeben, vor allem den Berlinern. Erst als der Bombenkrieg begann und immer stärkere Ausmaße annahm, spürten auch wir die unangenehmen Auswirkungen des Krieges. Bei uns fielen zwar keine Bomben, aber die Alten und die Kinder aus den gefährdeten Gegenden wurden zu uns geschickt, und wir mussten zusammenrücken, um Platz für sie zu machen. Gebrauchsgüter wurden knapp. Wer Kleidung, Wäsche oder Geschirr kaufen wollte, hörte den bald zum geflügelten Ausspruch gewordenen Satz: »Das haben wir nicht, das kriegen wir auch nicht wieder rein, und wenn, dann nur für Bombengeschädigte.«

Unser Hass auf die Engländer wuchs. Wenn Sondermeldungen berichteten, dass unsere Marine englische Schiffe torpediert und unsere Flugzeuge englische Städte bombardiert hatten, sangen wir begeistert und lauthals triumphierend mit:

»Wir stellen den Britischen Löwen zum letzten, entscheidenden Schlag.

Wir halten Gericht; ein Weltreich zerbricht. Das wird unser stolzester Tag!«

O ja, wir würden es ihnen zeigen! Sie waren ja selber schuld! Warum hatten sie uns den Krieg erklärt? Sie sollten jetzt sehen, was es heißt, sich mit uns Deutschen anzulegen und unsere Städte zu bombardieren!

Nicht nur in der Schule, selbst im Kino wurden wir durch Filme, die den Hass auf unsere Feinde schürten, aufgehetzt. Auch gegen die Juden, die angeblich schuld waren an allem Schrecklichen, das sich in der Welt ereignete. Den schlimmsten Hetzfilm gegen die Juden, »Jud süß«, sah ich mir nicht an, obwohl man uns in der Schule auf die Wichtigkeit hingewiesen hatte. Gegen andere, friedliche Filme, die unser Selbstbewusstsein stärkten, hatte ich nicht eine solche Abneigung.

Wie sehr war ich damals verblendet und akzeptierte all diese Arroganz, obwohl ich doch aus der Bibel wusste, dass Gott allein Weltreiche emporkommen lässt und sie auch wieder zerbricht, wenn sie überheblich werden. Ich betete für Hitler und dankte für Erfolge der Deutschen. Wenn von der Luftwaffe englische Städte bombardiert wurden und U-Boote englische Schiffe versenkten, dachte ich nicht daran, wie viele Menschen dabei umgekommen waren. Ich war überzeugt, dass Hitler unserem Volk von Gott geschenkt worden war, um eine Ungerechtigkeit zu sühnen, die Deutschland angetan worden war.

Als ich noch zwei Schuljahre bis zur Mittleren Reife vor mir hatte, wurde meine Mutter vom Rektor der Mittelschule angesprochen, der ihr nahe legte, meinen Vornamen, Esther, ändern zu lassen. Das sei ein jüdischer Name, der nicht für ein deutsches Mädchen passe. Aber Mutti sagte ihm deutlich und entschieden ihre Meinung: »Ich habe diesen Namen bewusst für meine Tochter gewählt und werde keiner Änderung zustimmen. Außerdem wurde der Name durch ihren Tauf- und Konfirmationsspruch von Gott bestätigt.« Der Rektor spottete: »Wie naiv, an einen Gott zu glauben, der sich um Namensgebung kümmert!« Doch meine Mutter antwortete in ihrer »naiven« Art: »Dieser Gott, an den ich glaube, ist so groß, dass die Erde der Schemel seiner Füße ist. Aber er wurde so klein und gering wie ein Kind, damit er in unseren Herzen wohnen kann. Also kümmert er sich nicht nur um Namensgebung, sondern auch um jedes Haar, das auf unserem Kopf wächst und um jede Träne, die wir vergießen.« Der Rektor ließ sich danach auf keine weiteren Erörterungen mit dieser einfachen, weit unter seinem Niveau stehenden, Frau ein.

Da meine Mutter mir davon erzählt hatte, bangte ich nun der nächsten Klasse entgegen, weil dann der Rektor unser Klassenlehrer sein würde. Er war ohnehin nicht sehr beliebt, wie würde er mich behandeln, nachdem er von meiner Mutter so ein klares Bekenntnis ihres Glaubens gehört hatte? Zuerst gab ich nur vor, krank zu sein, versuchte die Schule zu schwänzen und war nicht mehr richtig bei der Sache. Was mir sonst Spaß gemacht hatte, wurde mir gleichgültig. Doch dann wurde ich wirklich krank. Wenn Mutti mich morgens weckte, musste ich mich übergeben. Kreislaufprobleme kamen dazu, ich wurde oft ohnmächtig und kippte um, sobald ich etwas länger stehen musste. Der Arzt konnte keine organischen Störungen feststellen, und niemand dachte an psychische, schon gar nicht daran, dass ich Angst vor der Schule haben könnte; war ich doch eine gute Schülerin und auch immer gern zur Schule gegangen.

Verunsichert meinten meine Eltern, dass ein Mittelschulabschluss für ein Mädchen wohl auch nicht so wichtig sei, und meldeten mich vor Beginn der letzten Klasse ab. So war die Schulzeit für mich mit sechzehn Jahren zwölf Monate früher als vorgesehen beendet. Einige Monate lang blieb ich unter ärztlicher Beobachtung. Verwandte in

Berlin luden mich ein, da sie meinten, dass dort mehr Chancen seien, einen guten Arzt zu finden, um die Ursache meiner gesundheitlichen Störungen herauszufinden. Ich fuhr also dorthin.

Nach einigen Wochen gab es jedoch in Berlin immer häufiger Bombenangriffe. Fast in jeder Nacht wurden wir durch die heulenden Sirenen mehrmals geweckt und mussten schnellstens die Luftschutzkeller aufsuchen. Noch waren die Schäden durch Bomben nicht allzu schlimm, aber wer konnte sagen, wohin die nächste Bombe fiel? Meine Eltern machten sich große Sorgen und holten mich nach Hause.

Bald besserten sich ohne weitere ärztliche Behandlungen die Beschwerden. Danach dauerte es nicht mehr lange, bis ich zum Arbeitsamt einbestellt wurde. Man klärte mich darüber auf, dass ich nun mein Pflichtjahr machen müsse.

Im nahen Dietersdorf, bei dem Inspektor eines der großen Güter, die in Hinterpommern so zahlreich waren, wies man mir vom Arbeitsamt einen Platz zu. Es war eine nette Familie, bei der ich wie eine große Tochter behandelt wurde. Nur eines gefiel mir hier überhaupt nicht: Ich sollte Hühner und Gänse schlachten. Besonders im Herbst stand Geflügel sehr oft auf dem Speiseplan. Ich versuchte alles, um die Hausfrau davon zu überzeugen, dass ich es nicht fertig bringen würde, so ein Tier zu töten. Als sie mich zum Geflügelstall schickte, um eine Henne oder eine Ente zu holen, die geschlachtet werden sollte, bekämpfte ich meinen heimlichen Wunsch, das Tier loszulassen. Mein Verstand sagte mir jedoch, dass es dann noch einmal gefangen werden würde und noch einmal die Angst durchzustehen hätte.

Frau Wehrend machte einen Kompromissvorschlag: Ich sollte der Gans nur die Füße festhalten, um mich langsam daran zu gewöhnen. Sie zeigte mir, wo ich mich hinstellen musste und achtete auch darauf, dass ich nicht davonlaufen konnte. Meinen Kopf drehte ich weg, während ich mir vorzustellen versuchte, dass ich nur einen Zweig in meiner Hand hielt. Aber als ich dann das heftige Zucken der Füße spürte, wurde mir schwarz vor Augen. Ich kam erst wieder zu mir, als ich auf meinem Bett lag und das besorgte Gesicht der jungen Frau über mir sah. Sie versprach mir, dass sie niemals wieder von mir verlangen würde, dabei zu sein, wenn ein Tier geschlachtet würde. Damit war mein größtes Problem erledigt.

Nach dem Pflichtjahr stellte man mich beim Arbeitsamt vor die Wahl, in einem kriegswichtigen Rüstungsbetrieb zu arbeiten oder als Straßenbahnschaffnerin nach Stettin zu gehen. Eine weitere Möglichkeit war, als Luftnachrichtenhelferin ausgebildet und dann in der Heimat oder im besetzten Ausland eingesetzt zu werden.

Falls ich Nachrichtenhelferin werden wollte, würde mir das Arbeitsdienstjahr erlassen. Deshalb gefiel mir dieser letzte Vorschlag am besten. Mitte November 1942 wurde ich zur Ausbildung eingezogen. Auf dem kleinen Flugplatz Schönfeld, nicht weit von Falkenburg entfernt, fand der Lehrgang statt. Alle Helferinnen wohnten in Baracken. Die Ausbildungszeit dauerte sechs Wochen.

Wir lernten alle deutschen und viele englische und amerikanische Flugzeugtypen kennen, ein-, zwei- und dreimotorige, mit Trapez- Oval- Spitz- oder Knickflügeln, mit doppeltem Seitenleitwerk und Doppelrumpf und was es sonst noch alles gab. Deutsche und feindliche Flugzeuge mussten wir besonders gut unterscheiden können, da sie sich oft sehr ähnlich sahen. Es gab Gradnetzkarten, auf denen jeder kleinste Winkel genau eingezeichnet war, damit jeder Standort präzise bezeichnet werden konnte.

Mit Beginn des folgenden Jahres sollten wir eingesetzt werden, entweder auf einer Flugwache oder im Flugwachkommando, dem Fluko, wie es kurz genannt wurde. Oder – das kam nur für Mädchen in Frage, die über 21 Jahre alt waren – im besetzten Ausland. Sehr erfreut war ich, als ich nach der Ausbildungszeit ins Fluko Falkenburg kam. Diese Dienststelle war in der früheren Turnhalle der Mittelschule untergebracht und war mir also vertraut. Ich durfte zu Hause wohnen, anstatt in der Kaserne. Und welche angenehme Überraschung, hier unserem Englischlehrer Tesch zu begegnen. Er war der Flukozugführer.

Der Dienst war nicht unangenehm, manchmal sogar interessant. Uns wurden alle Flugzeuge gemeldet, die unser Gebiet überfliegen mussten. Wenn die Maschinen von weiter her kamen, bekamen wir Start- und Landemeldungen von den Flugplätzen in der Nähe oder anderen Flukos. Danach war es unsere Aufgabe, die Flugwachen anzurufen, um diese zu informieren, wann und aus welcher Richtung ein Flugzeug kommen würde. Die uns angeschlossenen 23 Flugwachen hatten ein gesichtetes Flugzeug oder ein Flugzeuggeräusch unverzüglich in der Aufnahmestelle des Flukos zu melden. Lag keine Information vor, wurde eine Suchaktion gestartet, um zu klären, was es mit dem Flugzeug auf sich hatte und ob es womöglich ein feindliches Aufklärungsflugzeug war. Auch an den Nachtdienst gewöhnte ich mich schnell. Und anschließend hatten wir zweieinhalb freie Tage.

Inzwischen waren deutsche Truppen auch in Russland einmarschiert – und auf dem Vormarsch. Papa wurde dienstverpflichtet und nach Peenemünde auf die Raketenversuchsstation geschickt, wo er als Schlosser in einer Werkstatt arbeiten musste. Alle 14 Tage kam er nach Hause. Er hatte dort etwas beobachtet, was ihn bedrückte. Er erzählte uns davon, dass Kriegsgefangene, meist Russen, sehr schlecht und brutal behandelt wurden. Sie bekamen wenig zu essen, mussten schwer arbeiten und wurden mit Hunden gehetzt und oft auch geschlagen. Papa konnte diesen Anblick nicht ertragen und überlegte, wie er den Gefangenen helfen könnte. Mutti wusste auch keinen Rat. Aber meinen Vater ließen diese Vorfälle nicht in Ruhe. Als er am Wochenende wiederkam, berichtete er, dass er an Hitler geschrieben habe, um ihn von den Vorgängen in Peenemünde zu informieren. Er meinte, dass Hitler dafür sorgen würde, dass die Gefangenen besser behandelt würden. Mutti wurde ganz bleich und fragte besorgt: »Hast du dir das gut überlegt?« Da erfasste ich, dass es gefährlich zu sein schien, auf solche Missstände hinzuweisen. Ich konnte mir aber auch nicht vorstellen, dass so etwas mit Wissen und Willen Hitlers geschehen durfte und glaubte auch nicht, dass Papas Brief gefährliche Folgen für ihn haben könnte. Ich war stolz auf Papa, dass er sich für Menschen eingesetzt hatte, die zwar nicht zu der «Herrenrasse« gehörten, aber doch nicht schlechter als Tiere behandelt werden durften.

Unbeschadet kam Papa am folgenden Wochenende wieder nach Hause. Mutti begrüßte ihn so erleichtert und froh wie nie zuvor. Ihre Befürchtungen waren umsonst gewesen. Papa erzählte, dass der brutale Wachmann versetzt worden sei und die Gefangenen seither besser behandelt wurden.

»Na also!«, dachte ich, »man muss eben nur Hitler von solchen Vorfällen berichten!« Ich hatte es auch nicht anders erwartet. Warum hätte Papa Schwierigkeiten haben sollen, wenn er so etwas aufdeckte? Eigentlich hätte er dafür eine Belohnung verdient; denn er hatte ja dazu beigetragen, dass man die Deutschen nicht für grausame Barbaren hielt.

Heute weiß ich, wie gefährlich diese Sache für Papa wirklich gewesen ist und frage mich, wer für ihn ein gutes Wort eingelegt haben mag. Hat Gott dafür gesorgt, dass der Brief verloren ging oder einem Freund meines Vaters in die Hände fiel, der ihn verschwinden ließ?

Wie viele Menschen in Deutschland, die anderen hatten helfen wollen, mussten das mit ihrem eigenen Leben bezahlen. Aber das wusste ich damals nicht, und vermutlich hätte ich es auch nicht geglaubt, wenn man es mir erzählt hätte. Dazu war ich viel zu arglos Hitler gegenüber.

Einige Wochen später wurde Papa zum Zivildienst nach Holland abkommandiert. Eine Strafversetzung? Wenn es so war, gefiel ihm das ganz gut. Er war immer gern in fremden Ländern gewesen, und in Holland konnte er sich mit seinem pommerschen Platt mit den Holländern unterhalten, das machte ihm Spaß. Er war bei einer netten Familie einquartiert. Die ältere Tochter war Schneiderin und Papa nutzte sofort die Möglichkeit, sie für mich nähen zu lassen. Er besorgte Stoffe, ihre jüngere Schwester diente als Modell, denn sie hatte exakt meine Größe. Ich war begeistert, da in fast jedem Paket, das Papa schickte, neben anderen Waren auch etwas Nettes zum Anziehen für mich enthalten war.

Bei seinem nächsten Heimaturlaub wollte Papa für mich etwas mitbringen, worüber ich mich bestimmt sehr freuen würde. Ich war schrecklich neugierig und konnte die Zeit kaum abwarten. Mein Vater wusste nicht genau, mit welchem Zug er kommen würde. Darum wollte er vom Falkenburger Bahnhof aus mit dem Lokalzug nach Bad Polzin fahren. Dann konnte er am Bahnhof Waldschenke aussteigen. Wir brauchten ihn nicht am Hauptbahnhof abzuholen, sondern konnten die Ankunft des Zuges, der hier nur bei Bedarf hielt, beobachten und erst loslaufen, wenn wir sahen, dass wirklich jemand ausgestiegen war. Das war besonders günstig für uns, denn Papa hatte immer viel zu tragen. Vom Falkenburger Bahnhof hätten wir ihn sonst mit dem Ziehwagen abholen müssen; bis dahin waren es immerhin mehr als zwei Kilometer.

An einem schönen Aprilnachmittag hielt wirklich ein Zug am Bahnhof Waldschenke. Ich sah, dass jemand ausgestiegen war, der zwischen Koffern und Kisten seine liebe Not zu haben schien. Das musste Papa sein! Ich rief Mutti zu, dass er komme, und stürmte los, Mutti hinter mir her, wenn auch langsamer als ich. Aber was war das für ein Gewusel um Papa herum? Mal links, mal rechts, vor ihm oder hinter ihm? Es sah aus, als ob er Schwierigkeiten hatte, vorwärtszukommen. Ein Hindernis, an dem er nicht vorbeikam. Nur schnell, damit ich ihm helfen konnte!

Wenige Minuten später wusste ich es: Papa hatte einen kleinen Hund mitgebracht! Das war die Überraschung, die er so geheimnisvoll angekündigt hatte. In einem Brief hatte er von den süßen Hundchen seiner Vermieter geschrieben, und dass er von dem Wurf weißer Seidenspitze gern einen abnehmen wollte, wenn er nur wüsste, wie er ihn transportieren könnte auf der weiten Fahrt von Holland nach Falkenburg. Er hatte also eine Lösung gefunden und ich war total begeistert.

Wie sehr hatte ich mir einen Hund gewünscht, aber meine Mutter hatte befürchtet, dass ich bestimmt irgendwann keine Lust mehr hätte, mich um ihn zu kümmern, und sie wollte nicht noch mehr Arbeit übernehmen. Nun hatte ich durch Flocki, wie ich dieses süße, weiße Knäuel nannte, einen Freund und Begleiter, wenn ich nach dem Nachtdienst spazieren gehen wollte. Auch sonst hatte ich genug mit ihm zu tun. Sein langes, weißes Fell musste gebürstet werden, auch mal gebadet, wenn er sich im Moor vergnügt hatte und nicht mehr weiß, sondern schmutzig graubraun wieder auftauchte. Da kam keine Langeweile auf.

Nach einem langen Spaziergang, als ich fast zu Hause und ziemlich müde war, kreuzte beim Birkenwäldchen ein leicht hinkender junger Mann meinen Weg, der von der Ordensburg kam. Er war ganz allein. Seltsam, die Umschüler, die von der Ordensburg kamen, gingen meist in kleinen Gruppen von drei bis vier Männern. Viele von ihnen waren Kriegsversehrte, Arm- oder Beinamputierte. Dieser schien beinamputiert zu sein und er machte einen ziemlich kläglichen Eindruck auf mich. Wollte er allein sein oder war er ganz neu hier und hatte noch keine Freunde gefunden, denen er sich anschließen konnte? Fast hätte ich ihn angesprochen, um ihn zu fragen, warum er so allein und so traurig sei, doch in dem Moment nahm Flocki meine ganze Aufmerksamkeit in Anspruch. Er hatte mal wieder ein Moorbad genommen und schüttelte sich nun direkt vor mir so kräftig, dass die braune Brühe über mein helles Kleid spritzte. Der Ordensjunker blieb dicht vor mir stehen und lachte laut und belustigt, und ich grinste verlegen zurück.

»Soll ich Ihnen helfen?«, fragte er auch noch, halb ernst, halb spottend, während ich am liebsten im Boden versunken wäre. Ich nahm wütend den Hund an die Leine, nachdem ich im dichten, schmutzigen Fell sein Halsband gefunden hatte, und eilte auf dem schnellsten und kürzesten Weg nach Hause. Der Ordensjunker humpelte hinter mir her. Erstaunlich, wie schnell er war! Als ich auf unseren Hof einbog, rief er mir nach und fragte, ob er mich abholen dürfe, wenn ich wieder einen Spaziergang machte.

»Hm!«, dachte ich, dagegen sprach eigentlich nichts. Das wäre mal etwas anderes, in Begleitung eines jungen Mannes spazieren zu gehen! Wir vereinbarten eine Zeit nach meinem nächsten Nachtdienst. Aber ich glaubte nicht, dass er auch kommen würde. Er hatte sich wohl durch meine Verlegenheit amüsiert, aber er konnte ja nicht damit rechnen, dass es auch beim nächsten Spaziergang so sein würde.

Roman – der Name des jungen Manns – holte mich ab und kam danach regelmäßig, wenn meine freie Zeit mit seiner Freizeit übereinstimmte. Nachdem wir uns einige Male getroffen hatten, fragte er mich, ob ich seine Frau werden wolle. Er kam aus Kärnten, hatte in der Metallbranche gelernt und wurde hier auf der Ordensburg zum Lehrer umgeschult, weil er seinen früheren Beruf mit der Behinderung nicht mehr ausüben konnte.

Die Frage kam zu überraschend, als dass ich ihm darauf gleich hätte antworten können. Ich fand ihn ganz sympathisch, kannte ihn aber viel zu wenig, als dass ich mir vorstellen konnte, seine Frau zu werden. Jedoch reizte mich der Gedanke, mit 18 Jahren schon zu heiraten.

Ich erzählte Mutti davon, und sie meinte, ich solle ihn sonntagnachmittags einladen, wenn ich keinen Dienst hatte. Er freute sich sehr über die Einladung und meine Mutter hatte nichts dagegen, wenn er uns öfter besuchen wollte. Aber gleich ans Heiraten denken? Das gefiel ihr nicht. Er wollte aber doch wissen, ob wir uns nicht wenigstens verloben könnten, bevor seine Umschulung abgeschlossen war. Unsicher stimmte Mutti zu. Vielleicht wollte sie dem schwer verwundeten jungen Menschen eine Freude machen, oder glaubte sie, mir einen Gefallen damit zu tun? Sie arrangierte eine kleine Feier am Sonntagnachmittag mit Kaffee und Kuchen.

In dieser Zeit hatte niemand Lust zum Feiern, da sich das deutsche Kriegsglück gewendet hatte und nur noch beängstigende Meldungen in den Nachrichten kamen. Von »planmäßigem Rückzug zur Frontbegradigung« hörten wir und wurden zu immer mehr Opfern aufgefordert und zum Durchhalten um jeden Preis.

Ich wäre ohnehin nicht zum Feiern aufgelegt gewesen; denn ich war mir gar nicht sicher, ob ich mit diesem Mann ein Leben lang zusammen sein wollte. In Erzählungen und Romanen hatte ich von so unbeschreiblichen Hochgefühlen gelesen, von dem Wunsch, dem Freund immer nahe zu sein, von unbeschreiblicher Glückseligkeit, aber ich spürte überhaupt nichts. In mir blieb alles still. Unsere Interessen waren auch so verschieden, es gab nichts, das uns beide begeisterte. Wenn ich am Klavier etwas spielte, was ich einigermaßen gut konnte, spöttelte Roman über das Geklimper, und wenn er mir von seinen Kursen erzählte, hörte ich kaum zu, weil mich das überhaupt nicht interessierte. Hatten wir überhaupt Gemeinsamkeiten?

Als ich Mutti davon erzählte, meinte sie, wir hätten ja noch Zeit, uns alles besser zu überlegen. Ich solle versuchen herauszufinden, ob Roman mich wirklich liebte. Eine Frau – so meinte sie – könne sich leichter anpassen, ein Mann würde sich bei fehlender Liebe mit anderen Frauen amüsieren. Diese Erfahrung hatte sie selbst gemacht.

Ob Roman mich liebte? So sicher war ich mir da nicht. Wahrscheinlich hatte er nur niemanden unter den anderen Umschülern gefunden, mit dem er sich unterhalten konnte, und deshalb kam ihm die Beziehung zu mir gerade recht. Ob er sehr verletzt oder traurig wäre, wenn ich ihn direkt nach seinen Gefühlen fragte, die er für mich hatte? Aber dazu war ich viel zu feige. Schließlich begrub ich meine Bedenken und sah diese Verlobung als meine Pflicht an, die ich gegenüber einem so jungen Menschen hatte, der sein Bein im Krieg für Deutschland – für uns – verloren hatte. Mit diesem Gedanken konnte ich leben. Heiraten wollten wir ohnehin erst nach dem Kriegsende. Möglicherweise würde sich bis dahin noch etwas an meinen Gefühlen für Roman ändern.

Jetzt mussten wir erst einmal alles daran setzen, den Krieg zu gewinnen. Bis zum letzten Mann, bis zur letzten Frau mussten wir kämpfen. Es blieb uns nichts anderes übrig. Was in Stalingrad geschehen war, hatte uns doch sehr beunruhigt. Viele Menschen bangten nun um ihre Söhne, Brüder, Ehemänner und Väter. Und die Front kam immer näher.

Während seines Urlaubs Anfang 1944 hatte Papa Werners Vater getroffen und sich nach ihm erkundigt. Die beiden Männer gerieten in Entzücken, sobald sie an uns, ihre Kinder, dachten. Beide bedauerten es, dass wir gar keinen Kontakt mehr hatten und überlegten, ob sich daran nichts ändern ließe. Vielleicht könnten sie beide ja dazu beitragen?

»Könnte Esther nicht mal an Werner schreiben?«, fragte Herr Beck. »Er hat, soviel ich weiß, niemanden, mit dem er befreundet ist, kein Mädchen, das ihm mal einen Gruß schickt.« So gab er Papa Werners Feldpostnummer. Er war fest davon überzeugt, dass Werner sich über einen Brief von mir freuen würde.

Werner war inzwischen zur Luftwaffe eingezogen worden, nachdem er anstelle des Abiturs einen Reifevermerk bekommen hatte. Papa, der ja nur selten und dann nur für kurze Zeit zu Hause war, wusste natürlich nicht so genau, ob ich das überhaupt wollte. Er hatte Roman, meinen Verlobten, nicht kennen gelernt und glaubte wohl auch nicht, dass es die große Liebe war. Vielleicht wunderte er sich, dass ich nicht begeisterter von meinem Verlobten schwärmte? Dass ich aber immer gern an Werner dachte und es auch bedauerte, keine Verbindung mehr mit ihm zu haben, das wusste er sicher.

Mit der Feldpostnummer von Werner hinter seinem Rücken versteckt beobachtete er mich geheimnisvoll schmunzelnd und war gespannt darauf, was ich wohl sagen würde. Zuerst ließ er mich raten, was für Neuigkeiten er für mich hätte. Ich war ahnungslos und Papa viel zu ungeduldig, um mich lange auf die Folter zu spannen. Deshalb gab er mir einfach Werners Feldpostnummer und bat mich, an Werner zu schreiben.

War das eine Freude! Da kribbelte es schon ein wenig in meinem Herzen. Sofort entwarf ich einen Brief, dem ich ein kleines Gedicht beifügte, das ich erst kürzlich gelesen hatte und das mich sehr intensiv an die schöne Zeit mit Werner erinnerte. Der Titel des Gedichtes konnte auch nicht besser passen: »An einen jungen Soldaten«. Keinen Augenblick dachte ich an Roman, als ich an Werner schrieb. Es kam mir nicht in den Sinn, dass mein Verlobter womöglich etwas dagegen haben könnte. Mich interessierte es viel mehr, ob Werner mir wohl antworten würde – vielleicht hatte er ja eine Freundin, von der sein Vater nichts wusste? Er war weit weg von zu Hause und immer ziemlich zurückhaltend, wenn es galt, etwas von sich zu erzählen. Das war mir in der Schule schon aufgefallen.

Ich musste nicht lange auf seine Antwort warten, so dass ich annahm, es sei ihm auch daran gelegen, mit mir wieder Kontakt zu haben. So entwickelte sich zwar kein reger, aber doch ein freundschaftlicher Briefwechsel. Werner schrieb mir begeistert, dass er sich freiwillig gemeldet hatte und nun eine Ausbildung bei der Luftwaffe als Pilot machte. Davon hatte er ja schon als Schüler geträumt.

In dieser wirren Zeit hatte nichts Bestand. Auch die Erinnerungen an Kindheit und Schulzeit verblassten schnell angesichts der wachsenden Bedrohungen und in den Feldpostbriefen musste man vorsichtig sein, durfte nicht zu viel schreiben. Man wusste, dass sie kontrolliert wurden. Da wollte man weder Meinungen noch Gefühle preisgeben. Vorsicht war geboten.

Im Sommer 1944 wurde ich zu einem Sportlehrgang nach Ostpreußen abkommandiert. Sollten die Luftnachrichtenhelferinnen dadurch zu immer größerer Einsatzbereitschaft angetrieben werden? Wenn das beabsichtigt war, dann nahm man es nicht zu ernst mit unserer Schulung; denn dieser Sportlehrgang war eher eine Erholung. Drei Wochen lang keinen Nachtdienst, drei Wochen lang am Ostseestrand bei herrlichem Wetter Wind und Meer genießen – das gefiel allen, die daran teilnahmen, und wir hätten auch noch länger bleiben können. Nur ungern kehrten wir gut erholt und braun gebrannt zu unseren Einheiten zurück.

Am vorletzten Tag, als wir die Koffer für die Heimreise bereits gepackt hatten, bekamen wir jedoch noch eine äußerst beunruhigende Nachricht: Auf Hitler war ein Attentat verübt worden! Eine Bombe war dicht neben ihm explodiert, hatte ihn aber nicht weiter verletzt. Das Führerhauptquartier war ja gar nicht weit weg. In der Nähe von Allenstein sollte es sein, so wurde erzählt. Aufs Tiefste erschrocken überlegte ich, was das zu bedeuten hatte. Es war noch gar nicht so lange her, als mir die ersten Zweifel an Hitler gekommen waren. Stimmte es, was man munkelte, dass England und Amerika ihm Friedensangebote gemacht hatten, die er ablehnte, weil er sich des deutschen Sieges gewiss war? Konnte er wirklich so siegessicher sein angesichts der vielen Niederlagen an allen Fronten, über die man uns ja gar nicht immer informierte? War Hitler sich darüber im Klaren, dass es wahrscheinlich noch viele Opfer kosten würde, wenn er den Krieg weiter führte? Oder war es ihm gleichgültig, dass viele junge Menschen für den letztlich doch ungewissen Sieg sterben mussten? Könnte ihr Tod nicht vermieden werden durch Verhandlungen mit den doch nicht so unmenschlichen Feinden England, Amerika und Frankreich? War er so sehr von sich und seinen Fähigkeiten eingenommen oder war er größenwahnsinnig oder gar geisteskrank?

Ab und an hörte man hinter vorgehaltener Hand, dass hohe Offiziere, Ritterkreuzträger, die gefallen oder ihren schwersten Verletzungen erlegen waren, in Wirklichkeit zum Selbstmord gezwungen worden waren, weil sie Hitlers Anordnungen widersprochen hatten oder an dem Endsieg zweifelten. In diesem Zusammenhang wurden zum Beispiel der allseits beliebte Wüstenfuchs Rommel und Ernst Udet erwähnt. Es fiel mir schwer, das zu glauben, obwohl die Tatsachen, die Niederlagen an allen Fronten, es zu bestätigen schienen. Warum wurde die Wunderwaffe nicht eingesetzt? Gab es sie überhaupt?

Meine Begeisterung für Hitler hatte sehr nachgelassen. Doch nun schien dieses missglückte Attentat die Bestätigung zu sein, dass er wirklich unter Gottes ganz besonderem Schutz stand und uns Deutschen von Gott gegeben war. Dass es auch Gottes Wille sein könnte, wenn Deutschland diesen Krieg verlieren würde – dieser Gedanke war mir nie gekommen. Ich war immer noch davon überzeugt, dass wir einen »gerechten Krieg« führten, und dass Gott deshalb auch auf unserer Seite war. Nicht auszudenken, was geschehen würde, wenn die Russen über uns herfielen! Mir wurde schon bei der Vorstellung Angst.

Nachdem ich wieder auf meinen Platz im Fluko zurückgekehrt war, wurde die dritte Schicht aufgelöst. Das bedeutete, dass wir nun 24 Stunden Dienst hatten und danach ebenso lange frei. Hin und wieder – so besänftigte man uns – bekämen wir eine Freischicht, damit auch die Helferinnen von auswärts, die in der Kaserne wohnten, nach Hause fahren konnten. Mit der Umstellung auf zwei Schichten verließ uns auch unser Flukozugführer, Oberleutnant Tesch. Er war versetzt worden. Schade! Aber was mich mehr schmerzte war, dass meine Freundin Evi und ich dadurch getrennt wurden und nun unseren Dienst in verschiedenen Schichten absolvieren mussten.

Bevor ich Evi begegnet war, hatte ich nicht gewusst, wie schön es sein kann, sich mit einem anderen Menschen gut zu verstehen. Evi und ich hatten so viele gemeinsame Interessen, dass wir auch dem langweiligsten Dienst noch etwas abgewinnen konnten. Ob es um klassische Musik oder schöne Handarbeiten ging, ob wir Gedichte austauschten oder über lesenswerte Bücher sprachen – es war einfach schön! Nun trafen wir uns nur noch wenige Minuten bei der Ablösung und konnten bestenfalls dienstliche Gespräche führen.

Bei einem Kameradschaftsabend stellte sich uns der neue Flukozugführer vor. Ich hatte von Kameradinnen aus der Kaserne gehört, dass er fast täglich in der Mittelschulaula musizierte. Er hatte wohl keine Vorliebe für Schlager, sondern für klassische Musik. Fast bedauernd erzählten sie das. Ich dachte da etwas anders: »Wie schade, dass ich nicht dabei zuhören kann!« Zu gern würde ich wieder einmal Musik aus erster Hand, nicht aus dem Radio hören! Ob ich da ein bisschen nachhelfen könnte, indem ich den Leutnant darauf aufmerksam machte, dass ich mich für klassische Musik interessierte? Sollte ich ihn ansprechen? Vorher wollte ich jedoch einen anderen Versuch starten:

Als ich beim Nachtdienst auf einem Platz in der Aufnahme saß, legte ich eine Novelle über Beethovens »Die Neunte« gut sichtbar zum Lesen bereit. Der kleine Trick funktionierte! Bei seinem abendlichen Rundgang sah der Leutnant das Buch und fragte, ob ich mich für klassische Musik interessierte. Er kannte den Autor dieser kleinen Novelle sogar persönlich und augenblicklich kamen wir in ein angeregtes, langes Gespräch. Bevor er das Fluko verließ, lud er mich ein, zum Zuhören in die Aula zu kommen, wo er jeden Nachmittag musizierte. Meine Freude darüber war gewaltig. Beim nächsten Dienst fragte er mich, wann ich Bereitschaft hätte, er würde mich dann mitnehmen.

So geschah es auch, dass ich ihn eines Nachmittags in meine alte Schule begleitete. Er stand vor dem Flügel, auf dem während meiner Schulzeit auch unser Lehrer, Herr Gläser, musiziert hatte. Mit einer beeindruckenden Geste strich er wie liebkosend über die Tasten und erzählte mir, als müsse er sich entschuldigen, wie froh er sei, dieses wunderbare Instrument benutzen zu dürfen. Offenbar hatte er mit einem Blick erkannt, was mir gefallen würde. Ohne zu fragen, ob ich einen bestimmten Wunsch hätte, spielte er die F-Moll-Sonate von Beethoven. Das Adagio liebte ich besonders, doch so hingebungsvoll, wie er es spielte, hatte ich es nie gehört. Ich war wie verzaubert und spürte geheimnisvolle Wellen vollkommenen Gleichklangs zwischen uns. Unsere Seelen waren sich begegnet! So etwas hatte ich noch nie erlebt. Ich konnte mir selber auch nicht erklären, was ich jetzt empfand. Ein Vers von Rilke kam mir in den Sinn: Wie soll ich meine Seele halten, dass sie nicht an deine rührt? Und ich ahnte, dass ich diesen Mann liebte.

Ich erschrak. Das durfte nicht sein! Der Leutnant war ja verheiratet! Nein, ich musste mein Herz festhalten. Nie durfte er erfahren, was ich für ihn empfand! Hoffentlich ahnte er es nicht schon ... Wie konnte ich es vor ihm verbergen? Ich durfte ihm nie mehr zuhören! Doch wie sollte ich ihm erklären, womit begründen, warum ich nun nichts mehr hören wollte?

Als ich zum nächsten Dienst erschien, erfuhr ich, dass der Leutnant in eine Radargerätestation versetzt worden war. Mein Herz zuckte schmerzlich, als ich es hörte. Mein Verstand sagte mir, dass dies die beste Lösung für mich und mein Problem sei. Ich sollte dankbar sein – aber das war sehr schwer. Ehrlich war dieser Dank nicht.

So wurde mir aber auch drastisch bewusst, dass ich Roman nicht heiraten konnte. Eine lebenslange Verbindung zwischen zwei Menschen brauchte eine andere Grundlage, mehr als Pflichtgefühl und Mitleid. In seinem letzten Brief hatte Roman mir geschrieben, dass er noch vor Weihnachten kommen wollte. Bis dahin sollte ich meinen jüdischen Vornamen ändern lassen. Wir würden dann das Aufgebot bestellen und gleich heiraten. Natürlich nur standesamtlich und ohne jeden Aufwand, der in dieser ernsten Zeit völlig wegfallen musste. Unmittelbar nach der Hochzeit würden wir in seine Heimat nach Kärnten fahren. Dazu bräuchte ich nur wenig mitzunehmen, keine Noten oder dergleichen. Für Musik hätte ich in unserer gemeinsamen Zukunft weder Zeit noch Gelegenheit, weil wir sehr bald viele Kinder haben würden.

Auf diesen Brief hatte ich unfreundlich und knapp geantwortet, dass ich diese Bedingungen nicht akzeptieren könne. Ich wollte weder meinen Vornamen ändern noch auf Musik verzichten. Wenn er auch für uns sein Bein geopfert hatte, musste ich ihm doch nicht alles opfern, was mein Leben bisher ausgefüllt hatte. Darauf hatte ich noch keine Antwort erhalten. Aber ganz gleich, wie sie ausfallen würde, er interessierte mich nicht mehr. Selbst wenn er noch auf einige seiner Forderungen verzichtete – nach der Begegnung mit unserem Leutnant kam eine Verbindung mit Roman nicht mehr für mich in Frage.

Inzwischen kam unser Verhängnis schnell näher. Unsere Lage wurde beängstigend. Von Ostpreußen kommend zogen täglich lange Trecks durch unseren Ort. Viele hatten sich auf den Weg gemacht, um von der Front nicht überrollt zu werden. Die verzweifelten Menschen wussten nicht, ob sie jemals ihre Heimat wiedersehen würden oder wo sie eine neue finden könnten. Wenn sich nicht bald etwas änderte, müssten wir uns wohl auch in nächster Zeit auf den Weg machen und die Heimat verlassen.

Wenige Wochen vor Weihnachten kam Papa aus Holland nach Hause. Er hatte hohes Fieber und glaubte, sterben zu müssen. Daher hatte er sich ohne Genehmigung aus dem Lazarett entfernt und war nach Hause gekommen. Nun machte uns nicht nur sein Gesundheitszustand Sorge, auch die unerlaubte Entfernung aus dem Lazarett war strafbar. Wenn man ihn hier fand, würde er wegen Fahnenflucht hingerichtet werden. Aber bei dem Chaos, das überall herrschte, würde wohl niemand nach einem schwerkranken Zivildienstleistenden fahnden. Damit beruhigten wir uns und feierten ein bedrückendes, stilles Weihnachtsfest

Schrittweise wurden die östlichen Flugwachen geräumt, damit sie nicht überrollt wurden. Gegen Ende Januar durften alle im Fluko tätigen Helferinnen entscheiden, ob sie in die Radargerätestation bei Heringsdorf gehen oder bei ihren Angehörigen bleiben wollten. Wir waren also vom Dienst beurlaubt, aber nicht entlassen. Der Geschützlärm wurde immer stärker, die Einschläge kamen näher und hörten sich gefährlich an. Auch die Flüchtlinge von Ostpreußen machten uns Angst mit ihren Berichten, wie furchtbar die russischen Truppen hausten, wie sie mit Frauen und Kindern umgingen. Manche, die solche Gräueltaten gesehen hatten, zogen es vor, sich das Leben zu nehmen.

Falkenburg wurde immer leerer. Auch Irma war schon mit ihren drei Kindern abgereist, nachdem Ewald, ihr Mann, der wegen einer Behinderung am Bein als untauglich galt, zum Volkssturm eingezogen worden war. Man versuchte uns zu beruhigen. Die Evakuierung erfolge nur, um die kämpfende Truppe nicht zu behindern. Natürlich könnten wir sehr bald in die Heimat zurückkehren. Wer bleiben wollte, müsse allerdings selbst sehen, wie er sich schützen konnte.

Wie wir hörten, herrschte in der Stadt ziemliches Chaos. Aus den Läden und Geschäften holten sich viele der Zurückgebliebenen, was ihnen gefiel. Wir waren nicht mehr in der Stadt gewesen, seit die letzten Züge abgefahren waren und überlegten lange, ob wir nicht auch gehen sollten. Aber Papa ging es nur wenig besser. Auch meine Großmutter, die seit der Räumung des Hospitals bei uns war, weil sie sich der Evakuierung nicht hatte anschließen wollen, bestand darauf zu bleiben und war keinen Argumenten und Warnungen zugänglich. Als wir ihr sagten, dass wir zu Fuß gehen müssten, wenn keine Züge mehr führen, erklärte sie entschieden: »Ich bleibe auch dann hier, wenn ihr weggeht. Wenn Gott mich bewahren will, kann er das auch hier tun. Ich stehe in seiner Hand, ganz gleich, wo ich bin.«

Einige Wochen vergingen noch, bis schließlich auch die standhaftesten Einwohner Falkenburgs einsehen mussten, dass nun die Front vor den Toren der Stadt verlief. Wer den Feinden nicht in die Hände fallen wollte, musste sich eilends auf den Weg machen. Unser Ziehwagen, auf dem wir die notwendigsten Sachen verpackt und verschnürt hatten, war schon seit Tagen bereit, Dokumente und Urkunden waren griffbereit in einer Aktentasche aufgehoben, die wir nur noch mitzunehmen brauchten.

In der Nacht vom dritten auf den vierten März hörten wir die Glocken der Marienkirche, das letzte Zeichen zum Aufbruch. Wie schaurig Glocken klingen können! Mit verstörten Blicken und bebenden Herzen fielen wir auf die Knie, um Gott zu bitten, uns jetzt nicht zu verlassen. Wortlos schob Mutti mir die aufgeschlagene große Familienbibel hin; ich sollte daraus vorlesen, weil ihre Stimme versagte. Vor meinen Augen verschwamm der Text. Nur einen Satz konnte ich deutlich erkennen und vorlesen: *Wer glaubt, flieht nicht!* (Jesaja.28,16)

Betroffen sahen wir uns an. Sollten wir hier bleiben wie die Oma? Wollte Gott uns dies mitteilen? Aber wir *mussten* doch fort! Mussten wir wirklich? Wer zwang uns dazu? War es nicht nur die Furcht vor den heranrückenden Russen? Trauten wir Gott nicht zu, um dessen Hilfe wir eben gebetet hatten, dass er uns überall vor ihnen schützen konnte? Und wenn er es nicht tun wollte, wären wir dann auf eigenen Wegen, in einer fremden Gegend, sicherer? Glaubten wir wirklich, dass wir selbst am besten entscheiden konnten, wohin wir gehen mussten? Sollten wir uns nicht ein Beispiel an unserer Oma nehmen?

Nein, wir verließen uns doch lieber auf unsere eigenen Füße als auf den allmächtigen Gott. Dabei hätten wir uns doch darüber bewusst sein müssen, dass wir zu Fuß niemals schnell und weit genug kommen konnten. Wir zogen den Ziehwagen aus dem Schuppen, nahmen unser Handgepäck und machten uns auf den Weg. Wohin? Nur schnell und weit, weit fort!

Die Straßen und Wege nach Westen, Richtung Stettin, waren längst von den Russen besetzt. Es gab nur noch eine Möglichkeit hinauszukommen: über Kolberg. Von dort mit einem Schiff über die Ostsee. So zogen wir nordwärts und hofften, am gleichen Tag noch Schivelbein zu erreichen. Die Nacht war eiskalt, aber unsere Zähne klapperten doch mehr vor Furcht als vor Kälte. Am Waldrand, neben dem Bahnhof Waldschenke, etwa 600 Meter von unserem Grundstück entfernt, sah ich mich um, warf einen letzten Blick auf das im Mondlicht liegende Haus, in dem sich einige Jahre meines Lebens abgespielt hatten. Gab es für uns eine Rückkehr? Diese Hoffnung hatte ich (fast) aufgegeben. Zu lange hatten wir uns an die Versprechungen geklammert, dass doch alles gut ausgehen würde. Aber wir wagten es noch immer nicht, den letzten Hoffnungsfunken zu begraben. Es war zu schmerzlich, den Tatsachen ins Auge zu sehen. War vielleicht alles nur ein schlechter Traum? Mutti stieß mich an und rief mich in die noch grausamere Wirklichkeit zurück: »Nicht umsehen!«, sagte sie mit tonloser Stimme.

Einige Lastwagen der Wehrmacht fuhren an uns vorbei. Sie waren voll gestopft bis unters Dach. Daher konnten sie uns nicht mitnehmen. Doch schließlich hielt doch einer an. Der Fahrer hatte wohl bemerkt, dass mein Vater zusammenzubrechen drohte. Er hatte auch noch einen kleinen Platz frei und half ihm auf die Pritsche zu kommen. Bis Zetzin wollte er ihn mitnehmen, dort könnten wir ihn treffen. Das waren etwa acht Kilometer.

Mutti und ich gingen vorwärts, so schnell uns unsere Füße trugen. Wir trafen Papa wie verabredet kurz vor Zetzin. Froh darüber, dass das so gut gegangen war und Papas Kräfte geschont worden waren, erstarrten wir in den nächsten Sekunden, als Papa feststellte, dass er beim Absteigen vom Lastwagen die Tasche mit den Papieren vergessen hatte. Alle Urkunden und Dokumente waren darin! Wertvolle Andenken und einige Schmuckstücke, alles war weg! – Doch nun hatten wir andere Sorgen; es ging ums nackte Überleben.

Nachdem wir noch einige Kilometer zurückgelegt hatten, kam uns eine Gruppe älterer, jämmerlich aussehender Männer entgegen. Einige von ihnen kannten wir. Sie waren in den letzten Wochen noch zum Volkssturm eingezogen worden. Die Uniformen, die sie trugen, sahen eher nach Sträflingskleidern aus. Jeder hatte eine Panzerfaust und ein Gewehr. So unordentlich wie die »Uniformen«, in denen sie steckten, war auch ihre Marschordnung. Es waren ja die »Untauglichen« – Alte, Kranke, Hinkende und andere Menschen mit Behinderungen.

Papa erkannte unter ihnen Werners Vater und fragte nach seiner Frau. »Die ist in Sicherheit – die ist in Berlin!«, rief Herr Beck zurück. Er wusste noch nicht, dass seine Frau vor wenigen Tagen beim Bombenangriff auf Berlin umgekommen war! Er hat es auch nie mehr erfahren. Wahrscheinlich waren wir die letzten Falkenburger, die Werners Vater noch lebend sahen.

Wir zogen weiter nach Norden, der Volkssturm in die Richtung, aus der wir kamen. Sollten diese Männer etwa die Feinde vor Falkenburg aufhalten? Sie wurden ja direkt in den Tod geschickt! Weit waren wir noch nicht gekommen, als Papa stöhnte: »Ich kann nicht mehr! Wollen wir nicht bei Hellers nach Unterkunft für eine Nacht fragen?« Mutti und ich waren sofort bereit; denn auch unsere Füße waren wund gelaufen und jeder Schritt schmerzte.

Unsere Befürchtungen, Hellers seien gar nicht mehr dort, erwiesen sich als grundlos. Die Bewohner dieser abgelegenen Gehöfte waren noch alle da. Und bei Hellers kamen wir wie gerufen. Der Altbauer, Gustav, war der älteste Bruder meiner zu Hause gebliebenen Oma. Mit seinen mehr als 80 Jahren konnte er nicht mehr viel tun. Sein einziger Sohn, Willy, hatte beim Holzfällen vor einigen Jahren einen Unfall gehabt und war halbseitig gelähmt. Bei der Geburt der jetzt fünfjährigen Tochter war seine Frau gestorben. Sein Sohn Ingo war sieben Jahre alt.

Bis zum Kriegsanfang hatten sie deutsche Knechte und Mägde gehabt, um den großen Hof weiter bewirtschaften zu können. Als sie eingezogen worden waren, bekamen sie einen polnischen Kriegsgefangenen als Knecht und ein ganz junges polnisches Mädchen für die Mithilfe im Haus. Die junge Polin Helen war ungeachtet ihrer Jugend ein richtiges Geschenk. Sie war außergewöhnlich tüchtig, betreute die Kinder, half dem jungen Bauern beim Waschen und Anziehen, kümmerte sich um die Kühe, Schweine und Hühner. Nur für die Pferde und die Feldarbeit war der Knecht zuständig, den Helen auch noch beaufsichtigte, damit er nicht stundenlang im Stroh faulenzte.

Kurz bevor wir hier angekommen waren, hatte der Knecht die Kutsche genommen, um in die nahe Stadt, nach Schivelbein, zu fahren. Dort sollten die ersten russischen Truppen bereits angekommen sein, wie es hieß. Er wollte sich Waffen holen und dann alles auf den Wagen laden, was er auf dem Hof für brauchbar hielt. Auch Helen sollte mit ihm nach Polen zurückkehren. Und Gnade Gott den Bauern, die ihre polnischen Knechte schlecht behandelt hatten!

Die Stadt Schivelbein war für heute unser Ziel gewesen! Obwohl wir auf unsere eigenen Füße mehr vertraut hatten als auf Gottes Hilfe, hatte er uns jetzt davor bewahrt, den Russen direkt in die Arme zu laufen! Aber was sollte nun werden? Wir saßen in der Falle und waren wie gelähmt vor Entsetzen. Würde Gott sich trotzdem um uns kümmern?

Da kam auch schon der Knecht zurück. Wild und drohend schwenkte er sein Gewehr vor unseren Augen, verlangte die Herausgabe unserer Uhren und sonstiger Wertgegenstände. Helen befahl er, Wäsche und Geschirr aus dem Haus zusammenzupacken und auf den bereitgestellten Wagen zu laden. Auch Lebensmittel, besonders Schinken und Speck, durfte sie nicht vergessen. Er wollte die anderen Pferde aus dem Stall holen, die nun in Polen dringend benötigt wurden.

Helen weinte verzweifelt. Sie wollte hier bleiben. Hier fühlte sie sich zu Hause. Ob es in Polen noch jemanden gab, den sie kannte, wusste sie nicht. Aber der Knecht schrie sie an und ließ ihr keine Wahl. So packte sie ein kleines Bündel, umarmte schluchzend die Kinder, sagte in ihrem gebrochenen Deutsch, wie gern sie bleiben würde, und stieg widerstrebend auf den Wagen, der von zwei Pferden gezogen wurde, während hinten vier weitere angebunden waren. Wir blickten ihnen besorgt nach und überlegten, was nun als Nächstes zu tun sei.

Mutti sah sich nach einem geeigneten Versteck für mich um, weil wir gehört hatten, dass besonders junge Mädchen geschändet und gequält wurden. Papa blieb einigermaßen ruhig und meinte, dass wir wohl heute und morgen noch nichts zu fürchten hätten; denn wenn die Truppen erst heute in Schivelbein angekommen waren, würden sie zuerst dort rauben und plündern, bevor sie diese abgelegenen Höfe durchsuchten. Wahrscheinlich hatte Papa Recht. So luden wir unseren Ziehwagen ab und richteten uns für einen längeren Aufenthalt ein.

Nach einer sehr unruhigen Nacht standen wir früh auf, um weiter nach geeigneten Verstecken und Schlupfwinkeln zu suchen. Auf dem

Hof, direkt gegenüber der Eingangstür, stand ein alter gespaltener Birnbaum, in dem für einen Erwachsenen genügend Platz war. Wenn ich mich bei nahender Gefahr auf dem Hof befand, sollte ich mich hier verstecken. Im Haus fand meine Mutter einen Hohlraum unterhalb des Dachfirstes, den man allerdings nur mit einer Leiter erreichen konnte. Es war so niedrig, dass ich, wenn ich mich dort verstecken wollte, hineinrobben musste – zum Kriechen war es nicht hoch genug. Ich würde also viel Zeit dafür benötigen. Wir schlossen Freundschaft mit der kleinen Hündin, die vor der Haustür ihre Hütte hatte und von dort aus den Weg einsehen konnte. Meist schlug sie schon an, wenn sie nur ein verdächtiges Geräusch hörte. Das war für mich fortan das Signal zu verschwinden, auch wenn wir noch niemanden sahen. So hat mich schließlich auch niemand gefunden. Auf den Höfen der Nachbarschaft war weit und breit kein junges Mädchen, keine jüngere Frau mehr, die nicht geschändet und meist auch verschleppt worden war.

Gut einen Monat waren wir schon hier. Die Front schien weit weg zu sein; denn wir hörten weder Geschützlärm noch andere Geräusche, aus denen wir ableiten konnten, ob überhaupt noch Krieg war. Radiogeräte gab es weit und breit keine mehr, so dass wir nur auf die hämischen Zurufe der Polen angewiesen waren, die fast täglich plündernd und nach Mädchen suchend auftauchten. Einmal waren Flugblätter abgeworfen worden, die uns Hoffnung machten: »Haltet aus! Ihr seid nicht vergessen! Wir kommen wieder!« Aber das war nun auch schon lange her.

Zu essen hatten wir genügend; denn die Hühner legten so viele Eier, dass wir sie nicht alle verbrauchen konnten. Auch Kartoffeln waren vorhanden und Mehl gab es ebenfalls noch. In der Räucherkammer hingen sogar noch Schinken, Räucherwürste und Speck.

Am 9. April 1945 sah Mutti beim Blick aus dem Fenster zufällig zwei Polen, die über die Wiese auf das Haus zukamen. Die Hündin konnte dorthin nicht sehen und hatte daher auch nicht angeschlagen. »Versteck dich! Da kommen zwei Polen. Der eine ist der ›Kosak‹, den anderen kenne ich nicht«, rief Mutti aufgeregt.

Der Kosak war in dieser Gegend ganz besonders gefürchtet. Brutal schlug er mit seiner Peitsche zu, wenn es jemand wagte, seine Anordnungen zu missachten. Er hatte nachtschwarze Augen unter dichten Brauen und einen schwarzen Schnurrbart. Klein und zäh ritt er auf einem temperamentvollen Pferd.

Die beiden waren noch weit genug vom Haus entfernt, so dass ich das Versteck unter dem Dachfirst aufsuchen konnte. Mutti ging mit mir nach oben und stellte die Leiter weg, nachdem ich mich hinter einen Querbalken gelegt hatte und dort so gut wie unsichtbar war. Da hörte ich auch schon die fremden Stimmen, die herrisch und drohend fragten: »Wo Mädchen?«

Ich konnte jedes Wort verstehen. Mutti versuchte sich dumm zu stellen, aber die Polen ließen sich nicht täuschen. Der eine konnte etwas Deutsch und machte Mutti klar, dass die Nachbarn, von denen sie eben kamen, ihnen gesagt hatten, hier auf dem Hof sei noch ein junges Mädchen. Falls es nicht sofort herausgegeben würde, würden sie alle Bewohner erschießen und den Hof abbrennen. Bebend kroch ich aus meinem Versteck hervor. Es war vorbei, das wusste ich. Aber ich hatte in der letzten Zeit so oft erlebt, wie Gott mich schützte, dass ich davon überzeugt war, Gott könnte auch jetzt irgendwie zu meiner Rettung eingreifen. Vielleicht würde er ja ein ganz großes, deutliches Wunder tun?

Als ich schon an der Einstiegsluke saß, kam Mutti, dicht gefolgt von dem Begleiter des Kosaken. Der sah eigentlich recht freundlich aus, nicht so brutal wie der Kosak. Er hob mich herunter, bevor Mutti die Leiter hingestellt hatte. Wahrscheinlich war er schon länger hier in der Nähe bei Bauern gewesen, denn er sagte ruhig und in ziemlich gutem Deutsch, dass ich mich fertig machen sollte. In einer halben Stunde wollte er mich abholen. Wenn ich jedoch auf die Idee käme, mich wieder zu verstecken oder wegzulaufen, würden alle Bewohner erschossen. Ich hörte an seiner Stimme, dass er es ernst meinte.

Zitternd packte ich einige Sachen zusammen, dann hatten wir noch Zeit, miteinander zu beten. Dabei wurde ich wieder ruhiger. Als aber wenig später der Kosak ohne den anderen kam, schwand meine Hoffnung auf Rettung dahin. Der Kosak war zu gefährlich! Papa lehnte haltsuchend am Haustürrahmen, während ich an der Seite des Polen auf den Hof trat. Mutti folgte uns und umarmte mich schluchzend. Da fiel mir ein Bibelwort ein, ganz spontan, das ich Mutti zuflüsterte, bevor ich mich aus ihrer Umarmung löste: *Rufe mich an in der Not, so will ich dich erretten!* (Psalm 50,15)

Dass der Kosak Mutti und mich bei der Umarmung nicht durch Peitschenhiebe trennte, war schon sehr ungewöhnlich, aber das wurde uns erst später bewusst. Am Tag zuvor hatte uns die Nachbarin die blutunterlaufenen Striemen an ihren Oberarmen gezeigt, weil sie gewagt hatte, ihre Schwiegertochter beim Abschied zu umarmen. Aber ich war jetzt ganz ruhig und fest überzeugt, dass Gott eingreifen würde, bevor mein Begleiter mir etwas Böses antun konnte.

Als ich Mutti das Bibelwort zuflüsterte, wusste ich, dass Gott nichts versprach, was er nicht auch halten konnte, sonst wäre er ja kein Gott. Wenn in seinem Wort also stand, dass er jeden retten will, der ihn in der Not anruft, dann musste ich mich darauf verlassen können! Ich hatte auch sehr gute Pläne, *wie* Gott mir helfen konnte, ja, ich war sogar ein wenig gespannt, welchen meiner tollen Pläne er ausführen würde. Vielleicht kamen Fallschirmjäger zu meiner Befreiung? Oder Stukas griffen an? Während mein Begleiter in Deckung ging, konnte ich davonlaufen, denn die Stukas kamen ja zu meiner Hilfe, nicht, um mich mit ihren Bomben zu treffen. Auch die Wunderwaffe würde endlich zum Einsatz kommen! Sicher gab es auch noch andere Möglichkeiten. Jedenfalls musste in allernächster Zeit etwas geschehen, sonst …

Während ich so mit meinen Gedanken beschäftigt auf das Wunder wartete, gelangten wir an die Straße. In der Ferne sah ich eine Staubwolke, die langsam näher kam, und so dachte ich mir, dass man mich mit einer Herde Kühe nach Polen schicken wollte. Die Russen hatten alle Transportwege beschlagnahmt, daher konnten die Polen die geraubten Kühe nicht mit der Bahn oder auf Lastwagen transportieren, sondern mussten sie von ebenfalls geraubten Mädchen treiben lassen. Nachdem auch mein Begleiter die näher kommende Staubwolke eine

Weile beobachtet hatte, schob er mich von der Straße auf die Wiese, über die wir gekommen waren, und sagte: »Du weg!« Was sollte denn das bedeuten? Wollte er mich für sich haben, bevor die anderen hier ankamen? Ich sah ihn irritiert an und rührte mich nicht vom Fleck. Aber er deutete energisch auf den schmalen Pfad: »Du weg! – Snell!« Ich verstand zwar noch immer nicht, was er wollte, aber es erschien mir ratsam, in die Richtung zu gehen, in die sein ausgestreckter Arm wies. Würde er mir gleich folgen? Immer wieder sah ich mich um, aber er stand noch genau dort, wo ich losgegangen war. Als ich mich zum vierten Male umschaute, winkte er mir fast böse nach: »Snell, snell!«

Nun machte ich größere Schritte und blickte nicht mehr zurück. Erst als ich hinter einer Bodenwelle war und die Straße nicht mehr sehen konnte, begriff ich: Das hatte Gott getan! So sah das Wunder seiner Hilfe aus! Er hatte das Herz dieses grausamen Polen angerührt und ihn veranlasst, mich zurückzuschicken! Ich hatte auf eine entscheidende Wende im Kriegsgeschehen gehofft, hatte gemeint, dass wir nun wieder nach Hause zurückkehren konnten, deshalb war ich zuerst enttäuscht von *dieser* Hilfe. Aber Gottes Pläne sehen oft anders aus, ganz, ganz anders, als wir uns das vorstellen! Er hatte das Herz eines Menschen bewegt und mir auf diese Weise viel nachhaltiger geholfen, als es durch meine »klugen« Pläne und Vorstellungen möglich gewesen wäre. Doch das wurde mir erst viel später klar. Ich hatte ja nur die aktuelle Not vor Augen, hatte keine Ahnung von dem, das noch kommen würde, kannte nur meine eigenen, gegenwärtigen Schwierigkeiten und Ängste. Gott sah die Zusammenhänge und die fernste Zukunft. Dieses Erlebnis war auf jeden Fall meine erste deutliche Gebetserhörung.

Noch wusste ich nicht, dass für viele Menschen eine Wende des Kriegsglücks zugunsten Deutschlands, wie ich es gewünscht, erhofft und erbeten hatte, die Fortsetzung unbeschreiblichen Elends bedeutet hätte. Ebenso wenig konnte ich mir vorstellen, was auf uns zugekommen wäre, wenn Hitler den Krieg gewonnen hätte, was das am Ende auch für gläubige Christen bedeutet hätte. Wie gut, dass Gott unsere

Gebete oft anders erhört, als wir es wünschen! Noch oft musste ich an diese Erkenntnis denken, wenn ich in meinem späteren Leben ungeduldig um Hilfe betete und anscheinend nicht erhört wurde.

Zuerst ging ich nur zögernd weiter, dann immer schneller, immer leichteren Schrittes. Am Himmel sah ich leichte Frühlingswolken wie Federn dahinschweben. So leicht und beschwingt fühlte ich mich jetzt. Es war mir, als könnte ich mit den Wolken am Himmel schweben und das freundliche Antlitz des Vaters im Himmel sehen, seinen starken Arm fühlen, den er um mich legte, während er mir sagte: Fürchte dich nur nicht, ich bin ja bei dir!

»Gottes Liebe kennet keine Grenzen,
tiefer ist sie als das tiefste Meer,
höher ist sie als der Sterne Glänzen,
schneller als die Wolken ziehn daher.«

An dieses Lied, das ich in der Sonntagsschule gelernt hatte, musste ich denken, als ich die leicht dahinziehenden Wolken am strahlend blauen Himmel sah. Ich sang es laut und fröhlich und lief immer schneller über die saftig-grüne Wiese. Den Pfad hatte ich längst verloren und mich auch in der Richtung geirrt. Von der anderen Seite des Hofes gelangte ich wieder auf den Fahrweg, wo ich mich neu orientieren konnte.

Papa und der siebenjährige Ingo waren dabei, ein großes Feld zu pflügen. Ingo führte den Ochsen, den er vor wenigen Tagen eingefangen hatte, um damit in aller Bedrängnis doch noch die Frühjahrsbestellung durchführen zu können. Ich rief laut und winkte, aber sie bemerkten mich nicht. Als ich näher kam, sah Papa auf und glaubte wohl, seinen Augen nicht trauen zu können. Wie sollte es auch möglich sein, dass ich wieder zurückkehrte? Erst als ich so nahe war, dass Papa meine Stimme erkannte, ließ er den Pflug los und kam mir entgegen, immer noch zögerlich, weil er fürchtete, ich könne mich plötzlich in Luft auflösen.

Während ich all das heute schreibe, fällt mir der Bericht aus der Apostelgeschichte ein, als Petrus aus dem Gefängnis befreit wird und zu den für ihn betenden Freunden zurückkehrt. Sie halten ihn für ein

Gespenst (Apostelgeschichte 12,5-15). Für ein Gespenst hielt Papa mich nun auch. Erst als ich ihn umarmte und er fühlte, dass ich aus Fleisch und Blut war, ließ er Ingo mit dem Ochsen auf dem Feld und eilte mit mir ins Haus. Auch Mutti starrte mich ungläubig an, als sähe sie ein Trugbild, eine Erscheinung, bevor sie mich vor Freude schluchzend in ihre Arme nahm.

Nie in meinem Leben würde ich dieses überwältigende Erlebnis vergessen, so meinte ich. Ich hatte erfahren: Auf Gottes Zusage kann ich mich verlassen, auf sein Wort vertrauen. Ich brauchte mich wirklich nicht zu fürchten. Ich nahm die große Bibel, die immer auf der Kommode lag, und schlug sie in der Hoffnung auf, ein Wort für meinen zukünftigen Weg zu bekommen. Meine Augen fielen auf einen Text, der wie eine Verheißung für mich war, wie eine Antwort auf meine unausgesprochene Frage, wie es nun weitergehen würde: *Du aber wirst dich freuen und fröhlich sein über deinen Kindern, denn sie werden alle gesegnet und zum Herrn gebracht werden* (Tobias 13,16). Dieses Versprechen Gottes begleitet mich seither durch mein Leben, besonders wenn ich mir manchmal Sorgen um meine längst erwachsenen Kinder mache. Es macht mich froh und voller Zuversicht.

Hätte Gott mir eine passendere Mitteilung geben können?! Das hieß ja, dass ich Kinder bekommen und diese augenblickliche Not ein Ende haben würde. Ich verstand, dass Gott auf mich achtet und alles zu einem guten Ende bringen wird! Er kennt meine Zukunft, die für mich noch so fern und ungewiss ist!

Vor den Polen brauchte ich mich nun nicht mehr zu verstecken. Nur vor umherstreunenden Russen war ich noch auf der Hut. Aber nachdem Gott mir so deutlich gezeigt hatte, dass er auf mich aufpasste, würde er mich doch nicht betrunkenen Russen in die Hände fallen lassen!

Der Kosak besuchte uns noch mehrmals. Bei seinem ersten Besuch nach meiner Freilassung nahm Mutti ihn in ihre Arme und dankte ihm mit Tränen in den Augen, dass er mich unversehrt nach Hause gelassen hatte. In seinem gebrochenen Deutsch erklärte er, dass er an seine eigene Tochter habe denken müssen, als meine Mutter und ich uns verabschiedeten. Gott hatte ihn angesprochen! Vielleicht genau in dem Moment, als ich Mutti zuflüsterte: Rufe mich an in der Not, so will ich dich erretten! Zu diesem Zeitpunkt hatte Gott bereits seine Hilfe für mich eingeleitet und den sonst so grausamen Polen angerührt!

Als er später versetzt wurde, kam er, um es uns persönlich zu sagen. Er ritt auf den Hof und führte ein Pony mit sich am Halfter. Das sollten wir behalten, sagte er: »Ochse nix gut, kleine Pferd besser, andre Polen-Kamerad sagen: ‚Kleine Pferd nix gut, nix wegnehmen kleine Pferd.'«

Ob er sich später gefragt hat, was da in seinem Herzen vorgegangen ist, als er ein junges deutsches Mädchen unversehrt frei gelassen hat? Möge Gott ihn und seine Tochter, seine ganze Familie dafür segnen!

Kapitel 4

Ade, du liebes Heimatland!

Mögen dir auch dunkel dünken deine Tage ohne Licht; Gottes Liebe lässt wohl sinken, doch ertrinken lässt sie nicht.

FRITZ SCHMIDT-KÖNIG

Anfang Juni hatte sich die Lage beruhigt. Nur ganz selten hörten wir noch Schüsse aus dem nahen Wald, denen wir keine Bedeutung zumaßen. Möglicherweise hatte jemand einen Hasen oder ein Reh geschossen? Von Deutschen, die nach und nach zurückkamen, um nach Angehörigen zu suchen, hatten wir erfahren, dass der Krieg zu Ende sei. Jedoch wusste niemand so richtig, wie sich nun alles entwickeln würde, ob wir unsere Häuser und Wohnungen wieder beziehen durften und was überhaupt mit uns allen geschehen würde. Die Polen hatten uns schadenfroh und hämisch grinsend zugerufen: »Hitler kapuut, Deutschland kapuut, alles kapuut! Jetzt wir sein Herr hier – wir euch machen alle kapuut!«

Das klang nicht gerade ermutigend, aber sie schienen sich sehr sicher zu sein, dass wir ihnen ganz und gar ausgeliefert waren. Sollten wir nach Falkenburg zurückkehren, um zu sehen, ob Oma noch lebte, was aus dem Haus und dem Grundstück geworden war, ob wir den einen oder anderen Bekannten treffen würden und was uns sonst noch für Fragen bewegten? Wir besprachen es mit Hellers.

Sie ließen uns nur ungern ziehen, aber verstanden auch, dass wir nach Oma forschen und uns um unser Haus kümmern wollten. So machten wir uns auf den Weg mit dem Versprechen, möglichst bald zurückzukehren und auch meine Großmutter mitzubringen, wenn wir sie gefunden hatten. Hellers gaben uns reichlich Lebensmittel für den Hin- und auch den Rückweg mit.

Nun stellte sich die Frage, ob wir das Pferdchen oder den Ochsen mitnehmen sollten. Mit dem Ochsen konnte Ingo allein nichts anfangen. Mit dem Pferd aber konnte Ingo zusammen mit seinem Vater eggen oder leichte Arbeiten verrichten. Also spannten wir den Ochsen vor den kleinen Stadtwagen, den wir auch von Hellers bekamen, und zuckelten los, angstvoll bangend, was wir in Falkenburg alles vorfinden würden.

Weit waren wir nicht gekommen, als uns polnische Wegelagerer den Weg versperrten. Sie stiegen auf unseren Wagen und durchwühlten alles unter dem Vorwand, nach Waffen zu suchen. Den gesamten Proviant sowie Geschirr und Bettwäsche nahmen sie uns weg. Die Eier haben sie dabei zertreten. Mit vorgehaltenem Gewehr zwangen sie Papa, mit ihnen in den nahen Wald zu gehen, wo er einen Mann begraben musste, der wohl kurz zuvor erschlagen worden war. Dann durften wir die Reise fortsetzen.

Wäre es unter diesen Umständen nicht vernünftiger, wieder umzukehren? Wir hatten ja nicht einmal die Hälfte des Weges zurückgelegt. Wer konnte sagen, wie viele solcher Banden noch unterwegs waren und die zurückkehrenden Deutschen überfielen? Und was würde uns in Falkenburg erwarten?

Bevor wir Anfang März geflohen waren, hatte Papa viele Vorräte in der Räucherkammer eingemauert, die uns für einige Monate genügen würden. Aber was, wenn das Versteck inzwischen entdeckt worden war? Die Wegelagerer hatten uns ja alle Lebensmittel weggenommen. Wenn es stimmte, was wir von einigen Leuten gehört hatten, herrschten in Falkenburg Gewalt, Hunger und mancherlei Seuchen wie Cholera und Typhus. Aber weil wir uns um Oma sorgten, wollten wir wenigstens versuchen, nach ihr zu forschen. Deshalb zogen wir weiter und wurden auch nicht noch einmal aufgehalten.

Am frühen Nachmittag kamen wir auf unserem Grundstück an. Hier war alles wie ausgestorben. Die Möbel von uns, unseren Mietern und aus den Nachbarhäusern lagen zum Teil auf dem Hof und im Garten verstreut. Aus den großen Schranktüren war auf dem Hof ein Abort gebaut worden. Die sanitären Anlagen, Heizungskörper, Badewannen und Toilettenbecken waren gewaltsam herausgerissen worden und lagen zerstört überall herum. Aber was uns jetzt am meisten niederschmetterte, war die Entdeckung, dass die Räucherkammer vollkommen leer war. Federn von meinen dort auch eingemauerten Aussteuerbetten flogen uns schon am Eingang zum Keller entgegen.

Auf dem Nachbarhof war ein Podium errichtet worden; darauf stand mein Klavier. Außer in meinem kleinen Zimmer, das Papa noch im vorletzten Jahr für mich ausgebaut hatte, waren alle Fensterscheiben zerstört. Dort gab es auch noch eine Türe, die intakt war und sich schließen ließ. Hier hatte Oma sich aufgehalten, bevor wir in der Nacht vom dritten auf den vierten März flohen. Außer dem aus Backsteinen gemauerten Ofen war nichts mehr vorhanden; der Ofen war allerdings noch in Ordnung.

»Hier können wir uns Stroh auf den Fußboden legen und übernachten«, überlegte Mutti. Stroh und Heu fanden wir im Stall und auf dem Heuboden. Im Keller gab es noch Kartoffeln und Gemüse. In unserer Küche war auch der gemauerte Herd noch vorhanden, auf dem wir kochen konnten, falls wir Gefäße finden würden, was möglich sein musste. Aber bevor wir weitere Pläne machten, wollten – mussten – wir nach Oma suchen. Darum gingen wir in die Stadt, um uns auf der polnischen Ortskommandantur zu melden.

Die Falkenburger, die bereits zurückgekehrt oder gar nicht weggegangen waren, wohnten alle zusammen in der Dragestraße und den umliegenden Straßen. Auch uns wurde dort ein Zimmer von der polnischen Kommandantur zugewiesen mit zwei Betten, einer Chaiselongue und einem kleinen Tisch. Die Küche mussten wir mit einer anderen Familie teilen. Darin gab es Töpfe und Geschirr. Das kam uns jetzt sehr gelegen. In unserem Haus durften wir nicht bleiben. Der Bezirk der Teschendorfer Straße und Landstraße war für russisches Militär reserviert.

Noch am späten Nachmittag fanden wir Oma, die mit einer jungen Frau zusammen einige Häuser weiter wohnte. Das war eine Wiedersehensfreude! Für kurze Augenblicke vergaßen wir alle Not und Betrübnis. Meiner Großmutter ging es den Umständen entsprechend gut. Mit zitternder Stimme erzählte sie, dass sie mehrmals von Russen vergewaltigt worden war. Aber nun sei es hier ruhig geworden.

Von unserem Vorschlag, mit uns zu Hellers zu gehen, wollte sie nichts wissen. »Nein, nein, was soll ich noch umziehen? Ich möchte hier begraben werden, an dem Ort, wo ich mein Grab schon vor vielen Jahren bestellt habe. – Mein Bruder Gustav ist schon 85, wir haben uns lange nicht gesehen, Willy, sein Sohn, ist krank und sicher wunderlich. Wenn Gustav dann vor mir stirbt, bin ich dem Willy doch nur im Wege. Und ihr habt dort auch nichts zu sagen. Lasst uns alle hier bleiben oder geht allein zurück. Für die kurze Zeit, die ich noch zu leben habe, stelle ich nicht mehr viele Ansprüche.«

Da standen wir nun wieder vor einer schweren Entscheidung. Was sollten wir tun? Hellers erwarteten uns und würden sich freuen, wenn wir bald zurückkämen. Sie rechneten sogar damit. Oma brauchte uns eigentlich nicht. Aber hier in Falkenburg kursierten Gerüchte, dass die Polen alle deutschen Bauern enteignen wollten, um die Höfe mit eigenen Landsleuten zu besetzen. Wenn das stimmte, müssten auch Hellers den Hof verlassen und uns würde man bestenfalls als billige Arbeitskräfte behalten. Das schien uns nicht sehr verlockend. Vielleicht wäre es doch besser, hier in Falkenburg zu bleiben? Irgendwann würde es sich wohl doch noch entscheiden, ob wir auf unser Grundstück zurückkehren durften oder was sonst aus uns werden würde. Da wir auch dem Rückweg mit Bangen entgegensahen, entschieden wir uns zu bleiben.

In dem uns zugewiesenen Zimmer konnten wir auch Oma aufnehmen. Mutti und ich schliefen in einem Bett und Oma bekam die Chaiselongue. Wir wurden darüber aufgeklärt, dass jeder Familie einmal in der Woche vor der Bäckerei ein Laib Brot zugeteilt würde. Ohne weiße Armbinde durften wir nicht auf die Straße gehen. In den ersten drei Tagen jedes Monats mussten wir Polen und Russen Zutritt in unsere Wohnung gewähren und ihnen alles überlassen, woran sie interessiert waren. Das hörte sich an wie ein Witz. Bei uns gab es nichts mehr, was für sie noch interessant gewesen wäre, aber darüber zu entscheiden wurde uns nicht zugestanden.

Je mehr Falkenburger zurückkehrten, desto knapper wurde die Brotzuteilung. Nach stundenlangem Anstehen bekamen wir einen Brotlaib, der fast nur noch aus zusammengefegtem Schmutz und Abfall der Backstube bestand. Meine Mutter ekelte sich so sehr davor, dass sie nichts davon essen konnte. Sie ernährte sich nur noch von den alten Kartoffeln, die Papa aus unserem Keller holte. Er hatte sich mit den Russen angefreundet, die seit kurzer Zeit in unserem neuen Haus wohnten. Sie erlaubten ihm, jeden Tag zu kommen und nach dem Ochsen zu sehen, den er auf unserer Wiese grasen ließ.

Als im Keller keine Kartoffeln mehr waren, wurde Mutti immer schwächer. Zuerst war es nur der heftige Durchfall, von dem wir mehr oder weniger alle geplagt waren, doch bald konnte sie gar nicht mehr aufstehen und fiel in einen komaähnlichen Schlaf, aus dem sie nur selten erwachte. Wir machten uns große Sorge um sie. Papa hatte den Drogisten Selle, der kürzlich zurückgekommen war, um Rat gefragt und er empfahl, Mutti zur Stärkung Zucker ins Wasser zu geben.

Zucker! Wir wussten ja gar nicht mehr wie der aussah! Selbst die Polen bekamen in ihren Geschäften nur selten welchen und wir selbst hatten keinen mehr gesehen, seit wir von Hellers weggegangen waren. So fanden wir uns schweren Herzens damit ab, dass wir Mutti nicht helfen konnten.

Wenig später traf Papa Herrn Lux, seinen alten Geschäftsfreund, der zurückgekommen war, um nach seiner Familie zu suchen. Da er schließlich die Hoffnung aufgab, seine Angehörigen noch zu finden, wollte er wieder nach Westen gehen. Er wollte gerne, dass wir mit ihm zusammen nach Westen gingen, aber das war absolut unmöglich, solange Mutti im Koma lag. Bestimmt würde er jemand anderen finden! Er wollte sich umhören und übergab Papa zum Abschied ein kleines Tütchen. Als wir es öffneten, trauten wir unseren Augen nicht: Es enthielt Zucker! Mindestens ein Pfund Zucker war darin!

Sprachlos vor Staunen sahen wir einander an. Wir hatten ja nicht einmal darum gebetet, hatten uns einfach damit abgefunden, dass Mutti bald sterben würde! Aber unser Vater im Himmel wollte es noch nicht und er wusste auch, was wir benötigten, damit sie am Leben bleiben konnte! So erlebten wir eindrucksvoll, was Jesus meinte, als er seinen Jüngern sagte: *Euer Vater im Himmel weiß, was ihr braucht, bevor ihr ihn bittet* (Matthäus 6,8).

Sogleich füllte Papa einen Löffel von dem kostbaren Zucker in das bereitstehende Glas mit Wasser. Als Mutti wieder zu sich kam und trinken wollte, trank sie es in gierigen Zügen leer. Bereits am nächsten Morgen schien es ihr besser zu gehen und als der Zucker aufgebraucht war, konnte sie schon aufstehen.

Inzwischen hatte ich durch Vermittlung von Frau Hahn, der Mutter meiner Schulkameradin Ursel, eine Stelle als Hausmädchen bei einem jungen polnischen Ehepaar bekommen. Auch das war eine Hilfe für uns alle. Hier war ich nicht nur gut und sicher vor Übergriffen untergebracht, ich selbst bekam genug zu essen und durfte auch immer etwas für meine Eltern mitnehmen.

Für mich stand nach den vielen wunderbaren Erlebnissen fest: Ich möchte mit niemandem tauschen, der ohne Gott in dieser Welt lebt. Selbst die notvollsten Lebensabschnitte lassen sich leichter ertragen, wenn man überzeugt sein kann, dass ein liebender Vater im Himmel mit uns geht, uns stärkt und ermutigt. Er weiß, wie viel seine Kinder ertragen können. Auch wenn er manches geschehen lässt, was uns nicht gefällt, so können wir doch darauf vertrauen, dass es auf weite Sicht gut sein muss, weil er es zugelassen hat.

Anfang Dezember 1945 schreckte uns eine Anordnung der polnischen Kommandantur auf, alle deutschen Bewohner Falkenburgs müssten auf den Marktplatz kommen, mit nicht mehr als zwei Gepäckstücken.

Was hatte das zu bedeuten? Wollte man uns jetzt noch unsere letzten Sachen wegnehmen? Gingen die Polen davon aus, dass jeder in diese zwei Gepäckstücke das Wertvollste einpacken würde, was er besaß? Oder sollten wir ganz weggebracht werden? Was hatten sie mit uns vor?

Herr Lux, der noch keinen Begleiter für den gefährlichen Weg nach Westen gefunden hatte, kam unbemerkt zu uns, um mit uns zu beraten, ob wir nicht durch den Schlossgarten zu unserem Grundstück gehen könnten, bis sich die Polen wieder beruhigt hätten. Dorthin durften uns die Polen nicht folgen, weil die Russen diesen Bezirk beschlagnahmt hatten. Zu denen hatte Papa ja gute Kontakte. Ein russischer Leutnant mit seinem Burschen wohnte in unserem Haus und in der Köppschen Villa waren ein Oberst und ein deutschfreundlicher Major einquartiert. Hier in der Dragestraße lag unser Zimmer unmittelbar am Schlosspark, so dass es unproblematisch für uns war, über den Schlossgraben und durch den Schlossgarten in die Teschendorfer Straße zu entkommen. In der allgemeinen Unruhe und Aufregung würde uns sicher niemand bemerken, meinte Herr Lux. Papa stimmte ihm zu. Er war diesen Weg fast täglich gegangen und bisher niemals von einem Polen daran gehindert worden.

Wir machten uns also eilig auf den Weg. Unsere Betten und Wäsche und was wir sonst noch besaßen, luden wir auf den Ziehwagen. Auch Oma ging mit uns. Sie hätte ohnehin nicht bleiben können, denn die Polen würden die geräumten Wohnungen kontrollieren.

Papa fragte zuerst den Major, ob wir in einem der Räume, die wir vor der Flucht bewohnt hatten, für kurze Zeit einziehen dürften. Der Major war einverstanden und wir bezogen den kleinen Raum, der früher mein Zimmer gewesen war. Der Ofen, der darin stand, ließ sich noch heizen, das Fenster hatte nur einen kleinen Sprung, den wir abdichten konnten und die Tür ließ sich sogar abschließen. Der Major beauftragte seinen Burschen Nikolaus, uns täglich aus der Feldküche mit Essen zu versorgen und auch sonst auf uns aufzupassen.

Nikolaus kam aus der Ukraine. Seine Mutter war Deutsche. Gern wollte er uns helfen und freute sich, dass er uns und wir ihn verstanden. Er erzählte viel von sich und seiner Mutter und von einigen Erlebnissen als Soldat. In Ostpreußen hatte er ein deutsches Mädchen kennen gelernt, die nun sein ganzes Denken ausfüllte. Er träumte und schwärmte von seiner Hella und hätte alles darum gegeben, sie auch nur mit einem Auge wiederzusehen. Im Radio hörte er gern deutsche Sendungen, die von einem Sender in Berlin ausgestrahlt wurden.

Wenige Tage nachdem wir unser Lager errichtet hatten, kam Nikolaus entgeistert zu uns hereingestürzt und berichtete stotternd und nach Luft ringend, dass er beim Einschalten des Radios vom Radiosprecher mit seinem Namen begrüßt worden war. »Ich schalten ein Radio und Mann in Radio sprechen: ›Guten Abend, Nikolaus!‹ Ich schnell schalten Radio aus. Wie kann Mann in Radio wissen, ich Nikolaus heißen?« Vermutlich hatte er eine Kindersendung zum Nikolaustag gehört, die ihn nun so aus der Fassung gebracht hatte …

Die nächsten Tage und Wochen verliefen ohne Zwischenfälle. Papa und Herr Lux erkundeten vorsichtig die Lage und berichteten: Die Deutschen, die sich auf dem Marktplatz eingefunden hatten, waren zum Bahnhof gebracht und dort in bereitstehende Waggons verladen worden. Was mit ihnen geschehen war, hatten sie nicht erfahren. Einige der Deutschen, hauptsächlich Facharbeiter, für die die Polen keinen Ersatz unter ihren eigenen Landsleuten hatten, durften bleiben. Sie brauchten nun keine weißen Armbinden mehr zu tragen und durften in polnischen Geschäften einkaufen, sofern sie Zloty zum Bezahlen hatten.

Ich konnte es also wagen, das polnische Ehepaar aufzusuchen. Vielleicht würden sie mich wieder aufnehmen! Bei ihnen wäre ich sicherer, als hier unter Russen, von denen manche auch zudringlich wurden, wenn sie betrunken waren und sich unbeobachtet glaubten. Mit klopfendem Herzen klingelte ich an der Haustür, in der Hoffnung, dass Frau Dobrowolsky öffnen würde und nicht etwa der Bursche ihres Mannes, der in angetrunkenem Zustand sehr lästig sein konnte. Der Hausherr selbst öffnete und überschlug sich fast vor Freude und Begeisterung, umarmte mich und ließ mich eintreten, um mich zu seiner Frau zu führen. »Estherka ist da! Estherka!«

Von der jungen Frau, die gut Deutsch sprach, erfuhr ich, dass ihr Mann sehr um uns besorgt gewesen war und versucht hatte, uns auf dem Marktplatz, dem Sammelplatz, zu finden. Er wollte mich und meine Angehörigen aus den dort zusammengetrommelten Deutschen herausrufen, hatte aber niemanden gefunden und schließlich traurig aufgegeben. Nun fragten beide sogleich, ob ich bei ihnen bleiben wolle; sie würden auch dafür sorgen, dass meine Angehörigen die Genehmigung zum Bleiben bekämen und versorgt würden. Um dies zu entscheiden, wollte ich jedoch zuvor mit meinen Eltern sprechen, darum ging ich zunächst wieder heim.

»Das ist keine Lösung«, meinte meine Familie. Wir hatten bereits Vorkehrungen getroffen, um mit dem Zug, der zweimal täglich über Stettin nach Berlin fuhr, die Heimat zu verlassen. Das Geld für die Fahrkarten hatten Papa und Herr Lux fast zusammen. Was noch fehlte, hofften sie innerhalb weniger Tage zu bekommen. So ging ich am nächsten Tag noch einmal zu Dobrowolskys, um ihnen unsere Entscheidung mitzuteilen. Sie bedauerten es, konnten es aber doch verstehen und wünschten uns allen das Beste. Falls wir bis zu unserer Ausreise noch irgendwelche Schwierigkeiten bekämen, sollten wir uns an sie wenden. Und natürlich wären sie sehr froh, wenn ich mich doch zum Bleiben entschließen würde.

Noch heute denke ich in großer Dankbarkeit an sie zurück. Gerne verweile ich in stillen Stunden mit meinen Gedanken in meiner Heimat und bei den polnischen Menschen, die jetzt dort leben. Dabei kommt mir häufig das Ende eines Gedichts von Adalbert von Chamisso in den Sinn, das er in Erinnerung an seine verlorene Heimat schrieb: »Sei fruchtbar, du teurer Boden! Ich segne dich, mild und gerührt, und segne ihn zwiefach, der immer den Pflug nun über dich führt.«

Auf unserem Strohlager feierten wir einen stillen Heiligen Abend. Gleich nach Weihnachten hatten wir auch das noch fehlende Geld für die Fahrkarten zusammen. Papa und Herr Lux hatten in einem verlassenen Schuppen zwei große Säcke mit Seifenpulver gefunden, die sie an Polen verkauften. Unmittelbar danach erkundigten sie sich nach dem Fahrplan und den Preisen für die Fahrkarten. Sie hatten genau die Summe, die wir benötigten.

Ein Wunder? Zufall? Was nun ablief, könnte nur als göttliche Maßarbeit bezeichnet werden. Bis ins Kleinste, zum Teil auf die Minute genau, war alles geplant, ohne dass wir es beeinflussen konnten.

Zwei Tage vor unserer Abreise legten wir uns auf unser Strohlager zum Schlafen. Oma begann mit zitternder Stimme den Refrain eines Liedes zu singen, das wir alle kannten und leise mitsummten. »Niemals lässt er uns allein.« Wir wollten das ganze Lied singen, aber der Anfang des Textes fiel uns nicht ein, so sehr wir alle auch überlegten. So schliefen wir alle darüber ein. Der Refrain begleitete mich auch durch meinen Schlaf, aber der Anfang war und blieb unauffindbar, bis zum Morgen. Als ich erwachte, fiel mir – ganz plötzlich – der Anfang des Textes ein und spontan rief ich laut, als hätten wir soeben noch miteinander darüber nachgedacht: »Fürchte dich nicht länger!«

Alle sahen mich an. »Was meinst du damit?«, wollte meine Mutter wissen. »Der Anfang! – So fängt das Lied an, das wir gestern Abend singen wollten: ‚Niemals lässt er uns allein'«, erklärte ich. »Ja, natürlich! So fängt es an«, nickten sie. Dass es uns für diesen Tag als Losungswort gegeben wurde, begriffen wir erst später: »Fürchte dich nicht länger!« – Es war die letzte gefahrenvolle Nacht für uns gewesen.

Nachdem wir unser spärliches Frühstück gegessen hatten, machten Papa und Herr Lux sich auf den Weg zum Bahnhof, um für den nächsten Tag die Fahrkarten zu kaufen. Während sie noch unterwegs waren, kam Nikolaus sehr aufgeregt und fast weinend vorbei, um uns im Auftrag des Majors zu sagen, dass wir nicht länger bleiben dürften, denn die Kompanie würde schon morgen früh von einer anderen abgelöst werden. Ob die nachfolgende uns hier dulden würde, konnte er uns nicht versprechen. Es sei sehr gefährlich.

Wir mussten also noch am selben Tag fahren, sobald die Männer mit den Fahrkarten zurück waren. Hoffentlich hatten sie die auch bekommen! Der endgültige Abschied von der Heimat war gekommen. Unsere Hoffnung, hier bleiben zu können, hatte sich nicht erfüllt. Und dass wir noch einmal hierher zurückkommen würden, glaubten wir nicht mehr. Es war ein Abschied für immer. Unsere Herzen waren so unendlich schwer, zu schwer, als dass wir noch hätten weinen können. Ja, der größte Schmerz im Menschenherz ist stumm und tränenleer.

Unsere Füße wollten uns kaum tragen, als wir den heimatlichen Boden verließen. Dunkel lag die Zukunft vor uns, so dunkel wie die Nacht, durch die wir jetzt zum Bahnhof wankten. Mutlos und verzagt trugen wir unsere gesamte Habe in drei Säcken auf dem Rücken und gingen zum Bahnhof. Hatten wir nun keine Heimat mehr? Würden wir irgendwo eine neue finden? War Gott noch an unserer Seite oder hatte auch er uns verlassen?

Wir dachten nicht mehr an die vielen Wunder, die wir gerade in den vergangenen Monaten erlebt hatten, wie Gott uns in vielen Gefahren geholfen und beschützt hatte, wie er uns ernährte, als wir gar nichts mehr hatten, dass seine Hilfe immer zur rechten Zeit gekommen war. Dieser Weg war zu dunkel, um an all das zu denken.

Sicher wäre uns der Abschied leichter gefallen, wenn wir nur an die allerletzten Erlebnisse gedacht hätten, wie alles so reibungslos nach einem erstaunlichen Plan abgelaufen war. Dann hätten wir getroster sein können in dem Bewusstsein, dass dieser göttliche Weltenlenker auch für unsere Zukunft Pläne hat.

Papa und Herr Lux hatten das Seifenpulver gefunden, das niemandem gehörte.

Sie hatten auch einen Käufer dafür gehabt.

Der Erlös war genau ausreichend für fünf Fahrkarten gewesen.

Als Nikolaus uns sagte, dass wir nicht länger bleiben durften, waren sie schon dabei, die Fahrkarten zu kaufen.

Dadurch waren sie so rechtzeitig zurück, dass wir den Zug noch erreichten.

In dem total überfüllten Zug bekamen wir alle einen Platz.

Der Anfangstext des Liedes, das wir hatten singen wollen, passte genau zu unserer Situation, so als ob Gott uns unmittelbar sagen wollte: Jetzt braucht ihr euch nicht länger zu fürchten.

War das alles Zufall gewesen? Nein, in einer so wirren Zeit konnte das unmöglich sein! Warum machten wir uns überhaupt noch Sorgen um die Zukunft?

Auf dem Weg zum Bahnhof und in dem nur ganz spärlich beleuchteten und total überfüllten Zug, wo wir auf unseren drei Säcken saßen und nur verängstigt vor uns hin starrten, brüllten aufgeregt die mitreisenden Polen. Bei den deutschen Reisenden suchten sie nach Wertsachen und rissen an sich, was sie fanden. Wir waren starr vor Schreck.

Erst als der Zug die letzte polnische Station verlassen hatte und Richtung Berlin fuhr, fiel die Furcht nach und nach von uns ab. Wir begannen darüber nachzudenken, dass Gott alles sehr genau vorbereitet hatte, damit wir nun sicher in diesem Zug auf dem Weg nach Deutschland sitzen konnten.

Der Anfang dieses Liedes ermutigte uns und erhellte unseren getrübten Blick für die Zukunft.

Fürchte dich nicht länger, sieh, ich bin mit dir!
Das ist meine Leuchte auf dem Wege hier.
Durch die Wolken funkelt der Verheißung Licht:
Siehe, ich bin bei dir, und ich verlasse dich nicht.
Ist der Pfad auch dunkel, droht manch Übel mir,
hör ich ihn doch sagen: »Kind, ich bin bei dir!«
Droben werd ich schauen Jesu Angesicht,
jubelnd wird's dann tönen: Nein, er verließ uns hier nicht!«
Nein, niemals allein! Nein, niemals allein!
So hat der Herr uns verheißen, niemals lässt er uns allein.

Eliza Edmunds Hewitt

Teil 2:

In der Fremde 1946-1951

Wenn ich den Wandrer frage:
Was drückt dich schwer?
Ich kann nicht nach Hause,
hab keine Heimat mehr!
AUS EINEM VOLKSLIED

Mutti, Papa und ich vor der Hütte im Steinbruch, 1947

Am Steinbruch, 1947

Kapitel 5

Wohin?

Denn auf der Erde gibt es keine Stadt, in der wir bleiben können. Wir sind unterwegs zu der Stadt, die kommen wird.

HEBRÄER 13,14; GUTE NACHRICHT

Im Morgengrauen des 31. Dezember 1945 kamen wir in Berlin an. Schon ab Stettin ging ein Aufatmen durch die Abteile, in denen nur noch wenige Reisende saßen, überwiegend Deutsche, die wie wir dabei waren, die Heimat zu verlassen. Das Schlimmste hatten wir wohl überstanden. In Scheune, kurz vor Stettin, der letzten polnischen Station, waren noch einige der deutschen Reisenden von Polen gezwungen worden, ihnen das mitgeführte Gepäck zu überlassen. Manche hatten es wohl nicht freiwillig hergeben wollen und wurden kurzerhand hinausgeworfen. Was aus ihnen wurde, habe ich nie erfahren. Uns haben sie nur einen Sack mit Bettzeug weggenommen.

Nun gingen freundliche Beamte durch den Zug und begrüßten uns: »Willkommen in der Heimat!« – In der Heimat? Waren wir denn jetzt in der Heimat? Hatten wir sie nicht vor wenigen Stunden verlassen? Aber daran dachte der nette Zugschaffner wohl nicht und der freundliche Gruß auf Deutsch tat doch gut. Vor polnischen Gewalttaten brauchten wir uns nun nicht mehr zu fürchten. Weinend und lachend zugleich fielen sich Reisende in die Arme, die sich nie zuvor gesehen hatten. Ähnliches Schicksal und Leid verbindet oft mehr als jahrelange Bekanntschaft.

Wenige Stunden später standen wir wie verirrte Schafe in Berlin auf dem Bahnhof Gesundbrunnen, der Endstation des Zuges. Hier war auch früher der Zug angekommen, mit dem wir nach Berlin gefahren waren. Aber jetzt? Wie sah es hier aus! Das war nicht der vertraute

Bahnhof. Ringsumher waren Trümmer, nichts als Trümmer, so weit wir sehen konnten.

Wie ging es nun weiter? Wohin sollten – konnten – wir uns wenden? Es gab ja hier kein Haus mehr! Wenn unsere Verwandten überlebt hatten, dann war das ein Wunder. Wir mussten sie erst suchen. Die letzte Nachricht lag länger als ein Jahr zurück. Was war in dieser Zeit alles geschehen! Vor einem Jahr hatten wir noch ein Zuhause. Da hatten wir Verwandte, Freunde und Bekannte, waren noch angesehene Bürger einer kleinen Stadt. Jetzt waren wir nichts, gar nichts mehr! Unsere viel zu weite Kleidung schlackerte um unsere abgemagerten Körper. Der schäbige Sack, den wir umklammerten wie einen kostbaren Schatz, enthielt unser ganzes Hab und Gut. In unseren Gesichtern standen die Spuren von Furcht und Entbehrung, von Unsicherheit, Ratlosigkeit und Sorge.

Unentschlossen blieben wir auf dem Bahnsteig stehen und sahen die Menschen auf den gegenüberliegenden Bahnsteigen, die eilig ihres Weges gingen. Inmitten aller Trümmer ging hier das Leben weiter, fast als wäre alles normal. Wir achteten nicht darauf, wie viel Zeit verstrich, hatten es längst verlernt, auf Uhren zu sehen, seit uns der polnische Knecht der Hellers unsere Uhren weggenommen hatte. Wir wussten auch nicht, was in den letzten zehn Monaten geschehen war, nicht einmal, seit wann der Krieg zu Ende war. Wie würde es weitergehen? Bestand Hoffnung auf Rückkehr in die Heimat? Wohin waren die vielen Flüchtlinge gezogen, wo konnten sie schließlich bleiben, wenn sie nicht zurückkehren konnten? Aus unterschiedlichen Quellen hatten wir dies und das gehört, aber niemand wusste Handfestes. Vermutungen, Meinungen, Möglichkeiten, Hoffnungen und Erwartungen kursierten, kamen uns gelegentlich zu Ohren, aber sichere Nachrichten gab es nicht.

Langsam kroch die Kälte in unseren entkräfteten Körpern hoch. Gut, dass es nicht so eisig war wie vor einem Jahr; da hätten wir es gar nicht solange ausgehalten, bewegungslos herumzustehen. Papa deutete hinüber zur Badstraße und sagte hoffnungsvoll: »Dort scheinen noch einige Häuser zu stehen. Vielleicht ist auch in der Buttmannstraße nicht alles kaputt! Dann könnten wir zu Ella gehen. Walter wird wohl kaum aus dem Krieg zurück sein, dann hat sie Platz für uns!«

Ella war eine Cousine von Papa. Sie hatte mit ihrer Mutter schon in der Buttmannstraße gewohnt, als Papa seine Lehre hier in Berlin gemacht hatte. Damals hatte er bei ihnen als Untermieter gewohnt, bis er meine Mutter heiratete. Als ich vor vier Jahren in Berlin gewesen war, hatte Ella mich gebeten, ihrem Sohn Walter doch einmal zu schreiben, der an der Ostfront bei einer Funkereinheit war. Ich kannte ihn nicht persönlich, wollte Ella aber diesen Gefallen tun und schrieb an ihn. Kurze Zeit zuvor hatte mein Dienst im Fluko Falkenburg begonnen. Walter hatte ich mich mit dem viel gesungenen Funkerlied vorgestellt: »Sie hat zwei blaue Augen, blonde Haare, 17 Jahre – sag, was wollen wir noch mehr, wir Funkersoldaten.« Das hatte doch hervorragend gepasst!

Offenbar hatte Walter sich über meinen Brief gefreut, denn er hatte postwendend geantwortet. Und als er im Frühjahr Heimaturlaub hatte und seine Verwandten in Wusterwitz besuchte, kam er anschließend zu uns. So lernten wir uns auch persönlich kennen. Aber unsere Interessen waren zu unterschiedlich. Obwohl es mir eigentlich Spaß machte, an einen mir bislang unbekannten Soldaten zu schreiben, wollte ich mich doch nicht aufdrängen. Ich meinte auch, dass der waschechte Berliner wohl mit einer schüchternen Landpomeranze nicht viel anfangen konnte. Das war schon vor mehr als einem Jahr gewesen. Ich hatte seither keine Neuigkeiten von Walter.

Nachdem wir auf den Gleisen gegenüber die S-Bahn-Züge eine Weile beobachtet hatten, überlegten wir, ob wir nicht zuerst zu Tante Hedwig, Papas Schwester, fahren sollten, falls unser deutsches Geld noch zur Bezahlung der Fahrkarten angenommen würde. Sie hatte bei der Prenzlauer Allee gewohnt, vier Stationen von hier entfernt. Sollte sie nicht zu finden sein, könnten wir ja wieder zurückfahren und dann weiter sehen.

Papa und Herr Lux kehrten mit Fahrkarten für die S-Bahn zurück, und bald waren wir am Ziel. Doch als wir in der Prenzlauer Allee ausstiegen, stellten wir schockiert fest: Hier sah es ja noch schlimmer aus als am Gesundbrunnen! Es war wohl zwecklos, nach Tante Hedwigs Wohnblock zu suchen. Wir sollten wohl gleich wieder umkehren.

Mit bangem Herzen, auch in Sorge um Papas Schwester, versuchten wir dann doch in dem Meer von Trümmern einen Weg zu finden. Alles sah fremd aus! Nur an einigen Punkten konnten wir uns orientieren und fanden tatsächlich den Abkürzungsweg an den Lauben vorbei zur Oleanderstraße, den wir so oft gegangen waren, als die Häuser ringsum noch standen. Und dann – Erstaunen, Freude, Begeisterung: Der Wohnblock war noch da! Ein einziger Häuserblock zwischen Ruinen, Trümmern und Schutt! Und gleich der erste Eingang war unser Ziel! Sogar die elektrische Klingel funktionierte noch oder schon wieder!

Während wir auf das leise Summen des Türöffners lauschten, fragten wir uns, wie die erste Begegnung wohl ablaufen würde. Was würde Tante Hedwig sagen, wenn wir zu fünft um Aufnahme baten? Herr Lux wollte zwar nur eine Nacht bleiben, um am nächsten Tag weiter nach seiner Familie zu suchen, aber für diese Nacht brauchte er trotz allem ein Quartier.

Wenig später lagen sich Papa und seine Schwester in den Armen und nicht nur sie beide weinten vor Freude. Wir konnten nicht einmal erklären, warum wir noch einen Fremden mitgebracht hatten, weil unsere Stimmen uns nicht gehorchten. Aber es war auch keine Erklärung notwendig. Schon saßen wir alle um den Küchentisch und Onkel Otto rannte in altbekannter Geschäftigkeit umher, um noch Stühle zu holen, während Tante Hedwig sich immer wieder über die Augen wischte und schluchzend sagte: »Ach Kinder, wie sehr haben wir uns um euch gesorgt! Gut, dass ihr endlich hier seid! Erst vor ein paar Wochen kam Fritz und meinte, dass man dort in Hinterpommern nicht mehr leben könne. Und wir wussten gar nichts von euch und fürchteten schon, dass ihr euch, wie so viele, das Leben genommen habt. Aber nun ist ja alles gut! Unser Willy ist auch hier in der Nähe. Und seit einigen Tagen weiß Fritz auch, wo er seine Emma finden kann. Er will bald losgehen. Allerdings hat er für den Zug kein Geld, das haben ihm die Polen alles abgenommen, obwohl sie es doch gar nicht gebrauchen können. Der wird Augen machen, der Fritz, wenn er gleich kommt und euch hier sieht!«

Während sie so erzählte, hatte sie schon Wasser zum Kochen gebracht. »Jetzt mache ich euch erst mal ein Essen: Kakao und Brot! Das wird euch gut tun! Der Kakao ist übrigens noch von dir, Bruderherz, den hast du uns damals aus Holland geschickt. Ich hab auch noch andere Vorräte, zum Beispiel Kondensmilch. Irgendwie habe ich geahnt, dass uns das einmal nützlich sein wird. Jetzt kann ich euch sogar noch was davon geben! Unser Gott weiß schon, wann wir es am nötigsten brauchen.«

Wir waren zu müde, um selbst erzählen zu können. So hörten wir Tante Hedwig zu. Aber immer noch fuhren wir ängstlich zusammen, wenn ein harter Männerschritt an unser Ohr klang. Auch hier gab es russische Soldaten, wie wir wussten, und es brauchte geraume Zeit, bis wir darauf vertrauten, dass diese uns nicht belästigten.

Als Tante Hedwig den Kakao einschenkte, entschuldigte sie sich: »Ich kann ihn nur mit Wasser kochen. Milch bekommen nur Familien mit kleinen Kindern. Aber wir nehmen von der Kondensmilch dazu, die noch von dir aus Holland ist.« Der Kakao schmeckte köstlich, aber essen konnten wir nichts, wir hatten keinen Hunger, obwohl wir doch seit mehr als 24 Stunden unterwegs waren.

»Ich habe für jeden von euch ein Lager gerichtet«, berichtete Onkel Otto. »Es ist zwar nicht sehr komfortabel; aber etwas Besseres kann ich euch leider nicht bieten. Estherchen muss auf dem Sofa im Wohnzimmer schlafen. Du bist ja nicht groß, da wird es gehen. Da kannst du bis zum nächsten Jahr schlafen!« Bis zum nächsten Jahr sollte ich schlafen? So lange? Wie sich das anhörte! Dass wir jetzt in den letzten Stunden dieses für uns alle so furchtbaren Jahres lebten, hatten wir noch gar nicht registriert.

Ich hätte auch gern auf dem Fußboden gelegen, aber hier auf dem weichen Sofa war es wie im Himmel. Und dass ich ohne Furcht vor unliebsamen Störungen schlafen durfte, war das Allerbeste, einfach herrlich! Fast ein Jahr lang waren wir ja ständig darauf gefasst gewesen, nachts aufgescheucht zu werden! Nun waren wir endlich in Sicherheit. Ein neues Lebensgefühl! Und das am Beginn eines neuen Jahres!

Ich hatte keine Ahnung, wie spät es sein mochte, als ich am 1. Januar 1946 erwachte. Nach der ruhigen Nacht fühlte ich mich wie neugeboren und war so richtig gut ausgeschlafen. Nun musste ich mich aber erst zurechtfinden. Das Leben hatte unter veränderten Perspektiven ganz neu begonnen. Wie es genau aussehen würde, davon hatte ich überhaupt keine Vorstellung. Eigentlich interessierte es mich auch gar nicht so sehr. Irgendwas würde sich schon ergeben!

Es war schon ganz hell. Aus der Küche hörte ich Tante Hedwigs und Muttis Stimmen und entschloss mich zögernd aufzustehen. Ich schnupperte köstlichen Kakaoduft, und ein unbestimmtes Hungergefühl stellte sich ein. Beim Ankleiden überlegte ich, ob es ratsam sei, nur *ein* Kleid anzuziehen. Schon monatelang hatte ich mindestens zwei Kleider übereinander getragen, weil sie da vor den Plünderern am sichersten waren. Vor unserem letzten Aufbruch hatte ich dann alle vier Kleider angezogen, die ich noch besaß. Und das war gut gewesen; denn sonst wären sie womöglich mit dem Sack verschwunden, den uns die Polen noch kurz vor der Grenze weggenommen hatten. Vorsichtshalber zog ich dann doch zwei Kleider übereinander. Man konnte ja nicht wissen ...!

Tante Hedwig rief entsetzt, als sie mich sah: »Ja Mädchen, an dir ist ja gar nichts mehr dran! So dünn warst du doch gestern nicht!« Ich lachte: »Da hatte ich ja auch zwei Kleider mehr an!« »Mein armes Mädchen! – Nun komm aber schnell und iss dich richtig satt! Ich mache dir Bratenstullen (in der Pfanne gebratenes Brot), das hast du doch immer so gern gemocht. Onkel Otto ist mit deinem Papa schon unterwegs, um Lebensmittelkarten und Zuzugsgenehmigungen für euch zu besorgen. Vielleicht könnt ihr hier bleiben!«

Während ich mir das Frühstück schmecken ließ, erzählte Tante Hedwig mir, dass Walter gesund aus dem Krieg zurückgekommen sei. Dabei sah sie mich forschend an. »Ein tüchtiger Junge ist der Walter«, meinte sie. »Ich verstehe nicht, warum du den nicht genommen hast.

Ihr wäret bestimmt ein schönes Paar geworden. Du wirst sehen, der Walter bringt es mal zu was. Der ist fleißig, praktisch und versteht sich gut als Handwerker und Geschäftsmann – wie dein Papa. Und in Ella hättest du die beste Schwiegermutter, die man sich vorstellen kann – und sie hat dich ja auch so gern!«

Ich gab ihr keine Antwort. Viele Träume waren unerfüllt geblieben und belanglos geworden. Da war es auch unwichtig, ob Walters und meine Interessen ganz übereinstimmten. Aber es war müßig, jetzt darüber nachzudenken. Papa und Onkel Otto kamen erst am Nachmittag zurück. Sie hatten zwar Lebensmittelkarten für zwei Wochen, aber keine Zuzugsgenehmigung. Onkel Otto wollte es noch weiter versuchen, er hatte hier viele Freunde und einflussreiche Bekannte. Aber von Tag zu Tag wurde unsere Hoffnung kleiner.

»Wenn du Walters Frau wärest, könntet ihr alle hier bleiben!« Tante Hedwig sah mich vorwurfsvoll an. Als ob nun alles von mir abhinge! Dagegen protestierte ich energisch: »Soll ich etwa zu Walter gehen und sagen: ›Hier bin ich, bitte heirate mich, damit wir in Berlin bleiben können!‹?«

»So hab ich es ja auch nicht gemeint. Du hättest dich eben nicht mit einem ganz fremden Menschen verloben sollen, wo Walter dich so liebt, wie er mir erst vor kurzem gesagt hat.«

Dass es ein Fehler gewesen war, mich mit Roman zu verloben, hatte ich ja längst eingesehen. Die Entscheidung, die Verlobung zu lösen, hatte ich ja erst kurz vor unserer Flucht getroffen, und Tante Hedwig wusste natürlich noch nichts davon. Nicht einmal Roman hatte ich in Kenntnis gesetzt, er hatte sich ja auch nach meinem letzten Brief nie wieder gemeldet. Und ob er es erfahren würde, ob ich überhaupt nach ihm suchen sollte, darüber hatte ich auch nicht nachgedacht. So gesehen wäre mir Walter eigentlich doch lieber als Roman. Der würde bestimmt nicht von mir verlangen, meinen Vornamen zu ändern oder meine Liebe zur Musik aufzugeben. Obwohl klassische Musik auch nicht ganz seinem Geschmack entsprach, hatte er damals sogar selbst ein Impromptu von Schubert gespielt. Tante Hedwig sagte ich nichts von all dem, was mir jetzt durch den Kopf ging. Ich fragte nur: »Warum hat Walter mir nie gesagt, dass er mich liebt? Er hat ja überhaupt nicht versucht, den Briefwechsel mit mir fortzusetzen.« »Der war nur zu schüchtern«, meinte Tante Hedwig. »Als er vor ein paar Tagen hier war, fragte er nach euch und machte sich Sorgen, was aus euch geworden sei. Und da sagte er mir, dass er dich nie vergessen könnte.«

Errötend schwieg ich. Was hätte ich auch sagen sollen? Wenn Walter mich jetzt fragen würde, ob ich seine Frau werden wollte, würde ich nicht lange überlegen. Zu gern wäre ich hier in Berlin geblieben. Hier wohnten ja so viele unserer Verwandten, zu denen ich immer gute Beziehungen gehabt hatte. Und irgendwie konnte ich mir jetzt auch vorstellen, seine Frau zu sein. Mein Herz war still geworden und würde es wohl auch bleiben. Ich glaubte nicht, noch einmal lieben zu können, wie ich Leutnant Bänsch geliebt hatte. Aber was hatte es für einen Sinn, darüber nachzudenken. Walter wusste nicht, dass wir hier waren, und spätestens in zwei Wochen mussten wir weiterziehen. Wohin? Wir hatten keine Ahnung. Sicher nicht zurück in die Heimat.

War es ein Zufall? Oder hatte Tante Hedwig Walter benachrichtigen können? Jedenfalls stand er auf einmal vor mir. Ich wäre am liebsten im Boden versunken, als seine tiefschwarzen Augen mich forschend ansahen. Wenn ich doch nur darin hätte lesen können! Und wie sah ich aus! Meine Kleider waren viel zu weit, die Schuhe, in denen die dürren Beine steckten, waren ausgetreten, das Haar strähnig und ungepflegt! Sicher fragte sich Walter, was er einmal an mir gefunden hatte … Zu allem Übel trug ich noch immer den Verlobungsring am Finger, den mir kein Russe und kein Pole abgenommen hatten. Sein Blick, der den Ring streifte, entging mir nicht. Wir wechselten nur ein paar nichts sagende Worte, dann verabschiedete er sich; nichts verriet mir etwas von seinen Gedanken, schon gar nicht von Liebe oder Zuneigung. War es nur Tante Hedwigs Wunsch, dass Walter und ich ein Paar werden sollten? Hatte Walter ihr wirklich gesagt, dass er mich liebte?

Eine Woche später, als wir von Berlin aus mit einem Güterwagen in ein Flüchtlingslager transportiert wurden, dachte ich wieder an die

Begegnung mit Walter. Da fiel es mir wie Schuppen von den Augen: Walter hatte das sichtbare Zeichen der Bindung an einen anderen Mann an meinem Finger gesehen. Da wäre es an mir gewesen, ihn darüber aufzuklären, warum ich den Ring noch trug, dass ich mich aber innerlich längst von Roman getrennt hatte und auch nicht beabsichtigte, wieder Verbindung mit ihm aufzunehmen. Ich hätte Walter sagen können, dass Mädchen, die einen Ehering trugen, von den Polen als verheiratet respektiert und deshalb kaum vergewaltigt wurden. Aber nun war es zu spät und es war kaum anzunehmen, dass wir uns noch einmal begegneten. Wir wussten nicht, wohin diese Fahrt ging, wann, wo und ob wir überhaupt noch einmal zur Ruhe kämen.

Nach endlosen Irrfahrten, wie es uns schien, hielt der Zug schließlich in Naumburg an der Saale. Dort wurden wir in einer Turnhalle untergebracht, zusammen mit etwa 150 Leidensgenossen, meist aus Hinterpommern, Strohlager an Strohlager. Es war trocken und warm, wir bekamen täglich eine dünne Suppe und ein Stück Brot und konnten sogar auf den Gemüsemarkt zum Einkaufen gehen. Dort gab es etwas Obst und genügend Möhren, so dass wir immer etwas zum Knabbern hatten, wenn auch der Hunger davon nicht gestillt wurde.

Vier Wochen waren wir schon in der Turnhalle, als sich endlich Hoffnung abzeichnete. Wer Freunde oder Angehörige westlich der Elbe hatte, durfte sich zu einem Austauschtransport melden, denn viele der Vertriebenen waren in den Westen gekommen, hatten aber Angehörige im östlichen Teil des nun unter den vier Siegermächten aufgeteilten Deutschlands. Hatten wir denn irgendeinen Bekannten oder Verwandten westlich der Elbe? Papas jüngster Bruder Fritz war zwar gen Westen gegangen, aber wo genau er hinwollte und ob er dort angekommen war und auch dort wohnte, wussten wir nicht. Auch von unseren anderen Verwandten war uns nicht bekannt, wo sie untergekommen waren. Wir konnten uns auch nicht bei Tante Hedwig erkundigen, die sicher schon einige Anschriften hatte, denn wir mussten uns sofort entscheiden. Zu gern wären wir ja aus dieser Halle herausgekommen, aber wessen Adresse konnten wir angeben?

Papa sah uns mit einem geheimnisvollen, viel versprechenden

Lächeln an. Er schien einen guten Gedanken zu haben und platzte auch gleich damit heraus: »Nicolai! – Der ist sicher nicht mehr im Elsass, wohin er damals versetzt wurde. Wahrscheinlich wohnen sie wieder in ihrer Heimat, im Schwarzwald!« Nicolais waren im Frühjahr 1939 als unsere ersten Mieter im neuen Haus eingezogen. Sie hatten aber nicht lange darin gewohnt, weil Herr Nicolai als Kreisleiter ins Elsass versetzt worden war. Von ihrer schönen Heimat, dem Schwarzwald, hatten sie uns vorgeschwärmt und uns auch eingeladen, sie nach dem Krieg dort zu besuchen.

Frau Nicolai war in der Nähe von Offenburg zu Hause, aber den genauen Ortsnamen wussten wir nicht. Vielleicht würde er uns wieder einfallen? Doch eine genaue Adresse brauchten wir nicht anzugeben. Es genügte, wenn wir überhaupt Bekannte westlich der Elbe hatten. Wir meldeten uns trotz einiger Bedenken: Was, wenn Nicolais noch im Elsass waren? Dorthin kämen wir gewiss nicht. Würden wir sie im Schwarzwald ausfindig machen können? Und wenn nicht? Wohin könnten wir dann gehen?

»Der wird auch Wege finden, da dein Fuß gehen kann!«, sagte Mutti in unsere Überlegungen hinein und Oma fügte hinzu: »Ja, Kinder, wenn ihr hier rauskommen könnt, dann versucht das. Ich bleibe erst mal hier, bis ihr eine Bleibe gefunden habt. Ich fühle mich nicht kräftig genug, eine solche Fahrt ins Ungewisse mitzumachen. Wenn ihr etwas findet, wo es besser ist als hier, dann komme ich nach.« Wenige Tage später saßen wir schon in einem Güterwagen. Endlos lange waren wir unterwegs, bis wir in Friedland eintrafen. Nach Registrierung, gründlichem Duschen und Entlausen sowie einer flüchtigen Untersuchung ging es weiter in Richtung Karlsruhe. Dort wiederholte sich die Prozedur und wir wurden nach unserem Ziel gefragt: »Offenburg!«

»Offenburg? Das geht nicht! Da können Sie nicht hin! Offenburg ist französische Zone; da werden keine Flüchtlinge aufgenommen. Wir müssen Sie wieder zurückschicken.«

»Wieder zurück – nach Naumburg in die Turnhalle? Nur das nicht!«

»Nein, nicht nach Naumburg. Zunächst einmal nach Friedland.«

Wieder waren wir tagelang unterwegs, von einem Durchgangslager ins andere, Waggon – Registrierung – Entlausung – Waggon und so weiter. Fast vierzehn Tage hatten wir nur sitzend oder kauernd in Güterwaggons oder in Durchgangslagern geschlafen. Ebenso lange hatten wir nicht gewagt, die Schuhe auszuziehen, da sie gestohlen worden wären. Gut, dass Oma nicht mitgekommen war!

Papa war so schwach, dass er seinen Sack mit dem Bett nicht mehr tragen konnte. Mutti war die Tapferste von uns. Sie klagte und jammerte nicht, sondern half Papa sogar, die hohen Tritte des Waggons zu erklimmen. Mir taten die Füße sehr weh. Sie waren so geschwollen, dass sich ein dicker Wulst über dem Rand des Schnürschuhes gebildet hatte. Teilnahmslos starrten wir vor uns hin, fragten nicht einmal mehr, wohin die Fahrt ging, wenn wir in einem Güterwagen saßen, versuchten nicht, beim Halten des Zuges die Waggontür zu öffnen, um zu sehen, welche Station es war. Wenn wir doch einfach einschlafen könnten und nie mehr erwachen müssten! Auf was warteten wir noch? Die Heimat war für immer verloren, das wussten wir jetzt. Hier, in der Fremde, schob man uns wie lästige Jämmerlinge und Schmarotzer von einem Ort zum anderen, als wären wir allein schuld am verlorenen Krieg und diesem ganzen Elend. Außer den Verwandten in Berlin gab es keine Bekannten oder Freunde mehr, mit denen wir uns verbunden wussten. Angesichts der Massen von Flüchtlingen und Vertriebenen, die nun im zerbombten Deutschland untergebracht werden mussten, war es wohl sehr vermessen, auf Erleichterung oder gar ein neues Zuhause zu hoffen. Als dann der Zug nach Tagen – oder Wochen? – endlich anhielt, hörten wir: »Hier ist Endstation! Alles aussteigen!«

Da öffneten wir die Tür des Waggons und Mutti rief laut: »Weiter gings wohl nicht. Die Lokomotive steht ja fast im Meer! Da hätten sie auch noch ein paar Meter weiter fahren können, dann wären sie uns alle losgeworden.«

»List auf Sylt«, lasen wir auf dem Stationsschild. Rote-Kreuz-Schwestern halfen uns beim Verlassen der Waggons, trugen den Schwachen und Alten das Gepäck und führten uns nach Desinfizierung und Entlausung in die Baracke, in der uns ein Stockbett zugewiesen wurde. Zwei weitere Stockbetten waren noch in dem Raum, ein langer Tisch und davor eine ebenso lange Bank. An der anderen Längsseite des Tisches bezog ein Ehepaar mit zwei Kindern ebenfalls ein zweistöckiges Bett. Das andere wurde von einem Mann belegt, der auf seine nachkommende Frau wartete. Neben der Eingangstür stand ein Kanonenofen, für den aber kein Brennmaterial vorhanden war. Doch das benötigten wir jetzt auch nicht; es war nicht kalt. Von der Lagerverwaltung wurden Wolldecken verteilt. Da wir aber noch unsere Federbettdecken hatten, benutzten wir die Wolldecken, um unseren Bereich von den übrigen Bewohnern etwas abzuschirmen, so dass wir »unter uns« waren.

Ein Blick auf den Kalender am Barackeneingang zeigte uns das Datum: 4. März 1946! Auf den Tag genau vor einem Jahr hatten wir Falkenburg, unsere Heimat, vor den anrückenden Russen verlassen! Das Flüchtlingslager, eine ehemalige Kaserne, war nur durch eine breite Düne vom Strand entfernt. Wir hörten das eintönige Rauschen des Meeres. Wie beruhigend das war! Unsere überbeanspruchten Nerven konnten sich erholen. Wir schliefen herrlich und tief. Aus der Lagerküche bekamen wir täglich eine warme Suppe und ein Stück Brot.

Anders als vor einem Jahr hatten wir herrliches Frühlingswetter. Mutti und ich saßen Tag für Tag am Strand im Windschatten einer Düne oder machten Spaziergänge längs des Strandes, meist barfuß. Unsere strapazierten Füße schwollen nach und nach wieder ab. Wenn wir angeschwemmtes Holz fanden, nahmen wir es mit, um damit bei Bedarf den Ofen heizen zu können. Einmal fand Mutti auch ein Gefäß, das etwas Ähnlichkeit mit einem Topf hatte. Sie reinigte es gründlich mit Sand und stellte befriedigt fest, dass es kein Loch hatte und man darin auch kochen konnte.

Papa teilte Tante Hedwig unsere neue Anschrift mit. So erfuhren wir auch von ihr über den Verbleib einiger anderer Verwandter, die sich schon bei ihr gemeldet hatten. Ansonsten zog er es vor, viel zu liegen. Sein Husten wurde allmählich besser, aber er war noch immer sehr schwach. An Oma im Lager Naumburg hatten wir gleich am Tag nach unserer Ankunft geschrieben und ihr mitgeteilt, dass sie nachkommen sollte. Doch der Brief kam zurück mit dem Vermerk: »Adressat am 6. März verstorben.« – Am 4. März waren wir hier angekommen!

Mutti schluchzte auf: »Sie hat es geschafft! Gut, dass sie diese Irrfahrt nicht noch mitgemacht hat!« Ich dachte heimlich: »Sie ist zu beneiden!« Ja, die gute Oma! Sie hatte dem Herrn so rückhaltlos vertraut, war wie ein Pfeiler für uns gewesen in der schrecklichen Zeit. Nun durfte sie ausruhen! Warum hatte Gott ihren Wunsch wohl nicht erfüllt und sie in der Heimat sterben lassen? Hatte sie noch eine Aufgabe zu erfüllen gehabt? An uns und an anderen Leidensgenossen, von denen sie in ihrer schlichten Frömmigkeit und ihrem kindlichen Gottvertrauen beobachtet worden war, und die durch sie Hoffnung und Stärkung erfahren hatten? Sie war eine so bescheidene, stille Frau gewesen, aber welche Kraft war von ihr ausgegangen! »Wie die Sonne, die da scheint und wärmt, wenn sie auch nicht redet«, hat Matthias Claudius die wahrhaft Frommen beschrieben. Still dachte ich bei mir: »Du hast deinen Lauf vollendet, Oma! Du hast den Glauben behalten! Ob wir das einmal auch von uns werden sagen können? Auf Wiedersehen, Oma! Auf Wiedersehen in einer besseren Welt, wo es kein Leid und keine Tränen mehr geben wird! Wo wir endlich bleiben dürfen und zu Hause sind.«

Nur an wenigen Tagen gab es Regen und Sturm, sonst hatten wir seit unserer Ankunft hier sehr schönes Wetter. Die Regentage hatten wir genutzt, um Briefe zu schreiben und zu beantworten. Es war erstaunlich, dass wir in kurzer Zeit so viele unserer Angehörigen wieder fanden, von denen wir seit über einem Jahr nichts gehört hatten. Viele unserer Verwandten hatten überlebt, das stellte sich schon nach kurzer Zeit heraus, obwohl wir noch nicht nach allen hatten forschen können. Wir hatten nur wenige Adressen, die Papa in seiner Brieftasche aufbewahrt hatte. Urkunden und sonstige Andenken waren mit der Tasche verloren gegangen, die Papa auf dem Wehrmachtswagen vergessen hatte. Kein Foto, kein Erinnerungsstück, nichts, an dem unser Herz hing, war uns geblieben. Das waren schmerzliche Verluste, die uns aber erst später bewusst wurden.

Kapitel 6

Begegnung mit dem »Feind«

Es gehört mehr Mut dazu, seine Meinung zu ändern, als ihr treu zu bleiben.

FRIEDRICH HEBBEL

Bei dem anhaltend schönen Wetter ging ich fast täglich an den Strand. Die Stille und das Rauschen der Wellen wirkten so beruhigend und erquickend. Mit einem Buch bewaffnet, das ich mir in der Leihbücherei holte, saß ich auf einer Wolldecke im Windschatten einer Düne. Nach und nach verblasste auch der Schmerz über die verlorene Heimat.

Zuweilen schlossen sich mir die Kinder der Parparts, unsere Zimmer- und Bettnachbarn, an. Der zehnjährige Klaus hatte einen Tennisball bekommen, mit dem er und seine jüngere Schwester Marianne spielten. Gerne ließ ich mich zum Mitspielen einladen. Klaus auf einer Seite, Marianne und ich auf der anderen, spielten wir Treibball. Aber obwohl wir zu zweit waren, hatten wir gegen Klaus keine Chance. Er konnte so gut und so weit werfen und wir wurden weit zurückgetrieben. Bis auf einmal der Ball verschwunden war. Lange suchten wir alle drei danach, aber vergeblich.

»Is this your ball?«, hörten wir hinter uns eine Stimme. Ein englischer Soldat, der uns wohl beobachtet hatte, hielt den Ball hoch. Spontan antwortete ich auf Englisch: »Yes, it is the boy's ball!« und deutete dabei auf Klaus. Der Engländer warf Klaus den Ball zu, der nur kurz danke sagte und sofort an seine zuletzt gehaltene Position zurücklief, um das Spiel gegen Marianne und mich fortzusetzen. Der Engländer sah uns interessiert zu. Als er herausgefunden hatte, worauf es bei dem Spiel ankam, bot er Marianne und mir seine Hilfe an. Nach einem kurzen Ballwechsel hatten wir schon die Ausgangsposition zurückerlangt. Gerade in dem Moment rief Frau Parpart ihre Kinder zum Abendessen.

Einen Augenblick überlegte ich, ob ich mit ihnen zusammen hineingehen sollte. Wir überließen gewöhnlich den Parparts zuerst den einzigen Tisch in dem Barackenzimmer. Aber wenn ich jetzt draußen bliebe, würde der Engländer womöglich denken, dass ich seinetwegen geblieben sei, denn er hielt die beiden wahrscheinlich für meine Geschwister. Um also keinen falschen Verdacht aufkommen zu lassen, schloss ich mich den Kindern an. Der Engländer begleitete uns bis an die Barackentüre. Dort fragte er mich, ob ich nachher noch einmal herauskäme. Ich schüttelte nur den Kopf. Sonst verweilte ich meist bis zum Sonnenuntergang am Strand, aber jetzt hielt ich es für besser, nicht mehr hinauszugehen. Er sollte nur nicht auf den Gedanken kommen, dass ich mich für Zigaretten oder andere begehrte Sachen verkaufen würde.

Schmunzelnd sah er mich von der Seite an und fragte auf Englisch: »Sie halten mich wohl für einen Russen?«

»Vielleicht steckt in jedem Mann etwas von einem Russen?«, entgegnete ich verlegen.

»Kann sein«, meinte er heiter, während ich schon die Tür zur Baracke geöffnet hatte und hineingehen wollte. »Sehen wir uns morgen wieder?«, fragte er noch, und ich antwortete: »Ich bin bei gutem Wetter jeden Tag am Strand. Da werden Sie mich finden, wenn Sie Wert darauf legen.«

Klaus und Marianne durften nach dem Essen noch für eine halbe Stunde hinausgehen. Nach wenigen Augenblicken kamen sie aufgeregt zurück, um mir zu sagen, dass der Engländer, der mit uns Ball gespielt hatte, auf mich wartete und sie gefragt hatte, warum ihre Schwester nicht auch herauskomme. »Gut!«, dachte ich und war mit meiner Entscheidung ganz zufrieden. Nun wusste er bestimmt, woran er mit mir war.

Am nächsten Vormittag hatte ich mich kaum an den Strand gesetzt, als jemand hinter mir rief: »Aye aye!« Unser Bekannter von gestern fragte sehr höflich, ob er sich neben mich setzen dürfe. »Der ist ja ganz schön aufdringlich«, dachte ich und antwortete schroff: »Ich habe den Platz hier nicht gemietet!«

Vergnügt setzte er sich neben meine ausgebreitete Decke in den Sand und sah mich erwartungsvoll an. Was wollte er von mir? Ich hatte ihm doch deutlich genug zu verstehen gegeben, dass ich keine Kontakte wünschte. Hatte er das nicht kapiert? Ich war verwirrt und unsicher. Selten hatte ich es bisher gewagt, auf eine freundliche Frage eine unfreundliche Antwort zu geben und deutlich eine höfliche Bitte abzulehnen. Der Strand gehörte mir ja nicht allein. Sollte ich ihn gar nicht beachten?

»Was lesen Sie denn da?«, wollte er wissen, nachdem ich mich wieder meinem Buch zugewandt hatte. Ich klappte das Buch zu und ließ ihn selbst lesen: »Die Leiden des jungen Werther«.

Er schien den Titel richtig verstanden zu haben, denn er fragte: »Sie haben wohl sehr Schlimmes erlebt?« Mit seinen blaugrauen Augen sah er mich ernst und empfindsam an. Interessierte es ihn wirklich, was wir erlebt hatten? Oder wollte er sich nur mit mir unterhalten?

Ich nickte nur und wollte weiter lesen. Doch er ließ mich nicht in Ruhe; er schien sich wirklich für meine Erlebnisse zu interessieren und fragte, wie lange ich schon hier sei und woher ich käme. Langsam begann mein Misstrauen zu schwinden und ich antwortete auf seine Fragen etwas ausführlicher. Mühsam suchte ich die fast vergessenen Reste meines Schulenglisch zusammen. Er hörte, wie mir schien, interessiert zu, so dass ich immer mehr aus mir herausging. Es tat gut, über meine Nöte sprechen zu können, über das, was unser ganzes Leben von Grund auf so verändert hatte. Dass sich überhaupt jemand dafür interessierte, war auch angenehm. Dabei war mir kaum recht bewusst, dass dieser Zuhörer ein Engländer war, einer unserer Feinde von gestern, die uns den Krieg erklärt hatten, die wir hassten, weil sie, wie man uns gesagt hatte, Deutschlands Untergang anstrebten. Er trug sogar noch die Uniform der Royal Airforce. Es war vermutlich noch nicht lange her, dass er Bomben auf deutsche Städte geworfen hatte.

Ich hatte damals nie darüber nachgedacht, dass diese Feinde, die ich hassen sollte, Menschen waren, die mir nie Böses zugefügt hatten. Wie konnten wir uns alle, oder doch viele von uns, so gedankenlos dazu hinreißen lassen, einander ohne Grund zu hassen? Ich war in einer christlichen Familie aufgewachsen und wusste auch von der Feindesliebe. Hatte ich nie darüber nachgedacht, was das konkret bedeutet? Nun saß mir so ein Feind gegenüber, redete mit mir, war freundlich und höflich – warum sollte ich ihn hassen? Ich erzählte ihm von den Nöten, die wir erlebt hatten, die wir, wie wir doch meinten, auch den Engländern zu verdanken hatten!

»Vorsicht – Feind hört mit!«, waren wir noch vor gut einem Jahr von allen Plakatsäulen gewarnt worden. Und dieser »Feind« neben mir hörte nicht nur mit, er hörte zu! Empfand er Genugtuung dabei zu hören, wie viel Not wir erlebt hatten? Dachte er vielleicht, dass es eine gerechte Strafe für uns war? Nein, von solchen Gedanken konnte ich nichts erkennen! Ich spürte echte Anteilnahme. Nachdem er mir lange zugehört hatte, fragte er, ob wir nicht einen Spaziergang machen könnten. Ich sah ihn wieder argwöhnisch an und mit einem – wie mir schien – amüsierten Lächeln erhob er sich, streckte mir die Hand hin, um mir beim Aufstehen zu helfen, und fragte mit leichter Ironie: »Haben Sie immer noch Angst vor mir?«

Errötend entschuldigte ich mich, warf ihm noch einen vorsichtig abschätzenden Blick zu und ging dann neben ihm her, einen angemessenen Abstand zwischen uns wahrend. Er achtete darauf, dass wir uns nicht weit entfernten und stets in Sicht- und Hörweite anderer blieben. »Jack«, wie mein Begleiter sich inzwischen vorgestellt hatte, war sehr höflich und aufmerksam. Als er mich fragte, ob ich nach dem Mittagessen wieder an den Strand käme, nickte ich.

Von nun an trafen wir uns täglich, vor- oder nachmittags, ganz wie es Jacks Dienst erlaubte. Wir entdeckten staunend, dass wir viele gemeinsame Interessen hatten. Auch Jack liebte klassische Musik und spielte selbst Klavier. Das war für mich eine wirkliche Überraschung: Ein Engländer, der Mozart und Beethoven liebte! Das – so hatte man uns gesagt – sei es ja, was uns Deutsche über andere Völker erhob.

Für solche kulturellen Werte hatten doch andere überhaupt kein Verständnis. Nun merkte ich, dass viele Deutsche sogar weniger Verständnis für diese Werte hatten. Mein ehemaliger Verlobter, durch und durch von der Nazi-Idee geprägt, hatte dafür überhaupt keinen Sinn gehabt, obwohl der doch auf der Ordensburg Krössinsee geschult und über die »deutschen Werte« ganz besonders gut unterrichtet worden war. Wie waren wir so falsch geprägt worden! Man hatte uns Feindbilder vor Augen gestellt, uns zu Hassgesängen angestiftet. Auch ich hatte dabei mitgemacht. Wir hatten andere Völker verachtet, hatten sie besiegen wollen und gemeint: »Das wird unser stolzester Tag.«

Verdienten wir es nicht, dass es uns jetzt so schlecht ging und wir endlich erkannten, wie wir von Fanatikern beeinflusst worden waren, ohne ihnen zu widersprechen? Ich sollte Gott danken, dass er mir durch die Begegnung mit diesem jungen Engländer zeigte, zu welchen Fehlurteilen ich fähig war. Und wie dankbar mussten wir Deutsche sein, dass Gott unseren Sieg verhindert hatte! Doch dazu war ich zu dieser Zeit noch nicht bereit. Der Verlust der Heimat, der ja auch eine Folge des verhinderten deutschen Sieges war, schmerzte noch zu sehr. Erst nach und nach, wie Puzzleteile sich zu einem Bild zusammenfügen, wurde mir klar, welch Verhängnis es gewesen wäre, wenn Hitler und seine Gefolgschaft als Sieger aus diesem Krieg hervorgegangen wären. Nicht nur für andere Völker und Nationen, die sie unterjochen und beherrschen wollten, nein, auch für uns, die wir diesen Verführern geglaubt hatten. Mein Vertrauen auf Ideale, Leit- und Führungspersönlichkeiten war bis auf den Grund erschüttert worden. Daran hatte ich ganz schön zu knabbern.

Langsam, aber immer sicherer wuchs mein Vertrauen und meine Achtung vor diesem Engländer. Bald fragte ich mich, ob ich ihn liebte. Konnte ich denn noch einmal lieben? Oder war das, was ich für Leutnant Bänsch empfunden hatte, gar keine Liebe gewesen? War es »nur« Bewunderung, Verehrung gewesen? Was war damals geschehen, als ich so urplötzlich diese wundersame seelische Übereinstimmung mit meinem Musikfreund entdeckt hatte, als ich beglückt die Übereinstimmung der Empfindungen spürte? Mein Innerstes hatte gejauchzt, mein Herz hatte sich für ihn geöffnet, aber ich konnte sein Äußeres nicht beschreiben, konnte nicht einmal sagen, welche Augenfarbe dieser Mann gehabt hatte.

Jack aber gefiel mir ganz und gar. Ich mochte sein krauses, dichtes, schwarzbraunes Haar, durch das ich zärtlich meine Finger gleiten ließ, seine blaugrauen Augen, die gepflegten, perlweißen Zähne, die schlanken, schönen Hände. Alles war mir lieb geworden, besonders aber sein Fingerspitzengefühl, mit dem er rücksichtsvoll vermied, uns beide in eine zwielichtige Situation zu bringen. Sechs Wochen kannten wir uns nun schon. Das Leben im Flüchtlingslager war für mich dadurch nicht nur erträglicher geworden, ich fürchtete geradezu, dass es bald zu Ende gehen könnte; denn Papa bemühte sich intensiv um Wohn- und Arbeitsmöglichkeit auf dem Festland. Wenn er Erfolg hätte, bedeutete das für Jack und mich Trennung!

Papa hatte Nicolais Adresse herausgefunden und an sie geschrieben, um sie um eine Zuzugsgenehmigung für uns zu bitten. Arbeit gäbe es dort genug, hatten sie ihn ermutigt, aber für eine Zuzugsgenehmigung müsste er eine Wohnung nachweisen können. Sie hatten vorgeschlagen, zunächst für ihn allein ein Besuchervisum zu besorgen, so dass er sich dann selbst nach einer Wohnung umsehen könnte, während er bei ihnen wohnte.

Mitte Mai reiste Papa deshalb in den Schwarzwald. Und es dauerte gar nicht lange, da hatte er Wohnung und Arbeit gefunden. Die Wohnung sei zwar nur eine Holzhütte, die ehemalige Kantine in einem Steinbruch, aber dort wären wir dann wirklich allein und hätten sogar zwei Räume zur Verfügung. In dem Granitwerk, zu dem die Hütte gehörte, könne er auch als Schmied arbeiten, schrieb er uns. Wir sollten uns schon einmal reisefertig machen. Mutti hatte Freudentränen in den Augen und faltete dankbar die Hände, aber mein Herz zuckte schmerzhaft. Still schlich ich hinaus. Ich wollte ja Muttis Freude nicht stören! Was würde wohl Jack zu dieser Nachricht sagen?

Ich hatte zwar nicht erwartet, dass es ihn gleichgültig ließe, aber ich hatte auch nicht damit gerechnet, dass es ihn so treffen würde. Nun saßen wir beide da, bekümmert und ratlos. Weder Jack noch ich fanden eine Lösung für unser Problem. Auch Mutti überlegte, wie sie uns helfen konnte, und schlug mir vor, noch länger zu bleiben. Irma, die mit ihren Kindern in der Nähe von Schwerin geblieben war, wollte auch hierherkommen, um dann von hier aus mit uns in den Schwarzwald zu reisen. Sie brauchte aber eine Reisegenehmigung und musste noch darauf warten.

Das bedeutete Aufschub der Trennung von Jack! Nicht gerade lange, aber wir freuten uns doch über jede Minute, die uns blieb, und ganz heimlich hoffte ich auch, noch eine bessere Lösung zu finden. Doch dann bekam Jack seinen Marschbefehl und musste zurück nach England. Da gab es keinen Aufschub mehr.

Obwohl wir uns bemühten, nicht an den bevorstehenden Abschied zu denken, wurden wir doch immer schweigsamer. Der gefürchtete letzte Tag kam unaufhaltsam näher. Niedergedrückt von allerlei Gedanken fragte ich ihn, ob er es nie bereut habe, mit mir diese Zeit verbracht zu haben. »Du hättest doch bestimmt auch ein Mädchen gefunden für deine freien Nächte?« Er überlegte nur kurz und sah mich liebevoll an: »Nein, nicht einen Augenblick habe ich es bereut. Es wäre mir unmöglich gewesen, dich zu berühren, dazu habe ich dich viel zu lieb.«

Nun hatte er doch das Wort ausgesprochen, das er niemals hatte sagen wollen und das ich auch nicht hatte aussprechen sollen. Er hatte von Liebe gesprochen, von einer Liebe, die so groß und tief war, dass sie verzichten konnte! Trotz des Gedankens an den nahen Abschied wallte ein unbeschreibliches Glücksgefühl in mir auf und ich war mir nicht sicher, ob meine Tränen Wonne oder Schmerz ausdrückten.

Dann war es soweit! In Westerland auf dem Bahnhof stand sein Zug schon bereit. Als er meine Hände beim Abschied in den seinen hielt, brach seine Stimme. Es klang wie ein Röcheln: »Hab Dank für alles, und – leb wohl!« Dann riss er sich los, sprang mit einem Satz auf das Trittbrett und verschwand im Abteil, während ich mit hängendem Kopf zum Bahnsteig der Inselbahn hinüberging, ohne mich noch einmal umzusehen. Leise schluchzend packte ich meine wenigen Sachen zusammen. Gut, dass ich nicht mehr auf Irma warten musste, dass ich morgen abreisen konnte von diesem Ort, wo mich jede Düne, jeder Grashalm an den erinnerte, den ich vergessen musste. »Vorbei, vorbei auf immer!«, so stöhnte mein wundes Herz – und so klang das Rollen der Räder, als ich am nächsten Tag im Zug saß und die Insel verließ, auf der nun mein Herz begraben lag.

Kapitel 7

Eine Hütte im Schwarzwald

Nichts tritt ohne göttlichen Plan in unser kleines Leben.

In Buxtehude wartete meine Freundin Hannchen auf mich. Ich wollte dort übernachten und am nächsten Morgen ganz früh in Hamburg sein, um den durchgehenden Zug nach Basel zu nehmen, der bereits um 4.00 Uhr eingesetzt wurde und bestimmt, wie alle Züge in dieser Zeit, überfüllt war.

Hannchen war die älteste Tochter des Predigers, der früher im Kreis Dramburg die Landeskirchlichen Gemeinden betreut hatte. Wenn er zum Gottesdienst nach Falkenburg gekommen war, hatte er gelegentlich seine Familie mitgebracht. Seit dieser Zeit kannte ich Hannchen. Ihr Vater war später nach Stralsund versetzt worden und kurz vor Ende des Krieges nach Buxtehude. Von List aus hatte ich an sie geschrieben und ihr von unseren Plänen erzählt. »Möchtest du vielleicht einen Abstecher machen und mich in Buxtehude besuchen?«, fragte Hannchen in ihrem Antwortbrief. Das war eine sehr gute Idee. Ich freute mich auf das Wiedersehen, hatte aber nicht daran gedacht, dass der traurige Abschied von Jack gerade hinter mir lag. Erst im Zug wurde mir klar, dass ich gar keine Lust hatte, mich mit meinem kummervollen Herzen mit Hannchen zu treffen. Aber wie sollte ich ihr jetzt mitteilen, dass ich nicht kommen würde?

Hannchen hatte mir genau beschrieben, wie ich von Hamburg nach Buxtehude fahren sollte, weil sie mich nicht abholen konnte. Nach dem Tod ihrer Mutter war sie als die älteste der fünf Geschwister für die ganze Familie verantwortlich.

Trotz der vielen Pflichten und Aufgaben hatte sie sich für unser

Wiedersehen aber doch Zeit genommen; es gab ja so viel zu erzählen! Nur von der Begegnung mit Jack und meinem Liebeskummer erwähnte ich nichts.

Auf ihre Frage, ob ich nicht noch einen Tag länger bleiben wollte, schüttelte ich den Kopf, ohne ihr den wahren Grund zu verraten. Nein, ich wollte mit meinem Schmerz allein sein, um ungestört und unbeobachtet weinen zu können. Wenn ich noch heute Abend nach Hamburg fuhr, konnte ich dort bei der Bahnhofsmission übernachten und morgens rechtzeitig auf dem Bahnsteig sein, wenn der Zug bereitgestellt wurde.

Bei der Bahnhofsmission bekam ich keinen Platz und so musste ich im Wartesaal auf meinem Gepäck bis 4.00 Uhr ausharren. Den Schlaf könnte ich nachholen, wenn ich im Abteil saß, meinte ich, und machte es mir auch gleich auf dem Fensterplatz bequem, den ich ergattert hatte.

Der Zug füllte sich schnell. Ich war nicht die Einzige, die so früh auf dem Bahnsteig war. Meinen schönen Fensterplatz behielt ich nicht lange. Ich fühlte mich gedrängt, ihn einer alten Dame anzubieten, die vor mir stand und nur bis Hannover fahren wollte. Na schön, dachte ich, bis Hannover ist es ja nicht weit, kaum mehr als zwei Stunden. Dann werde ich eben später schlafen. In Hannover leerte sich der Zug fast ganz. Sehr viele Reisende stiegen aus – aber fast noch mehr wieder ein. Natürlich hatte ich mich sofort auf den Fensterplatz gesetzt, den ich in Hamburg der Dame zur Verfügung gestellt hatte. Aber als mich dann eine werdende Mutter mit vorwurfsvollem, tadelndem Blick ansah, überließ ich ihr meinen Platz. Sie wollte bis Karlsruhe fahren und versprach mir, öfter mit mir abzuwechseln. Doch dann blickte sie stur und unentwegt zum Fenster hinaus und hatte unsere Abmachung offensichtlich total vergessen. Ich war wieder einmal zu feige und wagte es nicht, sie daran zu erinnern.

In Karlsruhe wurde der Zug fast leer. Es war die letzte Station vor der französischen Zonengrenze. Jetzt hätte ich mich bis Baden-Oos, wo ich umsteigen musste, auf die Bank legen können. Aber zwischen Karlsruhe und meinem Ausstieg gab es nur eine Station, auf der Fernzüge hielten; wenn ich einschliefe, müsste ich bis Offenburg weiterfahren. Und wie sollte ich dann wieder zurückkommen?

Auf den Anschlusszug nach Bühl musste ich nicht lange warten und dort war ich ja am Ziel. Mutti hatte mir geschrieben, dass ich in Bühl zum Granitwerk gehen sollte, um von dort mit dem Steinauto zu fahren, das abends im Steinbruch die Arbeiter abholte. Ich fragte mich also nach dem Granitwerk durch. Das heißt, ich hätte mich gern durchgefragt, aber die Leute hier schienen mich nicht zu verstehen. Endlich konnte mir jemand sagen, wohin ich mich wenden musste. Aber dort angekommen stand ich vor einem verschlossenen Tor und wunderte mich: War hier etwa schon Feierabend? War ich zu spät dran und das Auto schon unterwegs? Was dann?

Ein Passant klärte mich auf: Heute ist doch Feiertag!

Feiertag? Mitten im Juni? Seltsam! Der Passant schien ebenso erstaunt zu sein wie ich, dass ich davon nichts wusste, und sah mich misstrauisch an, er zweifelte wohl, ob ich noch alle beieinander hätte. Ich ging also zum Bahnhof zurück, um dort zu fragen, wie ich zum Wiedenfelsen und dann zum Steinbruch kommen könnte. Bis der Schalterbeamte begriffen hatte, wohin ich wollte! Er rief noch einen Kollegen dazu, dem dann zu dämmern schien, was ich meinte. Verlegen, ratlos wiegte er den Kopf, dann schlug er mir vor, mit dem Bähnli zu fahren. Den Ort, den er nannte, konnte ich nicht verstehen. Es klang wie Obidabiederdol. Er gab mir eine Fahrkarte und erklärte mir, dass es die Endstation sei. Dort sollte ich an der Sperre nach dem Weg fragen. Auf der Fahrkarte las ich: Oberbühlertal. Die Fahrt dauerte eine knappe Stunde. Ich versuchte, wach zu bleiben, obwohl mir die Augen andauernd zufielen. Als die letzten Reisenden ausstiegen, raffte ich mein Gepäck zusammen und fragte den Beamten an der Sperre nach dem Weg zum Kurhaus Wiedenfelsen. Bereitwillig gab er mir Auskunft, meinte aber mit einem Blick auf meine beiden Taschen, dass ich da ja noch viel vor mir hätte. »Das sind noch sieben Kilometer. Wenn Sie den Wassersteg gehen, sind es nur etwa drei Kilometer, aber der Weg ist steil und schwierig. Da haben Sie auch keine Chance, von einem Auto mitgenommen zu werden.«

Wäre ich doch nur bei Hannchen geblieben! Aber sich darüber zu ärgern, half nun nichts mehr, davon wurde der Weg nicht kürzer. Resolut ergriff ich mein Gepäck und marschierte los. Von der Schönheit der Landschaft, von der Mutti so schwärmerisch in jedem Brief berichtet hatte, sah ich nichts. Ich achtete nur auf die Kilometersteine, um festzustellen, wie viel des Weges ich zurückgelegt hatte. Häufig sah ich mich um. Vielleicht würde ja ein Auto kommen! Aber an Feiertagen gab es kaum Fahrgenehmigungen, höchstens für Ärzte. Die Gegend schien überhaupt menschenleer zu sein!

Nach etwa zwei Kilometern war rechts der Straße eine Baumlücke und ich sah ein großes Haus. Es wirkte fast wie ein Schloss. Ob es das Kurhaus Wiedenfelsen war, die Poststation, von der Mutti geschrieben hatte? Aber dann hatte der Beamte an der Sperre sich wohl geirrt; denn bis dorthin konnten es höchstens noch zwei Kilometer sein, bestimmt keine fünf! Das Haus schien ja greifbar nahe vor mir zu liegen!

Mit frischem Mut ging ich vorwärts. Als ich weitere zwei Kilometer zurückgelegt hatte, war von dem Haus nichts mehr zu sehen. Rechts der Straße war ein Abgrund, links ragten steile Felsen auf. Die Straße schlängelte sich in vielen Windungen dazwischen hindurch. Das Haus war doch nicht etwa ein Spukschloss gewesen oder eine Fata Morgana?

Endlich, nach fast fünf Kilometern, kam eine Haarnadelkurve – hoffentlich war ich überhaupt auf dem richtigen Weg! Mein Optimismus sank auf den Nullpunkt. Wenn ich die ganze Zeit in eine verkehrte Richtung gegangen war? Wie spät mochte es sein? Es fing an zu dämmern und ich an zu rechnen: Um vier Uhr war ich noch auf dem Bahnhof in Bühl gewesen. Eine halbe Stunde später fuhr das »Bähnli«. Also hatte ich meinen Fußmarsch kurz nach halb sechs begonnen. Und wie lange war ich nun schon unterwegs? Unter normalen Umständen rechnete man für einen Kilometer zu Fuß zehn Minuten. Aber dies waren ja keineswegs normale Umstände. Ich war müde, mein Gepäck schwer und es schien immer schwerer zu werden. Der Weg war für Leute aus der Ebene ungewohnt. Oft war ich stehen geblieben, um mich nach einem Auto umzusehen. Wahrscheinlich war ich bereits zwei Stunden unterwegs – und hoffentlich auf dem richtigen Weg!

Da kam eine weitere Straßenbiegung und wenig später sah ich das Haus, das ich schon lange vorher so nahe geglaubt hatte, ganz dicht vor mir. Mit einem Seufzer der Erleichterung eilte ich nun vorwärts. Hinter diesem Haus, das aus der Nähe doch nicht so imposant aussah, zweigten in einer scharfen Linkskurve zwei Wege nach rechts von der Straße ab. Einen dieser Wege musste ich gehen – nur welchen? Beide waren Feldwege und führten durch den Wald, so dass ich nur einige Meter weit sehen konnte. Um nicht noch den falschen zu wählen, fragte ich in dem Haus und bekam auch freundliche Auskunft und die tröstliche Versicherung, dass es höchstens noch achthundert Meter bis zum Steinbruch waren. Achthundert Meter – dann hatte ich es also geschafft und so fühlte ich mich auch: total geschafft.

Nach kurzer Zeit lichtete sich der Wald und ich sah die Hütte, die unmittelbar am Rande eines mit Sträuchern und Büschen bewachsenen, steilen, abschüssigen Hanges stand. Der Beschreibung nach musste das mein neues Zuhause sein. Ich war aber weit davon entfernt, in Muttis Entzücken einzustimmen. So schön fand ich es nun auch wieder nicht. Oder war ich nur zu müde?

Ein steiler Schotterweg lag noch vor mir. Oben angekommen tauchte die Sonne gerade in den dichten, schwarzen Wald links der Hütte ein, aus der Mutti soeben kam. Sie ließ das Gefäß, das sie in der Hand trug, fallen und lief auf mich zu: »Mädchen, du kommst ja doch noch!«, rief sie überrascht. »Bist du etwa den ganzen Weg zu Fuß gelaufen? Es tut mir so leid, dass ich von dem Feiertag nichts gewusst habe! Ich hatte gehofft, Hannchen würde dich überreden, noch einen Tag länger bei ihr zu bleiben!«

Als sie mich in ihre Arme schloss und ich meinen Kopf an ihre Brust legte, stürzten die Tränen hervor, ob ich es wollte oder nicht. Nun war ich zu Hause, es gab wieder ein bescheidenes Plätzchen auf der Welt, wo wir bleiben konnten, aber mein Herz sehnte sich weit fort von hier! Mutti führte mich in die Hütte. Sie fragte nicht, warum ich weinte. Sie verstand mich wohl sehr gut und ich war dankbar, dass sie nicht versuchte, mich zu trösten. Während sie mir etwas zu essen machen wollte, sollte ich ein Fußbad nehmen. Sie zeigte mir vor der Hütte eine Quelle, aus der silberhelles, klares Wasser in die dort aufgestellte Wanne lief. Etwas unterhalb der Wanne stand ein Steingefäß, in dem ich meine brennenden Füße kühlen konnte, und Mutti brachte mir noch ein Tuch zum Abtrocknen. Das war eine Wohltat! Obwohl ich nur ganz wenig gegessen hatte, verspürte ich keinen Hunger, aber ein Glas von dem klaren Wasser nahm ich dankbar an.

Ein Glas! Dass Mutti überhaupt ein Glas hatte! Sie musste mich erst darauf aufmerksam machen, sonst hätte ich es gar nicht registriert. Bewegt erzählte sie mir von den netten Nachbarn, die etwa einen Kilometer weiter, noch höher im Wald, wohnten und spontan mit vielen brauchbaren Dingen geholfen hatten, nachdem sie von der Anwesenheit der Flüchtlinge im Steinbruch erfahren hatten. Begeistert zeigte Mutti mir die Sachen, die Falks einfach hergebracht hatten, ohne lange zu fragen. Da gab es Geschirr, Bett- und Tischwäsche, Handtücher, ja sogar einen Kleiderschrank mit Wäschefach! Im Augenblick war ich aber viel zu müde, um das alles würdigen zu können. Jetzt wollte ich nur schlafen.

Am folgenden Morgen blieb ich nach dem Erwachen noch eine Weile im Halbschlaf liegen. Ich hörte ganz deutlich das Meer rauschen. Verwirrt, verwundert lauschte ich angestrengt und überlegte: Was war das für ein Rauschen? Woher kam es? Das Meer? Träumte ich noch? Ich stand auf und trat ans Fenster. Weit und breit sah ich nur Wald, vom Meer keine Spur! Während ich noch lauschend am Fenster stand, hörte ich ein schweres Auto keuchend herankommen, und wenig später dröhnten die Bohrhämmer so laut, dass ich das Rauschen nicht mehr vernehmen konnte. So ging ich zu Mutti nach nebenan und erzählte ihr von dem seltsamen Geräusch, das ich gehört hatte.

»Ach, das sind die Gertelbachfälle, die unterhalb dieses Hanges in das Tal springen. Man sieht sie von hier aus nicht, aber wir werden nach dem Frühstück mal hinuntergehen. Es ist alles so schön hier. Ich komme aus dem Staunen gar nicht heraus, entdecke täglich neue Wunder: Hohe Bäume, die auf nackten Felsen zu wachsen scheinen, aus jeder Spalte drängt sich ein Strauch oder eine Pflanze hervor. Man weiß nicht, wo ihre Wurzeln Halt finden. Alles hat so viel Lebenswillen, dass man bei der Betrachtung immer wieder neuen Mut schöpft, mit dem Wenigen, das wir noch haben, wieder neu anzufangen. Ich glaube, wir sind hier genau an den richtigen Platz gekommen.« Sie trat neben mich ans Fenster und erklärte mir, was ich alles sehen konnte. Ja, es war wirklich eindrucksvoll! Von der Hütte aus konnten wir in fast alle Richtungen sehen. Nur hinter uns, wo der Steinbruch war, ging es noch höher hinauf durch dichten Wald. Sonst überragte unser Standort alle Berge. Durch die Tannen auf dem anderen Höhenzug, genau gegenüber, schimmerte das Sanatorium Bühlerhöhe hindurch. Die Poststation, wo ich gestern nach dem Weg gefragt hatte, war vollständig vom Wald verdeckt. Im Westen konnten wir bis in die Rheinebene sehen. Und Mutti erzählte mir, dass man bei klarem Wetter die Türme des Straßburger Münsters erkennen konnte.

Inzwischen hatte Mutti für mich auf dem Herd eine Brotscheibe geröstet und meinte fröhlich: »In diesem Jahr müssen wir noch trockenes Brot essen, aber wenn wir die Blaubeeren pflücken, die es hier in großen Mengen gibt, dann kochen wir uns Marmelade, damit wir für den Winter etwas haben. Auch die Himbeersträucher hängen ganz voll. Den Zucker fügen wir später hinzu, wenn wir welchen auf die Lebensmittelkarten bekommen. Ich habe auch schon angefangen, Kartoffeln zu pflanzen. Jedes Mal, wenn ich durch den Wald gehe, bringe ich einen Sack voll Erde mit und schütte ihn auf den Felsen neben der Hütte. Von den Kartoffeln, die wir auf die Marken bekommen, schneide ich die Keime ab und stecke sie in die Erde.« So weihte Mutti mich in ihre Pläne ein und dabei kam ich unmerklich auf andere Gedanken.

Einige Tage später besuchten wir Falks. Mutti hatte mir schon so viel von diesen lieben Menschen erzählt, die hier unsere nächsten Nachbarn waren, dass ich schon darauf brannte, sie kennen zu lernen. Sie hatten drei Kinder, das vierte war unterwegs. Frau Falk hatte etwas schwermütige Augen, um ihre schmalen Lippen spielte ein melancholisches Lächeln. Sie begrüßte mich sehr herzlich. Herrn Falk blitzte der Schelm aus den Augen und aus allen Falten seines verschmitzt lächelnden Gesichtes. Wenn er etwas erzählte, schien er ganz und gar mit seiner Pfeife beschäftigt zu sein, und nur ein stillvergnügtes Schmunzeln verriet, dass er seine nur stockend hervorgebrachte Geschichte durchaus nicht vergessen hatte.

Falks wohnten in einem großen Haus, das als SS-Erholungsheim gebaut worden war. Nun hatten es die Franzosen beschlagnahmt und Falks durften es instand halten. Obgleich ihre Wohnung viel schöner und geräumiger war als unsere Hütte, hätte ich nicht mit ihnen tauschen wollen. Von hier aus hatte man überhaupt keine Aussicht. Ringsum war Wald. Nicht einmal Geräusche von außen drangen in diesen Raum. Ein schmaler, unebener Pfad, von Falks »das Gängerli« genannt, führte hinunter in den Steinbruch. Um heraufzukommen, brauchte man etwa fünfzehn Minuten, abwärts schaffte man es bequem in der halben Zeit.

Frau Falk fragte nach meinen Zukunftsplänen. Doch darüber hatte ich bisher noch nicht nachgedacht. »Möchtest du mir helfen, wenn ich im August und September französische Ferienkinder bekomme? Ich darf mir das Personal selbst aussuchen«, fragte sie mich. Über meine Bedenken, dass ich von so etwas keine Ahnung hätte, ging sie schmunzelnd hinweg. Sie würde mich schon anlernen. Wir bekämen doppelte Lebensmittelkarten, die wir aber nicht abgeben müssten, denn wir wurden hier voll verpflegt mit dem, was die französischen Kinder bekamen. Der Lohn war gering, aber wer fragte schon danach, wenn er zu essen hatte! So überlegte ich nicht lange und versprach Frau Falk, mich für diese sechs Wochen bereitzuhalten. Was hätte ich in dieser Weltabgeschiedenheit auch sonst tun können!

Mit den Vorbereitungen ging es schon bald los. Alle Räume mussten gründlich geputzt werden. Es gab 40 Betten, die wir zu beziehen hatten. Außen um das Haus herum suchten wir nach geeigneten Plätzen, wo die Kinder spielen und toben konnten. Als der Bus mit den Kindern und ihren Begleitern eintraf, standen wir bereit, um noch dies oder jenes zu ändern, falls es gewünscht würde. Wir klärten, wann das

Essen aufgetragen werden sollte und ob wir sonst noch mit irgendetwas behilflich sein konnten.

Bei der vielen Arbeit im Haus und in der Küche verging der Sommer schnell. Ich konnte mich nicht in meinen Kummer vertiefen. Mutti pflückte währenddessen Blaubeeren, sogar so viele, dass sie sie gegen andere Lebensmittel eintauschen konnte. Papa brachte die Beeren ins Tal. Dort wurden Muttis mit der Hand gepflückte Beeren besonders gern genommen, weil sie viel sauberer und trockener waren als die abgestreiften. (In unseren pommerschen Wäldern war eine Streife streng verboten gewesen.) Im Lebensmittelgeschäft, wo wir auch unsere Lebensmittelkarten abgegeben hatten, bekam Papa gelegentlich auch eine besonders große Zuckerration, die Mutti natürlich gut gebrauchen konnte, um damit köstliche Marmelade zu bereiten. Ohne Sorge konnten wir dem Winter entgegensehen, auch wenn wir dann nur einfache Lebensmittelkarten zur Verfügung hatten.

Anfang September verließen uns die französischen Kinder. Gemeinsam putzten wir gründlich das Haus, tranken anschließend gemütlich zusammensitzend noch einen guten Kaffee, aßen den restlichen Kuchen, den die Kinder nicht mehr geschafft hatten und erzählten noch lange von so manchen lustigen Erlebnissen, die wir mit den Kindern und ihren Begleitern gehabt hatten. Herr Falk schmunzelte immer noch, wenn er daran dachte, dass seine beiden Ziegen eine besondere Vorliebe für die Unterwäsche der jungen Damen gehabt hatten, die auf der Leine draußen hing. »Wenn wir im nächsten Jahr wieder Ferienkinder bekommen, muss ich für die Geißen eine Abzäunung bauen oder die Leinen so hoch hängen, dass die Biester nicht mehr daran kommen«, nahm er sich kichernd vor.

Wieder in den Steinbruch zurückgekehrt half ich Mutti nun beim Sammeln von Bucheckern, von denen es in diesem Jahr sehr viele gab. Der Waldboden lag so voll davon, dass man sie fast zusammenfegen konnte. Eine überreiche Ernte! Wir brachten einige Säcke voll in die Ölmühle und bekamen viele Flaschen wundervolles Öl dafür. Nun konnten wir unsere Kartoffeln mit Öl braten und auch das Brot, das wir sonst nur auf der Herdplatte geröstet hatten, schmeckte in Öl gebraten viel besser.

Mitte November fegte ein heftiger Wind über die Höhe, nahm die letzten Reste der welken Blätter mit und wurde immer mehr zu einem beängstigenden Sturm, so dass wir um unsere Hütte bangten, die in allen Fugen ächzte. Mutti löschte das Feuer im Herd und meinte: »Wenn die Baracke wegfliegt, kann sie doch wenigstens nicht abbrennen.« Erst gegen Morgen flaute der Sturm ab und ein dichtes Schneegestöber setzte ein. Es schneite den ganzen Tag und die folgende Nacht. Eine weiße, weiche Decke hüllte alles ein. Die ganze Landschaft erschien wie ein Weihnachtsmärchen. Die Tür der Hütte ließ sich nicht öffnen, weil dicke Schneewehen davor lagen. Wir waren gefangen! Aber Papa wusste Rat: Er stieg durchs Fenster hinaus, um von außen die Türe freizuschaufeln.

So viel Schnee hatte ich in meinem Leben noch nie gesehen! Es war herrlich! Aber gleichzeitig stellte sich auch eine Sorge ein: Wir waren ja von der Außenwelt abgeschnitten! Die Steinbrucharbeiter waren schon gestern nicht gekommen, weil in der stürmischen Nacht die Stromleitung gerissen war. Sie sollte zwar sofort repariert werden, aber so wie es jetzt aussah, würde sich das nicht so schnell machen lassen. Wir saßen im Finstern, hatten weder Kerzen noch Petroleumlampen. Die Tage waren sehr kurz. Mit der Sonne standen wir auf und gingen mit ihr wieder schlafen.

Zum Glück war die Telefonleitung nicht gestört, so dass wir beim Kaufmann im Tal anrufen konnten, der dann die jeweiligen Abschnitte unserer Lebensmittelkarten einlöste und die Waren mit dem Omnibus bis zum Wiedenfelsen, der Poststation, schickte. Von dort konnten wir sie zu Fuß abholen, nachdem Papa einen schmalen Pfad freigeschaufelt hatte. Es war eine wohltuende, stille Zeit, die wir hier erlebten. Gott wusste, was gut für uns war, und schenkte uns diese Ruhe nach aller Unruhe und vielen Ängsten, die wir durchgestanden hatten. Welche Wohltat für uns!

Die uns umgebende Zauberlandschaft regte unsere Phantasie an. Mutti erzählte spannend aus ihrer eigenen Kindheit, auch von der ihrer Mutter, soweit sie es wusste, und ich versuchte Märchen zu schreiben, was mir in dieser feenhaften Landschaft nicht schwer fiel. Auf Feldpostkarten, die wir noch von List mitgebracht hatten, schrieben wir die Geschichten nieder, schmückten sie mit Zeichnungen und flochten Kordeln aus dickem Garn, um damit die einzelnen Karten zusammenzubinden. Zu Weihnachten wollten wir diese gebastelten Büchlein an Irmas Kinder schicken. Die würden sich bestimmt darüber freuen! Sie wussten nämlich noch nicht, wann sie endlich hierherkommen konnten.

Vier Monate dauerte diese Ruhe! Einmal hat uns Herr Falk besucht, um sich zu überzeugen, dass wir auch nicht verhungerten. Andere Menschen sahen wir nicht. Die hungernden Vögel, die an unser Fenster kamen, ließen sich die Bucheckern schmecken, die wir ihnen hinlegten, und wir freuten uns über den regen Betrieb in den Morgen- und Abendstunden. Einer der Buchfinken pickte morgens ungeduldig an die Scheibe, wenn wir die Kerne zu spät hinausgelegt hatten. Er erinnerte uns, dass er auf sein Frühstück wartete.

Aus dem Schnee ließen sich sehr gut Figuren formen, nicht nur die üblichen Schneemänner. Das machte richtig Spaß. Eine weibliche Skulptur war mir besonders gut gelungen. Schade, dass ich keinen Fotoapparat hatte, um davon ein Foto machen zu können! Von der Sonne beschienen wurde sie sehr schnell immer kleiner und dünner, bald war nichts mehr von ihr zu sehen. Auch wenn Mutti beim Anblick dieser Schneemassen befürchtet hatte, wir würden bei einsetzendem Tauwetter weggeschwemmt werden, beruhigte sie sich bald. Bei dem herrlichen Sonnenschein, den wir während der ganzen Zeit hatten, verschwand der Schnee so unauffällig, dass wir nur an einigen ins Auge fallenden Markierungspunkten bemerkten, wie er abnahm. Als dann Anfang April ein milder Regen einsetzte, hatte der nicht mehr viel Mühe, die verbliebenen Reste wegzuspülen.

Fast ohne Übergang hielt der Frühling Einzug. Er kletterte vom Tal zu uns herauf, jeden Tag ein wenig höher. Wie schön das war, wenn das zartgrüne Laub zwischen den dunklen Tannen das Erwachen der Natur verkündete! Mit dem Frühling kehrte auch der Strom zurück und damit leider auch die Steinbrucharbeiter, die wieder Unruhe und Lärm in unsere Abgeschiedenheit brachten. Auch Falks hatten den Winter gut überstanden. Die zwei ältesten Kinder waren sogar täglich mit Skiern sieben Kilometer weit nach Herrenwies gegangen, in die »Hochschule«, wie Herr Falk die Schule scherzhaft nannte, weil sie fast achthundert Meter über dem Meer lag. Die Familie hatte sich zudem um eine Tochter vergrößert.

Anfang Juni wurden bereits wieder Vorbereitungen für französische Ferienkinder getroffen. In diesem Sommer sollten zwei Kolonien nacheinander kommen, so dass das Haus von Juni bis Mitte September belegt sein würde. Wir waren wieder voll im Einsatz. Obwohl wir auch in diesem Sommer bis zum Äußersten unserer Kraft gefordert wurden, machte es doch viel Freude, sich mit den Kindern zu beschäftigen, die hier Erholung suchten. Wir konnten uns mit ihnen zwar kaum verständigen, aber ihre Betreuer verstanden meist so viel Deutsch, dass sie übersetzen konnten, was wichtig war. Wir hatten viel Spaß und viel zu lachen, auch bei falsch verstandenen oder falsch ausgesprochenen Wörtern.

Die nette Begleiterin, die ihren Kaffee am liebsten mit Sahne trank, von der aber nie genügend vorhanden war, brachte ihr leeres Kännchen in die Küche und fragte bescheiden mit einem reizenden Lächeln: »Kann ich 'aben noch ein wenig Milch, egal, vielleicht von 'irschkuh?« (Mit `irschkuh meinte sie die Ziege.) Herr Falk hatte öfter das Sahnekännchen mit Ziegenmilch gefüllt, wenn die Kaffeesahne nicht ausreichte. Ein anderes lustiges Erlebnis mit dieser reizenden jungen Dame hatten wir, als sie einen Uhrenvergleich durchführte. Als sie ihre Armbanduhr mit der Küchenuhr verglich, stellte sie fest, dass jede eine andere Zeit anzeigte. »Alle Huren 'aben getrunken«, meinte sie kopfschüttelnd, und schien besonders stolz zu sein, dass es ihr gelungen war, das »H« so gut herausgebracht zu haben. Herr Falk war prustend vor Lachen aus der Küche gestürzt. Als die Gruppe nach sechs Wochen abreiste, gab es Tränen auf beiden Seiten.

Die zweite Ferienkinder-Gruppe bestand nur aus Jungen. Der ältere Begleiter war sehr zurückhaltend, aber der jüngere suchte und fand sofort Kontakt zu uns. Er eroberte unsere Herzen im Sturm für sich. Wir alle waren sehr bald eine fröhliche Familie. Abends, wenn wir nicht zu viele Vorbereitungen für das nächste Mittagessen hatten, spielten wir draußen mit den Kindern und sangen mit ihnen die in beiden Ländern bekannten Melodien. Niemand dachte daran, dass wir zwei Jahre zuvor noch erbitterte Feinde gewesen waren.

Jacques, der jüngere Betreuer der Kinder, interessierte sich besonders für mich, so dass Frau Falk mich schon ermahnte, seine Aufmerksamkeiten mir gegenüber doch etwas freundlicher zu beachten. Mir war das bislang gar nicht aufgefallen und ich glaubte Frau Falk auch nicht sofort, dass Jacques mir besonders zugetan war, bis er mich kurz vor dem Abschied fragte, ob ich seine Frau werden wollte. Das kam so unerwartet, dass ich ihm nicht darauf antworten konnte. Damit hätte er auch nicht gerechnet, versicherte er mir und bat mich, mit ihm im Briefwechsel zu bleiben, auch mit meinen Eltern zu sprechen, bis ich mir darüber im Klaren sei. Ich mochte ihn gern, jedoch hatte ich Jack noch immer nicht vergessen und hoffte weiter, ihn wiederzusehen. Vielleicht hatten sich auch in England die feindseligen Gefühle gegenüber den Deutschen etwas gelegt, wie hier bei unseren französischen Gästen, und Jacks Mutter wäre mit einer deutschen Frau einverstanden?

Nach mehr als zwölf Wochen pausenloser Arbeit, aber auch viel Spaß, wurde das Haus gründlich geputzt, und dann begann für uns die Erholung, die wir zweifellos verdient hatten. Zu Hause schlief ich erst einmal gründlich aus. Wir hatten sehr wenig schlafen können und während der letzten zwei Wochen hatte ich meine Eltern nicht einmal kurz besuchen können. Von Frau Falks Team war eine Helferin weggegangen, die übrigen mussten für sie mitarbeiten. Es gab weder Freistunden noch freie Tage für uns. Nun waren wir total erschöpft.

Nach einer ausgedehnten Ruhepause beantwortete ich die Post, die inzwischen gekommen war. Dabei war auch ein Brief von meiner Schulkameradin Ursel, die mir Adressen von vielen gemeinsamen Bekannten schickte, darunter auch die von Werner, dem Spielgefährten meiner Kindheit. Über seine Adresse freute ich mich am meisten. Viele wundervolle Erinnerungen wurden sofort lebendig bei dem Gedanken an Werner. Ja, Werner – das war Heimat!

Er war jetzt in englischer Kriegsgefangenschaft. Ich schrieb sofort einen langen Brief an ihn. Was gab es auch alles zu erzählen! Von der vergeblichen Hoffnung bis zum letzten Augenblick auf den deutschen Sieg, von der Begegnung mit seinem Vater bei Zetzin, von Bekannten, die wir noch in Falkenburg getroffen hatten, wie es zuletzt in unserer Heimatstadt war, als die Polen dort das Sagen hatten, und was es noch alles zu schreiben gab. Werners Antwort kam postwendend.

Ein langer Brief, in dem er erzählte, was er in der letzten Zeit, vor und nach Kriegsende, erlebt hatte. Dass er Anfang März 1945 in Berlin gewesen sei, nachdem seine Mutter mit ihren beiden Schwestern und deren Kindern Ende Februar beim Bombenangriff auf Berlin umgekommen war. Wie und wann er in englische Kriegsgefangenschaft geraten war, wie es im Lager ging, wann er mit seiner Entlassung rechnete und vieles mehr. Aus jeder Zeile las ich seine Freude darüber, dass wir wieder Verbindung hatten. Wir tauschten uns über viele Dinge aus, die uns bewegten. In einem Brief schrieb mir Werner besonders ausführlich über seine Einstellung zum Christentum.

Liebe Esther! England, den 6.10.47

Für deinen Brief und die Geburtstagskarte sage ich dir meinen allerherzlichsten Dank. Ich muss ehrlich gestehen, dass ich schon etwas auf eine Antwort von dir gewartet habe. Umso mehr habe ich nun das Gefühl, nicht ganz verlassen zu sein. Ich habe wohl noch einige Verwandte väterlicherseits in Berlin. Jedoch habe ich bereits seit zehn Wochen keine Post von dort erhalten. Ich bin ernstlich in Sorgen; doch hoffe ich immer noch das Beste.
Ich schrieb dir wohl bereits, dass ich im März '45 zehn Tage in Berlin auf Grund des Todes meiner Mutter auf Urlaub war. Damals wusste ich nicht, ob mein Vater die Telegramme, die mein Onkel ihm schickte, noch bekommen hat. Deinem Brief nach zu urteilen hat er nichts von dem Tode meiner Mutter gewusst. Ja, die Tatsachen sind traurig und ich weißt, dass ich nicht zu den glück-

lichsten Menschen gehöre. Aber du weiß auch: Zeit heilt Wunden. Siehst du, Esther, gegen das Schicksal kann man nicht ankämpfen. Diese Schläge, die ich erhalten habe, konnte ich nicht abwenden. Das lag außerhalb meiner Macht. Und ich glaube, dass auch Gebete daran nichts geändert hätten.
Ich bin 1943 aus der Kirche ausgetreten. Ich tat es mit der festen Überzeugung, dass die Kirche mir nichts mehr zu sagen hat. Ich hoffe, du verstehst mich. Ich gehöre nicht zu denen, die die Kirche oder gläubig gesinnte Mitmenschen in schmutziger, gemeiner und niedriger Weise beschimpfen und verhöhnen. Ich komme oft nicht umhin, in ihrem Glauben standhafte Menschen zu beneiden, nicht zuletzt besonders deshalb, weil es immer weniger wirklich religiöse Menschen gibt. Und es ist immer leichter, mit dem Strom zu schwimmen als gegen.
Du musst wissen: Ich lebte in einer anderen Umgebung. Meine Eltern waren keine Kirchgänger. So wurde ich der Kirche entfremdet. Und gelegentliche Besuche ließen mir die Kluft unüberwindlich erscheinen. Ich habe in Gefangenschaft wieder einen Versuch gemacht, die Kirche zu verstehen. Ich habe mich wirklich ernsthaft bemüht. Aber ich fühlte mich einfach unglücklich in den Gottesdiensten und Bibelstunden. Gewiss sind das nur Äußerlichkeiten gewesen, die mich abstießen. Aber man sagte mir, ein Gottesdienst gehört zum christlichen Leben wie eine Massenversammlung zu einer politischen Partei. Oder mit anderen Worten: Ich kann nicht Christ sein und die Kirche, so wie sie jetzt besteht, ablehnen.
Aber das Wichtigste kommt wohl jetzt: Die Voraussetzung für einen Christen muss sein: Glauben. Und ich kann das einfach nicht glauben. Es steht mir alles zu fern. Und es erscheint mir zu verwirrt und vielfältig. Ich weiß, man kann das alles widerlegen. Ich suche das Einfache. Und ich glaube an eine allmächtige Gerechtigkeit; wenn nicht an eine liebende, so doch an eine ausgleichende. Ich verspüre oft eine ausgesprochene Gewissheit in mir, dass mein Schicksal geleitet wird und in guten Händen liegt. Sonst müsste ich ja an dem Sinn des Lebens verzweifeln. Das Schlechte und Böse stammt meiner Ansicht nach von der menschlichen Unvollkommenheit.
Meine Entlassungsanschrift ist augenblicklich Bamberg (US-Zone). Ich habe dort Bekannte, die mit meinen Großeltern verwandt

sind. Dort gedenke ich, meinen ersten Aufenthalt in Deutschland zu nehmen. Meine Großeltern, die bis zum Sommer noch in Falkenburg waren, sind jetzt in Thüringen und leben dort unter äußerst primitiven Verhältnissen. Sie wollen versuchen, nach Hannover zu ihren Verwandten zu kommen.
Es überrascht mich, zu hören, dass du deine Verlobung gelöst hast. Ich hoffe, dass du deinen Schritt nicht bereust.
Nun, liebe Esther, dir und deinen Eltern alles Gute und viele Grüße

Dein Werner

Viele Briefe flogen zwischen England und Deutschland hin und her, immer vertrauter, herzlicher wurde unser Gedankenaustausch, so dass ich mir sicher war, Werner lieben zu können. Es verband uns ja so viel. Die gemeinsamen Erlebnissen aus der frühesten Kindheit, lustige und traurige Episoden aus der Schulzeit mit Lehrern und Mitschülern. Aus so einer alten Freundschaft musste sich doch Liebe entwickeln können, zumal uns jetzt auch noch die Erinnerung und die Sehnsucht nach der verlorenen Heimat verband.

Ich genoss diesen Briefwechsel mit Werner und wie es schien, ging es ihm ähnlich. Für ihn war ich wohl auch der einzige Mensch, dem er sein Herz ausschütten konnte. Er hatte nicht nur die Heimat verloren, sondern auch die nächsten Verwandten, seine Stiefmutter beim Bombenangriff auf Berlin, seinen Vater in russischer Gefangenschaft. Ja, im Vergleich mit Werner und vielen anderen waren wir sehr gut dran! Außer Ewald, Irmas Mann, waren alle Verwandten nach und nach wieder aufgetaucht. Ewald war noch vermisst.

An Jacques hatte ich noch nicht geschrieben, obwohl bereits zwei Briefe von ihm gekommen waren, in denen er ungeduldig fragte, ob er wohl bald eine positive Antwort bekommen würde. Er wolle mich dann abholen, um mich seinen Eltern vorzustellen. Lange zögerte ich, ihm eine Antwort zu geben. Es fiel mir so schwer, ihm ein klares Nein zu schreiben, aber ein klares Ja konnte ich ihm auch nicht geben. Er war ein so liebenswerter Mensch, so verständnisvoll, herzlich, höflich und bescheiden, einfühlsam und geduldig, wie ich mir kaum einen besseren vorstellen konnte. Sollte ich ihm schreiben, dass mein Herz nicht frei war, und ihn dann entscheiden lassen, ob er auch mit meiner Freundschaft zufrieden wäre? Das war wohl die ehrlichste Antwort und er konnte dann auch selbst bestimmen, ob er es trotzdem mit mir wagen wollte.

Seine enttäuschte Antwort kam bald: Nein, so wolle er es nicht. Er schrieb mir einen sehr traurigen Abschiedsbrief, der auch mich betrübte und unsicher machte, ob es so richtig gewesen war. Mit ihm hätte ich sicher keine Enttäuschung erlebt. Nun war es aus! Aber – ich hatte ja Werner! So entschuldigte ich meine Entscheidung vor mir selbst.

Im Mai des kommenden Jahres, also 1948, rechnete Werner mit seiner Entlassung. Dann wollte er nur kurz zu seinen entfernten Verwandten gehen und anschließend zu uns kommen! Meine Vorfreude war riesengroß und die Sehnsucht nach Jack wurde immer kleiner. Auch Werner schien damit zu rechnen, dass wir unsere Zukunft miteinander gestalten würden. Unsere Briefe wurden immer länger, vertrauter und herzlicher.

Kapitel 8

Besuch eines alten Freundes

Wo befreundete Wege zusammenlaufen, da sieht die ganze Welt für eine Stunde wie Heimat aus.

HERMANN HESSE

Mitte Mai 1948 war es dann soweit. Ich hatte Werner geschrieben, wie er zu uns mit dem Steinauto heraufkommen konnte, und stand nun wartend, glücklich und mit klopfendem Herzen am Fenster. So sah ich auf die Straße vor der Haarnadelkurve, auf der ich durch eine Baumlücke Fahrzeuge beobachten konnte, die dort vorbeifuhren. Dann und wann stieß ich leise Freudenlaute aus. Mutti sah mich verständnisvoll lächelnd an. Solche Töne hatte sie schon sehr, sehr lange nicht mehr von mir gehört.

Wahrscheinlich hatte das Steinauto dann aber doch in einem Augenblick die Lichtung passiert, in dem ich mich weggedreht hatte. Jedenfalls hörte ich es nun bereits ganz deutlich das letzte steile Stück des Weges zum Steinbruch heraufkeuchen. Spätestens in einer Minute müsste es hier oben ankommen Ich stürmte hinaus. Da hielt es auch schon nahe der Hütte. Aber außer dem Fahrer schien niemand darin zu sein. Hatte Werner den Zug verpasst? War er zu spät im Granitwerk angekommen und das Auto schon weg gewesen? Diese Enttäuschung! Traurig wandte ich mich ab und wollte in die Hütte zurückgehen, als ich meinen Namen hörte und mich umsah. Mit einem schalkhaften, spitzbübischen Lächeln stieg Werner aus der Fahrerkabine.

»Schön wohnt ihr hier«, sagte er schlicht, während er sich nach allen Seiten umblickte, »aber eilig darf man es nicht haben.« Ach, wie viele Erinnerungen weckte allein die Stimme in mir! Das war unsere pommersche Sprache, breit und zuverlässig, ohne Verzierungen. Vor meinen Augen sah ich weite, wogende Kornfelder, einen Birkenhain am Ufer eines Bachlaufes, endlos scheinende Wälder, hier und da unterbrochen von einem verschwiegenen See. All das wurde auf einmal lebendig und die Sehnsucht nach der Heimat war groß. Wie schön wäre es, jetzt mit Werner zum Schampsee zu fahren oder auch zu laufen. Dort könnten wir unter niedrigen Büschen und Sträuchern am Ufer des Sees sitzen und träumen, dann und wann nebeneinander in das flache Wasser laufen, uns vergnügt kreischend nass spritzen und an tieferen Stellen endlich schwimmen, solange es Spaß machte. Hier gab es keinen See in erreichbarer Nähe; bis zum Mummelsee war es viel zu weit.

Meinen Eltern war Werner von Herzen willkommen. Papa, der es gut verstand, Leute auszufragen, wollte so viel von ihm wissen, dass ich mir zeitweise ganz überflüssig vorkam. Aber wir hatten ja noch genügend Zeit vor uns, tröstete ich mich. Ich wollte Werner möglichst viel von meiner schönen neuen Heimat zeigen. Wir steckten uns kein festes Ziel, spazierten auf breiten und schmalen Wegen, wie es uns gerade einfiel, kreuz und quer durch den Wald.

Einmal fanden wir uns unverhofft auf der Lichtung bei Falks wieder. Frau Falk kam gerade aus dem Haus. Als sie uns entdeckte, winkte sie uns fröhlich zu: »Ihr kommt grad' recht! Der Kuchen ist fertig! Kommt nur herein!« Ich wusste, dass sie uns nicht wieder gehen lassen würde, ohne uns von ihrem köstlichen Kuchen vorgesetzt zu haben.

Während Frau Falk sich mit Werner unterhielt, zog Herr Falk mich zur Seite, um mir zu sagen, wie gut ihm mein Freund gefiel. Dabei drohte er mir: »Ich hab mich ja ziemlich über dich geärgert, dass du den netten jungen Franzosen, den Jacques, abblitzen hast lassen. Doch nun – na ja –, nun kann ich es verstehen. Wenn du so einen Freund hast wie den Werner …! Aber das will ich dir gleich sagen: Sollte der Werner ernste Absichten haben und du gibst ihm auch einen Korb, dann kannst du dich auf was gefasst machen! Dann ziehe ich dir doch den Hosenboden stramm.« Darauf konnte ich natürlich keine Antwort geben.

Wir hatten sehr viel Zeit und machten bei dem wunderschönen Wetter lange Spaziergänge. Unsere Erinnerungen führten uns in die Schulzeit und die schöne Zeit davor. Wir dachten an Freunde und Schulkameraden, an traurige oder schöne Erlebnisse, aber vergeblich wartete ich auf den Funken, der von Herz zu Herz übersprang, auf die Liebe, die ich für Jack empfunden hatte, ohne es zu wollen und zu wünschen. Wie war das nur möglich? Wir hatten uns doch früher so gut verstanden! Wir kamen auch jetzt gut miteinander aus, lachten und scherzten, freuten uns an der herrlichen Natur, nur – mein Herz –, das blieb stumm.

Schon ging Werners Urlaub zu Ende. Einen Tag vor meinem Geburtstag musste er abreisen; denn am folgenden Tag war die Währungsreform. Seine 40 Mark »Kopfgeld«, wie man es nannte, bekam er nur dort, wo er polizeilich gemeldet war. Ich hatte mir fest vorgenommen, vor seiner Abreise eine Aussprache herbeizuführen, wusste nur nicht, ob ich genügend Mut dazu haben würde und wie ich anfangen sollte. Weil wir die nähere Umgebung längst durchwandert hatten, gingen wir in den letzten Tagen kaum noch weg, sondern setzten uns oberhalb des Steinbruchfelsens auf eine ebene, von Moos überwachsene Felsplatte, von wo aus wir eine wunderschöne Aussicht hatten. Hierher drang auch der Lärm der Bohrhämmer nicht, denn die Sträucher dämpften ganz vorzüglich den Schall. Es war paradiesisch schön auf diesem Platz, wie wir übereinstimmend feststellten. Werner hatte sich ins Moos gelegt und seine Arme weit von sich gestreckt, während ich herumdruckste und überlegte, wie ich anfangen konnte, um endlich Klarheit zu schaffen

»Herrlich ist's hier«, störte Werner meine Gedanken. »Hier könnte man sich wie zu Hause fühlen!«

»Ja, diesen Platz liebe ich auch ganz besonders«, stimmte ich zu. »Ich vermisse eigentlich nur unsere schönen Seen und die wogenden Kornfelder.«

Nach einem tiefen Seufzer sagte er leise und traurig: »Mich zieht gar nichts mehr zurück. Ich glaube, ich würde auch dann nicht gehen, wenn wir die Möglichkeit hätten. Für mich ist die Heimat leer.«

Mein Herz zuckte voller Mitgefühl. Ja, Werner hatte so viel mehr als die Heimat verloren! Wie gern hätte ich jetzt etwas Tröstliches gesagt, aber nichts, gar nichts fiel mir ein. Nur seine Hand drückte ich stumm. Da lächelte er mir zu – gutmütig, freundlich – aber Liebe? – Nein, Liebe war es nicht.

Ich sah schon kommen, dass ich nun wieder keinen Mut haben würde, das klärende Gespräch zu beginnen. Oh, warum war ich so feige? Und warum sagte er nichts? Oder hatte er nichts zu sagen? Fühlte er nicht, dass wir uns aussprechen sollten? Ich ärgerte mich über mich und auch über ihn, dass er so ruhig neben mir sitzen konnte und über belanglose Dinge plauderte. Mit einem wohligen Seufzer streckte er sich wieder auf dem Moosteppich aus. Wenn ich ihn ansehen wollte, musste ich mich ganz weit umdrehen oder mich neben ihn legen – direkt auf seinen ausgestreckten Arm. Erwartete er das vielleicht? Wünschte er, dass ich mich in seinen Arm legte? Solange ich ihm aber nichts von Jack gesagt hatte, konnte ich das nicht. Es würde sich zeigen, wie er darauf reagierte.

Es fiel mir immer schwerer. Aber – vielleicht war es ganz gut so, wenn ich das entscheidende Gespräch einleitete, ohne ihm ins Gesicht zu sehen? Oder sollte ich ihm doch lieber schreiben? Im Brief klingt freilich alles viel unpersönlicher, da kann man die Stimme nicht modellieren, kein Blick kann ein geschriebenes Geständnis mildern. Ich wollte und musste ihm hier und jetzt von Jack erzählen. Wenn überhaupt, dann musste es gleich geschehen! Mit klopfendem Herzen begann ich stockend: »Werner – ich muss dir was sagen. Ich weiß nicht – hoffentlich bist du mir nicht böse. Eigentlich hätte ich es dir schon längst sagen müssen, ach, ich weiß nicht …«

Als ich mich nach ihm umsah, blinzelte er mich an, und es kam mir vor, als würde er sich amüsieren, dass ich stotterte. Oder war es nur die Sonne, die ihm ins Gesicht schien? »Hmm«, sagte er nur, als ich gar nicht weiter wusste. »Was hast du mir denn sagen wollen?« Ich gab mir einen energischen Ruck und begann ohne weitere Umschweife, von Jack zu erzählen, wie wir uns kennen gelernt hatten, wie grundanständig und vorbildlich er mir gegenüber gewesen war, wie schwer mir der Abschied gefallen war. Dass ich im Grunde meines Herzens immer noch hoffte, ihn wiederzusehen. »Ich hatte mir so fest vorgenommen, ihn zu vergessen und dich zu lieben, aber … Ich mag dich, sehr gern sogar, wie einen sehr guten Freund, doch nicht so, wie ich es mir wünsche oder wie ich Jack liebe, aber … könnten wir nicht Freunde bleiben und uns dessen ungeachtet noch öfter sehen?«

Mit einem Ruck richtete er sich auf und sah mich an. Dann nahm er meine Hand und sagte befreit aufatmend: »Du, da ist mir eben ein Mordsbrocken vom Herzen gefallen! Hast du's gehört? Das war nicht im Steinbruch! Ich wollte dir schon lange ein ähnliches Geständnis machen, aber ich wollte dir nicht wehtun. Wahrscheinlich wäre ich abgereist, ohne ein Wort zu sagen. Ich habe mich in eine Engländerin verliebt, die ich eigentlich vergessen wollte, um dich zu lieben. Es ist mir nicht gelungen. Du glaubst nicht, wie erleichtert ich mich fühle, dass ich dir nicht das Herz schwer mache mit meinem Geständnis!«

Ich strahlte ihn an. Auf einmal war alles so herrlich einfach! Es war wundervoll! Im Steinbruch wurde zum Feierabend geblasen. Das war auch für uns das Signal, unseren schönen Platz zu verlassen, um mit meinen Eltern zu Abend zu essen. Leichtfüßig, wie von einer schweren Last befreit, sprangen wir von Stufe zu Stufe, von Stein zu Stein, den Hang hinunter. Ich kannte Werner kaum wieder. Er war richtig übermütig und gelöst, hatte viele lustige Einfälle. Schade, dass er übermorgen wieder abreisen musste! Nun hätte es erst richtig schön werden können! So kann man sich durch verkehrte Rücksichtnahme manches erschweren! Eugen Roth stellt es treffend fest: »Ein tiefes Wissen macht mich still: Wie muss der selbst sich wehe tun, der nicht dem andern weh tun will …«

Für meine Eltern bedeutete unsere Entscheidung eine große Enttäuschung. Sie hätten ihren eigenen Sohn nicht lieber haben können, als sie Werner hatten. Wir wollten ja auch Freunde bleiben, aber sonst sollte jeder von uns seinen eigenen Weg gehen. Vielleicht liefen früher oder später unsere Wege auch wieder in die gleiche Richtung? Möglicherweise mussten wir erst Träume begraben, Enttäuschungen erleben, um einzusehen, was uns verband, was unsere Herzen in diesem Augenblick nicht verstehen wollten?

Werner konnte ja mit seiner Freundin in England in Kontakt bleiben, für mich gab es diese Möglichkeit nicht. Ich betete zwar darum, Gott möge mich wieder mit Jack zusammenbringen, aber ob meine Gebete erhört würden? Bisher sah es nicht so aus. Ich hatte allerdings auch nicht mehr so intensiv darum gebetet, seit ich mit Werner im Briefwechsel stand. Ich meinte doch, Werner lieben zu können. Wir hatten in so vielen Fragen übereingestimmt. Auch in dieser Woche des Beisammenseins hatte es nie Differenzen gegeben. Warum fanden wir denn keine Berührungspunkte für Herz und Sinn, dass wir einander nahe sein wollten? Lag der Grund in der Kindheit? Fühlten wir uns eher wie Geschwister? Ich hatte enttäuscht feststellen müssen, dass mein Herz ein ziemlich eigenwilliges Ding ist und sich nicht darum kümmert, was mein Verstand ihm sagt. Von einem Dichter hatte ich einmal gelesen: »Des Menschen Herz kann am glücklichsten sein, wenn es sich so recht sehnt.« Bedeutete das etwa, dass Erfüllung in der Liebe nicht gleichzeitig auch glücklich macht? Dann las ich resignierend den Satz, den Jack kurz vor unserem Abschied in mein Schatzkästlein geschrieben hatte: »It is better to love and lose, than never to love at all!« Er hatte sich offensichtlich schon längst damit abgefunden!

Kapitel 9

Abschied von der Oase

Über Vergangenes mache dir keine Sorgen,
dem Kommenden wende dich zu!

Asiatische Weisheit

Die Währungsreform brachte viele Veränderungen. Rasch füllten sich die Geschäfte mit Waren, die es lange nicht mehr gegeben hatte. Es war merkwürdig, wie schnell all das wieder da war, wovon wir lange Zeit nur träumen konnten. Nicht nur Lebensmittel gab es reichlich, auch andere Bedarfsgüter, Kleidung, Schuhe, Geschirr, Möbel, Radiogeräte und dergleichen mehr. Wir konnten nach Lust und Laune einkaufen, wenn wir nur genügend Geld hatten. Unser mitgebrachtes Vermögen und unser Sparguthaben waren nicht mehr viel wert. Für die in der Heimat verlorenen Güter und Werte sollten Entschädigungen gezahlt werden, sofern man dafür Beweise oder Zeugen hatte, die es bestätigen konnten.

Das war nun ein ernstes Problem für uns. In der Tasche, die Papa am Tage unserer Flucht auf dem Lastwagen vergessen hatte, waren alle Urkunden, Belege und Unterlagen. Wie sollten wir nun beweisen können, was uns gehört hatte? Soforthilfe bekam jeder Vertriebene – eine Pauschale, für die keine Beweise nötig waren. Aber die größeren Werte konnten nur durch Urkunden nachgewiesen oder von Zeugen bestätigt werden. Üblicherweise gibt man ja kaum jemandem detaillierte Einblicke in den Konto- bzw. Vermögensstand. Selbst gute Freunde konnten also solche Angaben kaum beeiden.

Nach Anfragen bei Bekannten und Freunden aus der Heimat hatten wir jedoch erfahren, dass die Akten der Falkenburger Sparkasse vor der Evakuierung Falkenburgs in Sicherheit gebracht worden waren.

Damit konnte wenigstens der Wert des Grundstücks und des Neubaus belegt werden. Meine Eltern atmeten auf. Ich hatte noch mein Postsparbuch, das ich in der Schürzentasche bei mir trug, als uns die Polen auf dem Weg von Hellers nach Falkenburg ausraubten! Nach dem Umtausch in D-Mark ergab es gerade so viel, dass ich ein Radio kaufen konnte. Das war auch wichtig für uns, um Informationen zu bekommen und die aktuellen Neuigkeiten zu hören, die wir bisher nur bekamen, wenn wir zweimal im Monat zum Einkaufen ins Tal fuhren. Aber Informationen aus zweiter oder dritter Hand sind nicht gerade zuverlässig. Vieles wurde uns gar nicht berichtet, weil es für unsere Bekannten längst selbstverständlich war und sie nicht daran dachten, dass es uns interessieren könnte. Endlich wollten wir auch genauer wissen, was sich seit 1945 ereignet hatte, seitdem wir kein Radio mehr hatten und keine Zeitung bekamen. Vom Kriegsende und was davor und danach geschehen war, wussten wir so gut wie nichts.

Was wir nun im Radio hörten, war für uns sehr verwirrend. Uns fehlten die Zusammenhänge. Wir hatten ja alles nur bruchstückweise vernommen. Zudem waren wir auch sehr misstrauisch gegenüber allen Meldungen aus Rundfunk und Zeitung. Zu vielen Lügen hatten wir geglaubt und das, was man uns als Wahrheit propagierte, hatte sich zuletzt als der größte Betrug herausgestellt. Ich wollte jedenfalls von der Politik nichts mehr wissen. Aber wir lebten nun in dieser Welt und brauchten dazu auch Auskünfte, Berichte, Hinweise und andere Hilfen.

Nicht nur für uns Flüchtlinge änderte sich nach der Währungsreform vieles, auch Falks hatten große Probleme. Sie hatten sich bereits für Ende des Monats auf französische Ferienkinder vorbereitet. Nun erfuhren sie, dass in diesem Jahr das Haus leer bliebe, oder schlimmer noch: Sie selbst mussten ausziehen.

Die Hotels, Kurhäuser und Erholungsheime, die von Franzosen beschlagnahmt und verwaltet worden waren, wurden den deutschen Besitzern zurückgegeben, beziehungsweise nun von Deutschen geleitet. Während es für die meisten Hotelbesitzer erfreulich war, wurden Falks hart davon getroffen; denn sie waren ja nur als Verwalter des

Hauses eingesetzt worden und hatten keinerlei Rechte. Da ihre Tätigkeit beendet war, mussten sie auch ihre Wohnung räumen. Auf den ersten Blick schien das nicht so problematisch zu sein. In Bühlertal war bald eine Wohnung für die große Familie mit jetzt fünf Kindern gefunden, nur Herr Falk war nicht bereit, dort einzuziehen. Er hatte sein ganzes Leben lang als Förster im Wald gelebt. Der Wald war der Lebensraum, den er brauchte, so notwendig wie die Luft zum Atmen. Lieber wollte er in einer Hütte wohnen oder sich eine Höhle graben, als in eine Stadtwohnung ziehen. Da half kein noch so vernünftiges Argument, ihm dieses Angebot schmackhaft zu machen.

Er machte eigene Vorschläge, denen das Forstamt nach langem Hin und Her auch zustimmte: Für ihn und seine Familie sollte ein passendes Haus mitten im Wald gebaut werden. Allerdings konnten sie in diesem Jahr nicht mehr dort einziehen. Weil Herr Falk befürchtete (wahrscheinlich nicht ganz unbegründet), dass aus dem zugesagten Haus niemals etwas werden würde, wenn er auch nur vorübergehend in der Stadt eine Wohnung akzeptierte, blieb ihnen nichts anderes übrig, als in die Köhlerhütte zu ziehen, die schon lange nicht mehr betrieben wurde.

Ich musste mir Gedanken um eine Arbeitsmöglichkeit machen, besser noch um eine Berufsausbildung. Aber was ich auch beabsichtigte oder erhoffte, es scheiterte an der Wohnungsfrage. Vom Steinbruch aus nach Bühl waren es 13 km, bis Baden-Baden 14 km. Die einzige Möglichkeit, ins Tal zu kommen, war ein Bus, der aber nur zweimal in der Woche fuhr. Die Fahrpläne eigneten sich überhaupt nicht für Berufstätige. Die Busse fuhren für die Bewohner der Höhe, die im Tal Besorgungen machen wollten, nicht für Leute, die im Tal arbeiteten. Es war anzunehmen, dass sich die Fahrpläne irgendwann ändern würden, aber zu dieser Zeit war das alles noch sehr unsicher.

In einem der zahlreichen Hotels könnte ich später wohl eine Beschäftigung finden, wenn ich eine entsprechende Ausbildung hätte. Doch für was war ich geeignet? Mein Beruf musste mir ja auch Freude machen, wenn ich ihn ein Leben lang ausüben wollte. Beim Arbeitsamt war ich längst gemeldet. Aber auch von da kam nur ein einziges Angebot, vorübergehend in einer französischen Familie ein Kleinkind zu betreuen. Dort hätte ich auch wohnen können. Aber dies sagte mir nicht zu.

Eines Tages las ich ein Inserat vom Arbeitsamt. Für englische Haushalte wurden Mädchen gesucht! Wenn die Interessierten sich für ein Jahr verpflichteten, würden die englischen Familien die Kosten für die Hin- und Rückreise übernehmen. In England sollten sie ein angemessenes Taschengeld bekommen. Das klang ja wie Musik in meinen Ohren! Während eines Jahres in England könnte ich mein Englisch weiter verbessern. Wenn ich anschließend noch ein Jahr nach Frankreich ginge, könnte ich auch gut Französisch lernen. Hier so nahe an der französischen Grenze wäre das bestimmt sehr nützlich. Da würde ich sicher eine Stelle in einer Hotelrezeption bekommen und könnte in der Nähe meiner Eltern bleiben. Im Schwarzwald gefiel es mir so gut, dass ich nicht gern weggehen mochte.

Ein weiterer faszinierender Gedanke kam mir bei dem Inserat vom Arbeitsamt. Ich wagte ja kaum, es mir auszumalen – vielleicht hatte ich eine winzige Chance und könnte durch einen freundlichen Zufall Jack finden? Es gab in England zwar keine Einwohnermeldeämter, wo man sich nach Adressen erkundigen konnte, aber …? Wenn Gott auch ein wenig mithelfen würde? Ich wollte jedenfalls weiter darum beten und meldete mich umgehend beim Arbeitsamt an.

Erst einmal ergaben sich neue Probleme: Mir fehlte die Geburtsurkunde, die Entlassungsbestätigung von der Luftwaffe und noch einige andere Nachweise, die für einen Pass notwendig waren. Aber das alles ließ sich dann doch, wenn auch mit Verzögerungen, beschaffen. Ich bekam einen Pass und wartete auf den Abreisetermin, der mir mitgeteilt werden sollte. Mit der Familie in England, zu denen ich gehen würde, stand ich bereits im Briefwechsel. Fotos von ihnen hatte ich auch bekommen und sie schienen alle sehr sympathisch.

Aber je näher der Reisetag rückte, desto besorgter wurde ich. Auf was hatte ich mich da eingelassen! Ein ganzes Jahr lang müsste ich mit Menschen zusammen sein, die ich nur von zwei Briefen und einigen Fotos kannte! Mutti hatte diese Unsicherheit in mir wachgerufen.

Sie hätte es am liebsten gesehen, wenn nichts aus meinen Plänen geworden wäre, weil sie sich die unmöglichsten Desaster ausmalte, die mir zustoßen konnten. Trotz aller Bedenken und Vorbehalte reiste ich im Oktober 1950 ins unbekannte England. Von einer liebenswerten Familie wurde ich herzlich aufgenommen. Alle kamen mir so zuvorkommend entgegen, dass ich mich wie zu Hause fühlte. Da war nichts von Feindschaft oder Hass gegen Deutsche zu spüren. Mr. Brownie war als Tierarzt sehr viel unterwegs. Er hatte außer seiner Praxis in der Stadt einen großen Außenbezirk zu betreuen. In der Praxis half auch seine Frau mit. Die zwei Töchter, vier und sechs Jahre alt, machten mir den Aufenthalt besonders angenehm und meine englischen Kenntnisse verbesserten sich sehr schnell. Bald waren sie so gut, dass ich beim Hören der Nachrichten im englischen Rundfunk meinte, sie wären in Deutsch gesprochen worden. Ich hatte jedes Wort verstanden.

Dank unseres guten Englischlehrers aus der Mittelschule in Falkenburg war auch mein Akzent kaum fremd für englische Ohren. Manchmal wurde ich gefragt, aus welcher Gegend Englands ich käme. Man wollte es mir nicht glauben, dass ich Deutsche war. Aber Jack fand ich nicht. Ich hatte auch überhaupt keine Idee, wo und wie ich ihn hätte suchen können. Ich war nicht beherzt genug, Hilfe von meiner liebenswürdigen Chefin zu erbitten, die sich alle erdenkliche Mühe gab, mir den Aufenthalt in England so angenehm wie nur möglich zu gestalten. Ich hätte meine Suche dann begründen und womöglich eingestehen müssen, dass ich Jack liebte.

Die vielen Nebeltage und das nasskalte Wetter gefielen mir überhaupt nicht. In den englischen Häusern fand ich es ungemütlich. Alle Räume, außer dem Wohnzimmer, waren kalt. Da dachte ich an unsere armselige Hütte im Steinbruch, wo es richtig warm war, obwohl keine dicken Teppiche auf dem Boden lagen, und statt schöner Vorhänge nur große Eisblumen an den Fenstern blühten. Vielleicht waren solche Heimwehgedanken unbeabsichtigt in die Briefe an meine Eltern eingeflossen und Mutti hatte sie zwischen den Zeilen gelesen. Sie machte sich um mein Wohlergehen Sorgen und zermarterte sich bei dem

Gedanken, wie sie mir helfen konnte, das Gehirn. Nachts konnte sie vor Grübeleien nicht mehr schlafen und sie bekam schließlich solche Ängste, dass sie krank davon wurde.

Nach einigen Monaten kam ein Telegramm von Papa, der mich bat, sofort nach Hause zu kommen, weil Mutti sehr schwer erkrankt sei und mich noch einmal sehen wolle. Das schien ja so, als ob sie im Sterben lag! Zutiefst betroffen und beunruhigt bat ich die Brownies, mich vor der ausgemachten Zeit gehen zu lassen. Natürlich würde ich meine Rückfahrkarte dann selbst bezahlen. Von meinem Lohn hatte ich jedoch genügend gespart, so dass es für die Fahrkosten ausreichte. Eigentlich hatte ich davon Geschenke kaufen wollen, wenn ich in vier Monaten nach Ablauf der vertraglichen Verpflichtung nach Hause gefahren wäre. Die Brownies waren mir bei den Reisevorbereitungen behilflich, erkundigten sich nach Fahrplänen und Anschlüssen und brachten mich auch zum Bahnhof. Ohne große Komplikationen konnte ich von Holland bis Baden-Oos durchfahren.

Hier kannte ich mich nun ja gut aus und ich war rechtzeitig in Bühl angekommen, um mit dem Steinauto weiterfahren zu können. Schon das Wissen, dass ich auf dem Heimweg war, hatte Mutti aufleben lassen. Sie konnte bereits aufstehen und kam mir auf etwas unsicheren Beinen entgegen.

Englisch beherrschte ich nun fließend, da konnte ich wohl als Dolmetscherin Arbeit suchen. Meine Pläne, noch nach Frankreich zu gehen, musste ich wohl oder übel aufgeben. Wenn Mutti sich so große Sorgen meinetwegen machte, konnte ich ihr nicht antun, sie noch einmal zu verlassen!

Während meines Aufenthaltes in England hatten meine Eltern einen kleinen Mischlingshund angeschafft, der sie in ihrer Einsamkeit trösten und ablenken sollte. »Purzel« hieß er, und es war nicht auszumachen, welcher Hunderasse er zuzuordnen war. Herr Falk nannte ihn »Spitzpudakschnauz mit dem Posthorn«, oder: »Bernhardinersetzling von der Loreley«. Ich schloss nach meiner Rückkehr aus England schnell Freundschaft mit ihm. Bald war er mir so treu ergeben, dass er zu meiner Verteidigung wohl auch den Kampf mit den Steinbrucharbeitern aufgenommen hätte, vor denen er sich sonst so sehr fürchtete.

Papa war inzwischen 65 Jahre alt geworden und nun Rentner. Er langweilte sich schrecklich und dachte über neue Beschäftigungsmöglichkeiten nach. Daher versuchte er, Kontakte zu seinen früheren Geschäftspartnern aufzunehmen. Zuerst kaufte er eine Schreibmaschine. Dann entwickelte er Pläne für den Zeitpunkt, an dem er den Lastenausgleich bekommen würde. An guten Ideen hatte es ihm nie gefehlt.

Nun kam ihm Herr Nicolai noch mit einem Vorschlag zu Hilfe, der ihm sehr gut gefiel. Er konnte Papa überzeugen, dass seine Pläne leicht zu verwirklichen wären: Nicolai, der gelernte Bäcker und Konditor, wollte eine Teigwarenfabrik aufmachen. Dazu fehlte ihm nur das Geld. Das aber hoffte er von Papa zu bekommen. Er selbst konnte ja wegen seiner Nazi-Vergangenheit keinen Kreditantrag stellen, sondern musste froh sein, wenn er keine Schwierigkeiten bekam, wenn er sich selbständig machte.

So unterbreitete er Papa seine Pläne: Er selbst würde in der Fabrik die Produktion der Teigwaren übernehmen, Papa sollte die kaufmännische Leitung haben. So warteten die beiden Männer schließlich nur noch auf die Genehmigung der Anträge, die Papa gestellt hatte. Mutti stand diesen Plänen sehr skeptisch gegenüber. Sie erinnerte Papa daran, in welch verwahrlostem Zustand die Nicolais die Wohnung zurückgelassen hatten, als sie 1941 aus unserem Neubau ausgezogen waren. Wie lange sie damals gebraucht hatte, um sie zu säubern. Aber davon wollte Papa nichts hören. Er hatte auch eine Begründung dafür: Für die Wohnung seien ja die drei Frauen, Frau Nicolai, ihre Mutter und ihre Tante, verantwortlich gewesen. Die hätten aber mit der Produktion der Teigwaren nichts zu tun.

Damit konnte Papa Muttis Bedenken nicht entkräften. Sie bemerkte noch, dass Nicolais inzwischen sechs Kinder hatten. Waren sie damals mit drei Kindern schon nicht in der Lage gewesen, die Wohnung einigermaßen in Ordnung zu halten, so würden sie es bei einer solchen großen Schar noch weniger können. Immer wieder versuchte sie,

Papa davon abzubringen, bis er einen Trumpf ausspielte, dem sie nichts entgegensetzen konnte. »Willst du denn zusehen, wie unsere Tochter hier im Steinbruch, am Ende der Welt, ihr ganzes Leben verbringt? Wir haben sie auf deinen Wunsch von England zurückgeholt. Hier ist aber weit und breit keine Möglichkeit für sie, unter Menschen zu kommen. Also lass mich machen – der Nicolai ist schon in Ordnung!«

Herr Nicolai holte uns zu einer »Betriebsbesichtigung« ab. Er hatte schnell gehandelt und für den Anfang eine Baracke und eine Maschine auf Kredit gekauft, die er uns vorführte. Jetzt fuhr er einen kleinen dreirädrigen Lieferwagen. Später, wenn er zu klein sein würde, müsste man natürlich einen Lastwagen und einen PKW anschaffen. Sobald Papas Kredit genehmigt wäre, könnte man beginnen. Darum hatte Papa es jetzt eilig und drängte zum Umzug, bevor über seinen Antrag entschieden worden war.

Ich sah ja ein, dass ich hier im Steinbruch nicht für immer bleiben konnte. Aber ich fürchtete mich vor dem Abschied von hier, diesem wunderschönen Fleckchen Erde, das mir zur Heimat geworden war. Wenn überhaupt irgendwo in der Welt, dann könnte ich hier am ehesten Wurzeln schlagen. Mutti und ich machten noch einen letzten Versuch, an Papas Herz zu appellieren. Wir erinnerten ihn an den armen kleinen Hund, den wir nicht mitnehmen konnten, weil wir ja zunächst mit Nicolais zusammen in der Baracke wohnen mussten. Aber auch diese Einwände fanden kein Gehör bei ihm. An Purzel hatte er bereits gedacht und ein Rentnerehepaar gefunden, das seit einigen Wochen in unserer Nähe wohnte. Die beiden alten Leute wollten unserem Purzel ein Zuhause geben. Uns blieb also nichts übrig, als uns mit einem baldigen Umzug abzufinden.

Es war ein schwerer Weg für mich, als ich meinen kleinen Freund Purzel zu seiner neuen Heimat und bestimmt guten Menschen brachte. Ich wusste, dass es ihm dort viel besser gehen würde als im Steinbruch, aber wie konnte ich ihm das erklären? Obwohl es für ihn die beste Lösung war, tat es mir doch sehr weh. Unwillkürlich dachte ich, ob Gott wohl auch manchmal darunter leidet, wenn er uns Wege führen muss, die zwar für uns die besten sind, die wir aber gar nicht verstehen und nur unter Protest und Klagen annehmen?

Wenn Gott meine Wünsche und Gebete während des Krieges erhört hätte, als ich so eindringlich um den Sieg Deutschlands betete ...? Es wäre für uns und viele andere sehr viel schlimmer ausgegangen als jetzt. Wie gut, dass Gott uns den Verlust der Heimat zumutete, damit wir nicht die Folgen des Naziregimes erleben mussten. Sicher hatte Gott auch Gründe, dass Jack und ich nicht zusammenbleiben durften, oder dass Werner und ich trotz der besten Voraussetzungen keine dauernde Verbindung eingehen wollten. Ob ich es vielleicht einmal erfahren würde?

Die alten Leute hatten für Purzels Empfang alles liebevoll vorbereitet. Er würde es sehr gut haben. Aber wie lange würde er klagen, bis er sich mit der neuen Familie abgefunden hatte? Nachdem ich Purzel zu seinen neuen Herrchen gebrachte hatte, mochte ich mit meinen verweinten Augen nicht an den Arbeitern vorbeigehen, darum kletterte ich zu dem Aussichtsplatz hinauf, wo ich zuletzt mit Werner gewesen war. Hier konnte ich unbeobachtet meine Tränen fließen lassen.

Es war ein herrlicher Herbsttag, der zu Ende ging. Lieblich und warm hatte die Sonne den ganzen Tag auf der Höhe geschienen, während dichte Nebelwolken das Tal einhüllten. Das bunt gefärbte Laub der Eichen und Buchen leuchtete zwischen dem satten Grün der Tannen und Fichten hervor. Vom anderen Ufer des Nebelmeeres schimmerte das Sanatorium Bühlerhöhe herüber. Das Rauschen des Gertelbaches verstärkte den Eindruck, am Meeresstrand zu sitzen. Nebelwolken, die wie Wellen auf und ab wogten, überdeckten die dazwischen liegenden Täler und erinnerten mich an einen anderen Abschied, den ich immer noch nicht gänzlich verschmerzt hatte. Morgen Abend würden wir bereits in unserem zukünftigen Heim sein.

Ein Vers aus meinem Schatzkästlein fiel mir ein, ein Vers von Mörike, über den ich jetzt weiter nachdachte, während ich ihn in Gedanken leise vor mich hin sagte:

»Bei jeder Wende deiner Lebensbahn, auch wenn sie Glück verheißend sich erweitert, und du verlierst, um Größeres zu gewinnen, betroffen stehst du plötzlich still. Die Wehmut lehnt an deine Schulter sich und wiederholt in deine Seele dir, wie lieblich alles war, und dass es nun damit vorbei auf immer sei!«

Ich hielt inne. Auf immer? War auch dieser Abschied für immer? Würde ich auch hierher nie wieder zurückkehren? Ich zitierte leise weiter:

»Was vor dir liegt an künft'gem Jugendglück – die Spanne misst es einer Mädchenhand.«

»Das ist nicht gerade ermutigend«, dachte ich. Mussten alle Menschen solche Enttäuschungen erleben? Auch Eduard Mörike? Ich wusste so wenig von seinem Leben. Aber er stellte doch resignierend fest:

»Doch also ward des Lebens Ordnung uns gesetzt von Gott. Den schreckt sie nimmermehr, der einmal recht in seinem Geist gefasst, was unser Dasein soll. Du freue dich gehabter Freuden! Andre Freuden folgen, den Ernst begleitend; dieser aber sei der Kern und sei die Mitte deines Glücks.«

Seufzend hing ich meinen Gedanken nach. Was war eigentlich Glück? War es ein Traum, der wahr wurde, Wünsche, die in Erfüllung gingen? Erlebte man es in einer tiefen seelischen Verbundenheit mit einem anderen Menschen? Hatte ich es erlebt, als der Leutnant Bänsch das Adagio aus Beethovens F-Moll-Sonate so überaus gefühlvoll spielte und unsere Blicke sich begegneten in dem Wissen der innigsten seelischen Übereinstimmung? –

Nie würde ich diesen Augenblick vergessen, nie den Menschen, mit dem ich dieses Erlebnis gehabt hatte. »Die Welt wäre so leer, wenn man nur Berge, Flüsse und Städte darin denkt; aber hier und da jemand zu wissen, der mit uns übereinstimmt, mit dem wir auch stillschweigend fortleben, das macht uns dieses Erdenrund erst zu einem bewohnten Garten.« So hatte es Goethe ausgedrückt. Dem konnte ich voll und ganz zustimmen. Das war schon ein glücklicher Moment in meinem Leben gewesen.

Auch als Jack mir sagte, dass er mich zu sehr liebte, als dass er mich hätte berühren wollen, hatte mein Herz gejubelt und wäre fast zersprungen, obwohl ich doch wusste, dass wir uns bald trennen mussten. Waren glückliche Augenblicke immer nur solche flüchtigen Momente, nur Sekunden lang? Gab es kein länger anhaltendes Glück?

»Das Glück ist nicht in uns, das Glück ist auch nicht außerhalb von uns. Das Glück ist nur in Gott. Wenn wir ihn gefunden haben, dann ist es überall.« So hatte ich es von Blaise Pascal gelesen. Aber konnte das stimmen?

Ich glaubte doch an Gott, müsste ich dann nicht immer und überall glücklich sein? Ich schätzte es sehr und fand es gut und angenehm, wenn ich mich im Notfall an ihn wenden konnte. Aber das empfand ich nicht als Glück. Oder hatte ich Gott noch gar nicht gefunden? War dieser schmerzliche Abschied vielleicht eine Unterrichtsstunde, etwas, das Gott in meinem Leben tun musste, um »Besseres für mich zu gewinnen«? So wie ich meinem Hundchen weh tun musste, als ich ihn bei fremden Menschen ließ? Waren Leid und Schmerz Lehrzeiten, um Gott und damit das Glück zu finden?

In meine wehmütigen Gedanken und Fragen hinein ertönte die Feierabendsirene. Nun würde es im Steinbruch wieder ruhig werden. Ich trocknete die Tränen und ging hinunter – zum letzten Abendessen in unserer Oase.

Wo würde ich wieder ein Zuhause finden, Freunde und Menschen, mit denen ich mich gut verstand, im Idealfall ganz übereinstimmte? Papa hatte ja eigentlich Recht: Hier im Steinbruch gab es wohl kaum eine Möglichkeit dafür. Also wollte ich nicht länger jammern, sondern offen sein für das, was die Zukunft noch brachte.

Nur der Hoffnungslose findet sich ab mit dem, was ist,
und mit der Art und Weise, wie es ist.
Wer aber Hoffnung hat, sieht vor sich neue Möglichkeiten,
wie es anders werden kann.

Jürgen Moltmann

Teil 3:

Ziele, Pläne und Enttäuschungen 1952-1971

Sie suchen, was sie nicht finden
in Liebe, in Ehre und Glück,
und sie kommen belastet mit Sünden
und unbefriedigt zurück.

AUS DEM LIED »ICH BIN DURCH DIE WELT GEGANGEN«
VON ELEONORE FÜRSTIN REUß

Meine drei Kinder in Breisach, 1958

Weihnachten 1957 in Breisach

Kapitel 10

Die Ernüchterung

Wenn Gott zu unseren Bitten schweigt, will er uns deutlich machen, dass die Erfüllung uns im Grunde nicht helfen würde.

U. HOLM

In der Baracke, die Herr Nicolai zur Produktion von Teigwaren gekauft hatte, wohnte er zusammen mit seiner großen Familie: seiner Frau, sechs Kindern zwischen dreizehn und zwei Jahren sowie einer rüstigen Großmutter, die sehr fleißig war. Ihren schwäbischen Dialekt konnten wir kaum verstehen, denn sie nuschelte fortwährend und leise vor sich hin. Außerdem schien sie nicht allzu gern mit Wasser in Berührung zu kommen – deshalb machten wir lieber einen Bogen um sie, obwohl sie so liebenswürdig war.

Auch wir mussten hier einziehen, bis das vorgesehene Haus fertig war. Der kleine Raum, der uns Dreien zur Verfügung stand, war nur durch Nicolais Küche zu erreichen, in der ein Chaos herrschte, das Muttis schlimmste Befürchtungen übertraf. Wir versuchten um die schmuddeligen Kinder herum, die auf dem Fußboden spielten, in unser Zimmer zu gelangen, in dem wir gerade zwei Betten, einen kleinen Tisch und den Herd unterbringen konnten. Der Schrank musste im Flur zwischen der Küche und Nicolais Wohn- und Schlafräumen bleiben. Meine Mutter und ich mussten entweder zusammen in einem Bett schlafen oder vor dem kleinen Tisch nachts eine Decke als Lager für mich ausbreiten. Gut, dass wir nicht mehr Möbel hatten! Unmittelbar nach unserer Ankunft stellte Mutti entrüstet fest, dass sie morgen wieder in den Steinbruch zurückkehren werde.

Sogar Papa war ernüchtert, gab es aber nicht zu. Herr Nicolai hatte ihm alles in den rosigsten Farben geschildert und Papa hatte ihm vertraut. Jetzt versuchte er Mutti zu vertrösten: »Nicolai hat mir den Bauplatz schon gezeigt. In spätestens einem halben Jahr werden wir dort ein Haus gebaut haben, das groß genug für uns alle ist.« Mutti schüttelte nur ungläubig den Kopf und resignierte. Sie musste sich mit den Gegebenheiten abfinden.

Frau Nicolai bot uns an, ihre Küche mitzubenutzen, dann hätten wir doch etwas mehr Platz in unserem Zimmer, wenn wir den Herd nicht benötigten. Außerdem müssten wir ja das Wasser ohnehin in ihrer Küche holen. Hart und bestimmt hatte Mutti abgelehnt: »Nein, nein, wir kommen schon zurecht!«

In den folgenden Tagen und Wochen wetteiferten die beiden Männer, wer die besten und günstigsten Entwürfe für das geplante Haus machte und wann und wie die Produktion anlaufen sollte. Dabei ging es um riesige Werkhallen und moderne Maschinen. Von Absatzschwierigkeiten war niemals die Rede, auch nicht von dem Geld, das dazu benötigt, aber noch immer nicht vorhanden war, weil Papas Anträge anscheinend irgendwo vergessen worden waren. Etwas später mussten sie kleinlaut bekennen, dass das betreffende Grundstück gar nicht zum Verkauf stand. Aber es würde sich schon etwas anderes finden lassen, beteuerten sie.

Die vielen Aufträge, die angeblich schon vorlagen, entpuppten sich als pure Angeberei. Er habe ja eigentlich auf mich gewartet, gestand Herr Nicolai. Ich sollte sofort den Führerschein machen und dann losfahren, um nicht nur Kunden zu werben, sondern diese auch zu beliefern. Gegen den Gedanken, die hier hergestellten Nudeln zum Verkauf anbieten zu müssen, sträubte sich alles in mir. Gut, dass ich noch keinen Führerschein hatte! Papa hatte mich zwar bereits bei einem Fahrlehrer angemeldet, aber bis ich die Fahrprüfung geschafft hatte, würde meine Mithilfe auf diese Weise vielleicht gar nicht mehr nötig sein, so hoffte ich.

Unmittelbar vor unserem Fenster wurde das Ufergelände des Rheins zu Bauland vorbereitet. Große Lastwagen brachten den Schutt von zerbombten Häusern aus Breisach und Freiburg hierher, um den Sumpf aufzufüllen. Von den Fahrern der Lastwagen fiel mir einer besonders auf. Er fuhr den größten und schwersten Lkw und sah aus wie ein Junge, der gerade mit der Schule fertig geworden war. Wie der mit diesem riesigen Fahrzeug fertig wurde! Als ich ihn interessiert beobachtete, stellte ich eine verblüffende Ähnlichkeit mit Jack fest. Das war ja merkwürdig! Die Kopfform, der Haaransatz, die Haarfarbe, die Größe – alles erinnerte mich so sehr an Jack, dass ich mir brennend wünschte, diesen jungen Mann aus der Nähe zu sehen. Aber ich wusste nicht, wie ich das zuwege bringen konnte!

Es schien aber fast so, als hätte auch der Lkw-Fahrer Interesse daran, mich kennen zu lernen, denn er schickte den Ältesten von Nicolais zu mir und bat mich, herauszukommen. Obwohl es mich mächtig reizte, ging ich nicht darauf ein.

Wenig später kam es dann doch zu einer Begegnung. Ich kann gar nicht sagen, ob es reiner Zufall war. Ich hatte in der Stadt eingekauft und trug ziemlich schwer an einer großen Tasche mit Kartoffeln und anderen Lebensmitteln, als ich hinter mir einen Lastwagen hörte, vor dem ich zur Straßenseite auswich. Aber unmittelbar neben mir hielt der Wagen mit quietschenden Bremsen. Die Tür wurde aufgestoßen und jemand fragte mich, ob ich mitfahren wolle. Noch bevor ich recht begriffen hatte, wie mir geschah, war der Fahrer des Lastwagens ausgestiegen, hatte meine Tasche genommen, diese in das Führerhaus gestellt und war mir dann beim Erklimmen des hohen Trittbrettes behilflich. Das alles ging so schnell, dass ich keine Zeit hatte zu widersprechen.

Da saß ich nun dicht neben dem vermeintlichen Doppelgänger Jacks im Führerhaus des großen Lastwagens und konnte ihn genauer betrachten. Nein, aus der Nähe gesehen war die Ähnlichkeit doch sehr gering. Seine Hände waren rau und zerschunden, das Haar hatte einen staubigen Belag. Das war verständlich; bei solch einer schmutzigen Arbeit konnte er ja nicht gepflegt aussehen. Aber die Zähne! Scheußlich, wenn die schwarzen Hauer sichtbar wurden!

Während ich ihn unauffällig prüfend ansah, fragte er: »Wie viele Geschwister haben Sie eigentlich? Um die Baracke herum sieht man mindestens fünf oder sechs Kinder.« Bis ich das richtig gestellt und erklärt hatte, waren wir angekommen. Er half mir beim Aussteigen, setzte meine Tasche aus dem Wagen, und bevor ich mich noch fürs Mitnehmen bedanken konnte, fuhr er weiter. Mein Interesse an ihm war erloschen. Aber seines wohl nicht; denn er begegnete mir jetzt oft und sicher nicht immer zufällig. Jedes Mal hielt er an, um mich mitzunehmen, auch wenn ich nicht viel zu tragen hatte und lieber gelaufen wäre.

»Fred« hatte mir stolz erzählt, dass dieser Lastwagen ihm und seinem früheren Schulfreund gehöre. Er wolle sich gern mit mir verabreden, könne mir aber keinen Termin nennen, weil er nicht genau wisse, wo er in den kommenden Wochen eingesetzt werden würde; das hinge ganz von den Auftraggebern ab.

Nach dieser Begegnung wurde lange kein Schutt vor unserem Fenster mehr abgeladen. Das fiel mir gar nicht auf; der Mann interessierte mich nicht mehr. Ich bereitete mich auf den Führerschein vor, den ich nach wenigen Fahrstunden auch bekam und mit dem ich stolz aus Freiburg zurückkehrte. Als ich stürmisch die Tür zu unserem Zimmer aufriss, stand ich Fred gegenüber. Er hatte sich nach mir erkundigt und von meinen Eltern erfahren, dass ich zur Führerscheinprüfung nach Freiburg gefahren sei. Dass ich die Prüfung bestanden hatte, sah man mir wohl an, denn Fred gratulierte, ohne vorher gefragt zu haben. Wir unterhielten uns eine Weile und bevor er ging, erbat er sich von meinen Eltern die Erlaubnis, mich am kommenden Sonntag abholen zu dürfen.

Als er dann gut gekleidet, sauber und ordentlich frisiert vor mir stand, erkannte ich ihn kaum wieder. Jetzt hatte er sehr viel mehr Ähnlichkeit mit Jack, abgesehen von den furchtbar schlechten Zähnen. Bevor wir miteinander weggingen, fragte er meine Eltern, wie lange wir bleiben dürften. Von so guten Manieren war Mutti beeindruckt und sie hatte keine Einwände, wenn Fred mich auch in Zukunft öfter abholte.

Es war ganz nett, mal jemand anders zu haben als die Eltern, aber seine Allgemeinbildung war auf ziemlich niedrigem Niveau, so dass wir uns nur über ganz banale Dinge unterhalten konnten. Er versuchte, mir zu imponieren und redete über Begriffe und Themen, von denen er so gut wie nichts verstand. Mutti erzählte er von seiner großen Bibliothek, die sie sich einmal ansehen solle. Sie bat ihn, doch ein oder zwei Bücher mitzubringen, Erzählungen oder Kurzgeschichten, und stellte dann ernüchtert fest, dass es Groschen- und Wildwestromane waren, die er stolz vorzeigte. Nein, die wollte meine Mutter nicht. Auch unter Musik verstand er etwas ganz anderes als ich, aber das hatte ich erwartet. Freunde klassischer Musik gab es selten.

Als ich ihn auf Muttis Vorschlag am Sonntag zum Mittagessen einlud, war er verlegen. »Ich muss Ihnen vorher noch etwas Wichtiges sagen«, meinte er. Bei unserer nächsten Verabredung gestand er mir nach einer umständlichen Einleitung, dass er verheiratet sei: »Eines Tages habe ich meine Frau mit meinem besten Freund, einem amerikanischen Soldaten, in unseren Ehebetten überrascht, als ich früher als vorgesehen von einer Fernfahrt zurückkehrte. Sie können sich nicht vorstellen, was das für mich bedeutet hat! Ich hab die beiden rausgezerrt, hab erst ihm dann ihr eine gewischt, dass sie zwei Zähne gespuckt hat. Am liebsten hätt ich die beiden abgeknallt. Ich hab nur rot gesehen – zum Glück hatte ich kein Schießeisen! Aber dann hab ich ihr die Tür vor der Nase zugeknallt und ihr gesagt, dass ich sie nicht mehr sehen will. Na ja, seitdem hab ich sie auch nicht mehr gesehen. Sie ist bald darauf mit dem Kerl nach Amerika abgehauen. Und nun kann ich nicht einmal die Scheidung beantragen, weil ich keine Ahnung hab, wo sie in Amerika steckt. In der Nacht hab ich mir einen unheimlichen Rausch angetrunken, dann hab ich meine Koffer gepackt und meinen Lastwagen verkauft. Ich wusste einfach nicht mehr weiter. Ja, und nun bin ich ganz allein hier in Deutschland. Mein Bruder ist schon vor Jahren nach Chile ausgewandert und hat meine Mutter und meine Halbschwester nachgeholt. Manchmal stinkt mir das ganze Leben, das können Sie mir glauben. Da möcht ich mich voll laufen lassen, damit ich alles vergesse. Ja, Fräulein Esther, so hat man seine Probleme! Hoffentlich sind Sie mir jetzt nicht böse! Ich bin ja so froh, dass ich mal darüber sprechen konnte, und Sie mir so geduldig zugehört haben! Ich wollte Ihnen das aber unbedingt sagen, bevor ich am Sonntag die freundliche Einladung Ihrer Eltern annehme. Hoffentlich verlassen Sie mich jetzt nicht!?« Natürlich verließ ich ihn nicht. Ich konnte mir vorstellen, wie ihn das mitgenommen hatte. Mutti erzählte ich allerdings nichts davon.

Später ließ Fred sich auch von unserem Schicksal erzählen. Papa weihte ihn in seine Pläne ein, die er mit Nicolai hatte. Davon hielt Fred absolut nichts und er riet Papa dringend davon ab: »In der Branche gibt es schon so viele Fabriken, dass kaum Aussicht besteht, noch ein Geschäft damit zu machen. Schon gar nicht, wenn man sich den Fabrikanten und seine Familie ansieht. Da könnte ja auch einem leidenschaftlichen Teigwarenfreund der Appetit restlos vergehen!«

Bei Papa waren inzwischen auch immer mehr Zweifel aufgekommen. Aber da ich ja nun Auto fahren konnte, wollten wir erst zusammen die Lage erkunden.

Doch dazu kam es dann nicht. Herr Nicolai hatte einen Vertreter eingestellt, der jetzt mit seinem Dreirad-Auto unterwegs war. Nun sollte der Aufträge bringen. Fred hatte uns alle eingeladen, ihn in seiner Freiburger Wohnung zu besuchen, die er von seiner Mutter übernommen hatte, als sie nach Chile ausgewandert war. Bevor wir zu ihm kommen konnten, musste er mit seinem Lastwagen in den Schwarzwald fahren, um eine Fuhre Holz dort abzuholen. Ob ich ihn wohl begleiten dürfe, fragte er Mutti, und ob er bei der Gelegenheit auch einen Weihnachtsbaum für uns mitbringen solle?

Meine Eltern waren einverstanden, und ich freute mich, dass ich aus diesem Nebel endlich wieder hinaus konnte. Auf der Höhe des Schwarzwaldes lag schon Schnee und dort war es bestimmt nicht nebelig, sondern klar und sonnig. Es war herrlich! Wir ließen die Nebelfelder unter uns und genossen den kalten, sonnigen Wintertag. Im Gemeindebüro von Todtmoos erkundigte Fred sich, wo er das Holz abzuholen hatte und stellte beunruhigt fest, dass es ein weiter, steiler Weg durch den Wald war, den er fahren musste. »Nur gut, dass dieser Wagen so einen starken Motor hat«, meinte er, »mit einem anderen könnt ich da gar nicht hochfahren.«

Als er dann in den schmalen Waldweg einbog, der ihm bezeichnet worden war, wäre ich am liebsten ausgestiegen. Das war ja entsetzlich steil! Und da wollte er mit dem Anhänger hochkommen? Aber der Motor lief ruhig und gleichmäßig, als fahre er auf ebener Straße. Dass Fred stolz auf sein Auto war, konnte ich gut verstehen. Wir waren noch nicht weit gekommen, da ging es nicht mehr vorwärts, obwohl der Motor weiterhin gleichmäßig tuckerte! Der Wagen stand still, ja, es kam mir vor, als ginge es sogar rückwärts. Da schimpfte Fred auch schon ärgerlich: »Blöder Mist! Da ist's glatt! Der Karren rutscht weg.« Und mit einem Blick nach links erkannte er, dass wir uns einem Abhang näherten.

»Raus!«, schrie er. »Machen Sie, dass Sie rauskommen!«

Ich zögerte noch, denn von meiner Seite aus konnte ich die Gefahr nicht erkennen, aber seine energische Stimme ließ mich doch gehorchen. Als ich vom Trittbrett sprang, rutschte ich aus und konnte nirgends Halt finden. Auf allen Vieren kroch ich über das Eis, bis ich am Wegrand endlich aufstehen konnte, wo der Boden rauer war. Da erst sah ich mich um und stellte zu Tode erschrocken fest, dass der Wagen kaum eine Handbreit von einem Abhang entfernt war und jeden Augenblick abzustürzen konnte. Ich zitterte vor Schreck mehr als vor Kälte.

Und wo war Fred? War er gar noch im Auto? Da sah ich ihn. Auch er konnte sich nur kriechend vorwärtsbewegen und kroch von dem langsam rutschenden Wagen weg. Doch seltsam – der Wagen schien irgendwo fest zu hängen. Auch Fred hatte dies bemerkt, denn er rief zuversichtlich: »Den kriegen wir wieder flott! Der Hänger hat sich quer gestellt und hält den Karren. Aber er steht noch auf festem Grund. Und ich wollt ihn gar nicht erst mitnehmen, als ich hörte, wohin ich fahren sollte.«

Quer über den Weg verlief eine breite, dicke Eisschicht, entstanden vom Tauwasser, das wieder gefroren war, nachdem die Sonne nicht mehr schien. Aber wie sollten wir hier je wieder wegkommen, fragte ich mich besorgt. Doch Fred hatte schon eine Idee: Er tauchte Putzlappen in den Tank und legte diese unter die Hinterreifen. Ich verstand überhaupt nichts mehr. War der nicht ganz bei Trost? Der glaubte doch nicht, dass die paar Lappen etwas nützen würden? Und nun schickte er sich an, die mit Diesel getränkten Lappen anzuzünden! Gleich würde es eine Explosion geben! Wie konnte dieser Mensch nur so leichtsinnig sein!

Es gab keine Explosion, die Lappen brannten ab, verglühten vollkommen und das Eis war geschmolzen – die Räder standen auf festem Grund. Fred setzte sich ans Steuer, nachdem er zuvor den Anhänger abgekuppelt hatte, ließ den Motor anlaufen und fragte: »Steigen Sie wieder ein? Ich fahr bis zur nächsten Wegkreuzung, wende dort und dann – nichts wie ab nach Hause. Das Holz hol ich jetzt nicht mehr, dazu ist es mittlerweile viel zu spät.«

Ich rührte mich nicht vom Fleck, und er fragte spöttisch: »Haben Sie Angst? Dann bleiben Sie hier stehen, bis ich zurückkomme.« Ich zitterte immer noch – jetzt auch vor Kälte, musste aber nicht lange warten. Erst nachdem er den Anhänger wieder angekuppelt hatte, wagte ich es einzusteigen. Sicher und wohlbehalten erreichten wir die Dorfstraße und Fred fragte amüsiert: »Sie sind ja ganz blau! Vor Angst oder vor Kälte? Wenn Sie mit mir unterwegs sind, brauchen Sie keine Angst zu haben. Ich habe schon schlimmere Situationen erlebt. Aber zugegeben – es hat ganz schön gefährlich ausgesehen. Als ich dicht neben dem rutschenden Wagen den Abgrund sah ….«

Ich war immer noch ganz benommen und Fred schlug vor, im Wirtshaus des Dorfes einzukehren und einen Grog zu trinken. »Ich lade Sie natürlich ein. Muss auch meinen Chef anrufen und Bescheid sagen, dass ich das Holz nicht mitbringen kann.« Hatte er eben »Chef« gesagt? Ich stutzte. Aber das war wohl nur so eine Redensart. Er hatte mir doch erzählt, dass er selbständig sei. Ich dachte nicht weiter darüber nach, dazu war ich viel zu aufgeregt!

In kleinen Schlucken trank ich den starken Grog und fühlte ein leichtes Schwindelgefühl, aber ich fror nicht mehr. Fred hingegen schüttete gleich zwei Gläser nacheinander hinunter. Das schien ihm gar nichts auszumachen. In meiner Achtung war er beträchtlich gestiegen. Wie ruhig er geblieben war! Wie besonnen er mit der heiklen Situation fertig geworden war! Ja, er hatte mir imponiert. Er war kein Intellektueller, aber er wusste sich in kritischen Situationen zu helfen.

Wenn ich meine Wünsche in Bezug auf einen zukünftigen Lebenspartner in eine etwas andere Richtung lenkte, konnte ich vielleicht auch mit Fred zusammenleben … Denn dass ich einen Mann nach meinen Vorstellungen und Träumen finden würde, den ich auch lieben konnte, diese Hoffnung musste ich wohl endgültig aufgeben. Und allein wollte ich auch nicht bleiben. Aber es war müßig, darüber nachzudenken. Fred war verheiratet und wusste nicht einmal, wie und wo er nach seiner Frau suchen konnte, um sich scheiden zu lassen. Als er mich dann vor der Barackentür aus dem Auto hob, küsste er mich und ich ließ es zu.

Am Weihnachtstag holte er mich ab. Meine Eltern wollten nicht mitgehen. Stolz zeigte er mir seine Wohnung. Er schien sich sehr viel darauf einzubilden und meinte wohl, mir imponieren zu können. Glaubte er, wir hätten immer in so einem primitiven Schuppen gewohnt wie bei Nicolais? Unmittelbar neben der Bahnlinie Basel – Karlsruhe nannte er zwei mehr als dürftig eingerichtete Zimmer in einem Stadthaus, direkt unter dem Dach, sein eigen. In dem größeren Raum, der Wohnküche, stand auf einem schmalen, gefliesten Podest ein zweiflammiger Gaskocher und daneben ein Schränkchen für Töpfe. Die Dachschräge reichte bis in die Mitte des Raumes. Nicht einmal ein normal hoher Schrank hatte dort Platz. Die wenigen Möbel, die im Zimmer standen, sahen aus, als kämen sie aus dem Trödelladen. Um den Tisch in der Mitte der Wohnküche standen drei Stühle und ein schäbiger Korbstuhl, dem ein Bein fehlte. Links neben der Eingangstür war der Wasserhahn über einem Abflussbecken, einige Haken für Tücher und daneben ein hässlicher kleiner Schrank mit etwas Geschirr.

In dem kleinen, schmalen Zimmer füllte ein riesiges Ungetüm, das Bett, die Schräge fast ganz aus. In jedem der beiden Räume war ein Dachlukenfenster, so groß, dass man nicht viel mehr als den Kopf durchstecken konnte und so hoch, dass man auf einen Stuhl klettern musste, um überhaupt hinaussehen zu können. Die Toilette war außerhalb der Wohnung, eine halbe Treppe tiefer.

Fred sah mich an, als erwartete er, ich würde vor Bewunderung angesichts dieser prächtigen Wohnung in Begeisterung ausbrechen. Als ich schwieg, fragte er, wie mir seine Wohnung gefalle. Um ihn mit einem abwertenden Urteil nicht zu kränken, kaschierte ich meine Meinung und sagte: »Mit etwas Dekorationsstoff und einigen gehobelten Brettern kann man sie sicher ganz gemütlich einrichten und optisch auch vergrößern.« Er dachte wohl, er hätte nicht recht gehört und starrte mich argwöhnisch an. »Wie meinst du das?«

»Unter der Dachschräge würde ich passende Regale bauen, damit der Raum besser ausgenutzt wird und Platz für Geschirr und Wäsche und sonstige Dinge entsteht. Und mit dem hässlichen Bett könnte man auch einiges machen. Wenn man die Beine und das Kopf- und Fußende verkürzt, und es so um die Hälfte niedriger macht, würde es wohl mit Decken und ein paar Zierkissen leidlich aussehen – ein bisschen wie eine Couch.«

»Du hast fabelhafte Ideen!«, stellte er erstaunt fest. »Ich hätte dich ein paar Jahre früher kennen lernen sollen! – Würdest du mir helfen, das alles zu arrangieren?«

»Klar, das würde mir Spaß machen. Wenn du besorgst, was wir brauchen, kann ich sofort anfangen. So ganz umsonst wird das allerdings nicht zu haben sein.«

»Das geht schon klar. Meinst du, dass deinen Eltern die Wohnung gefallen würde? Ich bin so viel unterwegs, da könnten sie doch hier wohnen und kämen aus dem Saustall bei Nicolais raus.«

Ich erzählte meinen Eltern von Freds Vorschlag, aber das wollten sie nicht, so sehr sie auch wünschten, aus der Baracke ausziehen zu können. Ich hatte es nicht anders erwartet. Papa zog sich immer weiter von Nicolai zurück und saß nun abends mit Fred zusammen. Als er dem erzählte, dass er in der Heimat einen Baustoffhandel gehabt hatte, sprühte Fred vor Begeisterung: »Dann könnten Sie doch wieder damit anfangen! Wissen Sie denn nicht, wie schwer Baueisen zu beschaffen ist? Wenn Sie noch Verbindung zu ihren alten Firmen aufnehmen können und beliefert werden, sind Sie ein gemachter Mann!«

Das war Musik in Papas Ohren. Er zweifelte keinen Augenblick, dass seine alten Firmen ihn wieder beliefern würden. Sofort versuchte er, sich an Namen und Anschriften der Hüttenwerke zu erinnern, mit denen er in der Heimat in Verbindung gestanden war. Nun konnte er endlich auch die Schreibmaschine gebrauchen, die er sich bereits im Steinbruch gekauft hatte. Und nachdem er einige Briefe und Anfragen geschrieben hatte, wartete er gespannt auf Antwort. Manche Firmen reagierten gar nicht, andere vertrösteten ihn auf später oder machten ganz unverbindliche Offerten. Doch das schienen weder Papa noch Fred zu bemerken. Beide glaubten fest an diese fraglichen Zusagen, so dass sie sich sogar ein Büro mieteten und ein Telefon beantragten. Fred gab seine Arbeit auf, um Papa jederzeit zur Verfügung stehen zu können.

Da wurde ich stutzig. Wie konnte er seinen Partner einfach allein lassen? Da stimmte doch etwas nicht! Aber auch als ich direkt nachfragte, geriet er keinen Augenblick in Verlegenheit: »Der Heiner ist schwer in Ordnung. Bei dem brauche ich keine Sorge um mein Geld zu haben. Aber dein Vater – du wirst es ja auch schon bemerkt haben –, der verliert langsam die Übersicht. Den kann ich nicht allein lassen, wenn daraus etwas werden soll. Und da wird etwas draus, das kann ich dir versprechen.« Trotz dieser Behauptung wollte ich aber aufpassen.

Wirklich bedenklich wurde es, nachdem das Telefon angeschlossen worden war. Da fing auch Papa an, sich Sorgen zu machen. Fred telefonierte den ganzen Tag mit Kunden und Lieferanten, als ob es nichts kostete, und erreichte nichts. Wer sollte nur die Rechnung bezahlen?! Als Papa ihn zur Rede stellte, meinte Fred nur: »Wer nichts wagt, der nichts gewinnt.« Das wurde nun seine Devise. Und sein anderes Schlagwort lautete: »Lassen Sie mich nur machen!« Die erste Telefonrechnung belief sich über mehr als tausend Mark und Papa erwartete wohl mit recht, dass Fred sich daran beteiligte. Da gab es den ersten Krach. Ich konnte gerade noch vermitteln. Doch danach wurde es noch schlimmer; Fred telefonierte weiter. Er konnte Papa davon überzeugen, dass er mehr erreichen würde, wenn er direkt ins Ruhrgebiet fuhr und bei den Firmen persönlich vorsprach.

Papa zahlte ihm nicht nur die Reise, sondern gab ihm auch noch eine Bankvollmacht dazu, weil er möglicherweise bei einigen Firmen Ware gegen Barzahlung kaufen konnte. Natürlich würde er Papa das für die Reise vorgeschossene Geld zurückzahlen, denn er habe ja genügend Guthaben bei Heiner, seinem Partner.

So erfolglos wie die Telefongespräche war auch die Reise ins Ruhrgebiet. Der nächste Krach zwischen den beiden Männern war fällig. Fred wusste, dass er mich auf seiner Seite brauchte. Bevor er mit Papa sprach, hatte er eine »gute Nachricht« für mich: »Stell dir vor, ich hab in Essen einen Amerikaner getroffen, der weiß, wo meine Frau Martha sich aufhält. Er will mir die Adresse besorgen. Weißt du, was das bedeutet? Wir können bald heiraten!«

Meine Freude hielt sich in Grenzen. Ich hatte ein scheußliches Gefühl, und das nicht nur wegen des Streites zwischen Papa und Fred. Ich war nicht sicher, ob ich Fred überhaupt heiraten wollte. Am folgenden Tag begleitete ich ihn ins Büro und als er sofort wieder zum Telefonhörer griff, warnte ich ihn: »Du solltest mal eine Weile zurückhaltender sein. Bisher hast du nicht den geringsten Erfolg gehabt. Wenn du so weiter machst, kann Papa das nicht mehr bezahlen.«

»Du scheinst um deinen Vater mehr besorgt zu sein als um mich!«, warf er mir vor. »Lass mich nur erst vom Heiner die Abrechnung bekommen, dann werde ich deinem Vater alles auf Heller und Pfennig zurückgeben. Aber ich sehe schon, an mir liegt dir überhaupt nichts. Du hast mich eben doch nicht lieb!« Wenn er jetzt ginge, würde ich mein Leben lang allein bleiben. Das wollte ich aber nicht. Ich wollte einen Partner und Kinder und überhaupt …

Da hörte ich Freds fordernde Stimme: »Wenn du mich liebst, dann beweise es mir!« Als ich seine ausgestreckte Hand nicht nahm, fuhr er fort: »Ich merke schon, du willst mich nicht! Dann werd ich gehen, ganz aus deinem Leben verschwinden. Schade! Gerade jetzt, wo wir bald heiraten könnten!« Betont umständlich suchte er seine Sachen zusammen und murmelte dabei: »Ich habe dich wirklich sehr lieb, so wie ich noch keine Frau vor dir lieb hatte. Aber ich kann dich nicht zwingen und will es auch nicht. Leb wohl denn! Sag deinem Vater trotz allem einen schönen Gruß und deiner Mutter auch!«

Wenn er jetzt ginge, dann würde Papa von dem vielen Geld, das er bereits ausgegeben hatte, bestimmt nichts wieder sehen und ich hätte meine letzte Chance vertan, einen Ehepartner zu finden. Zögernd und unsicher ging ich auf ihn zu: »Geh jetzt nicht fort! Ich werde dir … beweisen, … dass ich … dich .. liebe!«

Ich hatte mich entschieden! Glücklich war ich dabei nicht. Ich erschrak vor mir selbst, fühlte mich erniedrigt und schmutzig. Nachdenken durfte ich nicht darüber. Aber in diesem Augenblick war mir alles egal – und dann war es zu spät!

Kapitel 11

Eine schicksalhafte Entscheidung

So tief geht Gottes Liebe, dass sie den loslassen kann, der von ihm los sein möchte.

Lange dauerte es nicht, bis ich erkannte, was ich mir eingebrockt hatte. Vieles, was ich an Fred entdeckte, beunruhigte mich mehr und mehr. Das Schlimmste war, dass ich ihn immer häufiger beim Lügen ertappte. Wenn er mir etwas erzählte, musste ich es hinterfragen, ganz gleich, um was es ging. Meist log er, um sich selbst in ein besseres Licht zu stellen, aber auch dann, wenn ich keinen Grund dafür sah.

Den Verdacht, dass Fred niemals Teilhaber von Heiner gewesen war, hatte ich ja schon länger, aber bisher hatte er es immer verstanden, auf meine skeptischen Fragen eine plausible Erklärung zu geben. Jetzt verdichtete sich mein Argwohn. Er kehrte nicht zu seiner Arbeit als Lastwagenfahrer zurück. Nachdem es mit Papa zum endgültigen Bruch gekommen war, suchte er Gelegenheitsarbeit, meist nur für einige Tage und hatte überhaupt kein Einkommen. Die Bankvollmacht hatte er nicht an Papa zurückgegeben. So ließ er sich einen Scheck auszahlen, den ein Kunde für Baueisen geschickt hatte, das Fred ihm versprochen, aber niemals geliefert hatte, weil er es nicht hatte auftreiben können. Mich beruhigte er damit, dass er diese »Kleinigkeit« sofort bereinigen würde, wenn Heiner ihm seinen Restlohn auszahlte.

Papa wurde wegen Scheckbetrug angezeigt. Er war für den unterschlagenen Scheck verantwortlich. Anstatt dass Papa nun den wahren Sachverhalt geschildert hätte, nahm er die Schuld tatsächlich auf sich und zahlte das Geld zurück, ohne Fred auch nur zu erwähnen. Warum tat er das? Fühlte er sich verantwortlich für alle gescheiterten Vorhaben und auch für meine Beziehung zu Fred, weil er damals gegen unseren Willen auf Nicolais Versprechungen eingegangen war und den übereilten Umzug vom Steinbruch durchgesetzt hatte, anstatt abzuwarten, bis die Finanzierung vom Lastenausgleich genehmigt worden war? Ich konnte mir sein Verhalten kaum anders erklären.

Inzwischen hatte ich festgestellt, dass ich schwanger war. Was nun? Meine Eltern hätten mir gern geholfen, aber in dem kleinen Zimmer konnte ich doch nicht noch ein Kind unterbringen. So ging ich auf Freds Vorschlag ein, in seine Wohnung zu ziehen und war nun von ihm abhängig. Mit der Unterstützung von Freds Ziehmutter Maria versuchte ich, die Wohnung wenigstens etwas gemütlicher zu machen. Sie half mir überhaupt, wo sie nur konnte, und versicherte mir immer wieder, wie froh sie sei, dass der Fredi endlich eine ordentliche Frau gefunden habe. Wie sehr würde seine Mutter, »das Klärli«, sich darüber freuen! Schade, dass Klärli nicht mehr nach Deutschland zurückkehren würde! Ihr ältester Sohn Lothar und ihre jüngste Tochter Traudi, Freds Halbschwester, brauchten sie dort in Chile.

Doch entgegen Marias Erwartungen beabsichtigte Freds Mutter umgehend zurückzukehren, nachdem er ihr mitgeteilt hatte, dass er Vater wurde: »Mein lieber kleiner Bub, ich halte es hier nicht mehr aus. Ich habe solche Sehnsucht nach dir und der Heimat und werde sehr bald wieder in Freiburg sein. Dein liebes Mütterlein«, schrieb sie postwendend. Wenige Wochen später erwarteten wir sie auf dem Freiburger Hauptbahnhof. Natürlich war ich gespannt, sie kennen zu lernen.

Eine kleine, unscheinbare Frau mit stechenden, ruhelos umherblickenden Augen stieg aus dem Zug, der von Mailand kam. Ihre Hand, die sie mir reichte, lag kalt und leblos in meiner und ihre Blicke irrten unsicher umher. Mir war, als bekäme ich eine kalte Dusche. Nach allem, was Maria mir vom »Klärli« erzählt hatte, war der erste Eindruck für mich ernüchternd. Aber vielleicht war es nur die lange Reise, die Anstrengung und der Tatbestand, bei ihrer Heimkehr an der Seite ihres Sohnes eine fremde Frau anzutreffen? Ich wollte dem ersten Eindruck nicht gleich zu viel Gewicht beimessen!

Maria hatte uns zum Bahnhof begleitet und auf dem kurzen Weg in Freds Wohnung flüsterte sie mir zu: »'s Klärli wird staunen, wie gemütlich ihr die Wohnung gemacht habt.« 's Klärli staunte auch: »Was habt ihr denn da gemacht? Das ist ja unmöglich! Das sieht ja schrecklich aus! Der Tisch! Das schöne Bett! Ihr habt alles total verdorben! Wie kommt ihr nur dazu?«

Maria blickte sich erschrocken nach mir um und ich wagte nicht weiterzugehen, war ich doch verantwortlich für ihren Unmut. Als Fred ihr erzählte, dass wir auch den Küchenschrank durch einen Einbauschrank ersetzen wollten, bestimmte sie fest in einer Art und Weise, die keinen Widerspruch zuließ: »Das kommt nicht in Frage, solange ich hier noch was zu sagen habe. Gut, dass ich rechtzeitig zurückgekommen bin!«

Hoffentlich ist sie wenigstens mit dem Essen zufrieden, dachte ich bestürzt. Ich hatte mir sehr viel Mühe gegeben. Es war auch alles gut gelungen, aber außer Maria verlor niemand ein Wort darüber. Zwischen dem Mittagessen und dem Nachmittagskaffee spülte ich das Geschirr, während Maria und Fred sich mit der Heimkehrerin unterhielten. Plötzlich horchte ich auf, als Freds Mutter fragte, was denn seine Frau Martha dazu sage, dass Esther von ihm ein Kind bekomme.

Was ich jetzt hörte, ließ mich so erschrecken, dass ich zitterte: Martha war nicht mit einem Amerikaner durchgebrannt, sondern lebte bei ihren Eltern in Augsburg. Fred wusste nicht nur ihre genaue Anschrift, er hatte sie auch schon besucht, seitdem wir uns kannten. Der Boden unter meinen Füßen schien zu wanken. Fred hatte mich also die ganze Zeit angelogen! Ob es überhaupt stimmte, dass sie ihn betrogen hatte? Vielleicht war es auch umgekehrt gewesen?

Was sollte ich davon halten, und was sollte ich tun? Sollte ich meine paar Sachen packen und zu meinen Eltern ziehen? Sicher würde sich Mutti um das Kind kümmern, damit ich mir eine Arbeit und eine kleine Wohnung suchen konnte. Das schien aber in dem zerbombten Breisach und zwischen den Trümmern Freiburgs fast unmöglich zu sein. Wenn ich mir aber vorstellte, dass mein Kind zusammen mit den vor Dreck strotzenden Kindern Nicolais herumlaufen musste, sträubte sich alles in mir. Das durfte ich diesem kleinen Wesen doch nicht antun! Um des Kindes willen musste ich den eingeschlagenen Weg weitergehen und versuchen, das Beste daraus zu machen.

Wenn ich jetzt doch wenigstens beten könnte! Ich fühlte mich grenzenlos verlassen und wünschte nichts sehnlicher, als dass Gott sich wieder um mich kümmern würde, dass ich ihn um Hilfe bitten könnte. Was hatte ich nur getan! Wie sollte das enden? Wohin führte mein eingeschlagener Weg? Was sollte aus dem Kind werden, das ich in vier Monaten erwartete? Fred schien sich darauf zu freuen. Oder war das auch nur Täuschung? Nein, ich wusste nicht weiter, hatte kein Ziel, keinen Plan, weder für morgen noch für die weitere Zukunft.

Freds Mutter wohnte bei uns in der kleinen Wohnung, war aber sehr viel unterwegs. Mindestens zweimal täglich ging sie in ihre Kapelle, wo sie enge und gute Beziehung zu den Patres hatte. Durch Marias Vermittlung hatte Fred eine feste Arbeit gefunden, so dass wir mit seinem Lohn bei großer Sparsamkeit einigermaßen leben konnten. Abgesehen von den Sorgen, die ich mir um meine und des Kindes Zukunft machte, verlief die Schwangerschaft normal.

Im Dezember 1952 setzten bereits vor dem errechneten Termin die Wehen ein. Da wagte ich es nun doch, mich an Gott zu wenden. Nicht für mich selbst, sondern für das Kind bat ich: »O mein Gott, lass das Kind nicht unter meiner Schuld leiden, lass es gesund sein an Leib und Seele!« Weil ich nicht krankenversichert war, entband ich in Freds Wohnung. Die Kosten für die Hebamme waren ja erheblich niedriger als die in der Klinik. Unmittelbar nachdem ich den ersten Schrei gehört hatte, richtete ich mich auf, um mich zu vergewissern, dass alles in Ordnung war, dann ließ ich mich erschöpft in die Kissen zurückfallen.

Am folgenden Morgen füllte die Hebamme die Formulare für die standesamtliche Anmeldung unserer Tochter Elke aus. Freds Mutter saß meinem Bett gegenüber und hörte sehr aufmerksam zu. Ihre Haltung, die Art, wie sie dasaß, verriet äußerste Spannung. Glaubte sie, ich würde falsche Angaben machen? Oder was interessierte sie so sehr?

»Soll das Kind evangelisch oder katholisch getauft werden?«, fragte die Hebamme. Darüber waren Fred und ich uns vollkommen einig gewesen. Das Kind sollte evangelisch getauft und erzogen werden. Er hätte ja darüber auch nicht entscheiden können, solange wir nicht verheiratet waren, und ich wusste zu wenig von der katholischen Lehre, um ein Kind in ihr erziehen zu können. Auch Freds Vater war evangelisch gewesen, aber die Mutter hatte die Kinder in ihrem Glauben erzogen. Ich zögerte keinen Augenblick, als ich der Hebamme sagte, das Kind würde evangelisch werden.

Kaum hatte ich es ausgesprochen, erhob Freds Mutter sich auch schon von ihrem Beobachtungsposten und warf mir einen entrüsteten, ja, feindseligen Blick zu, bevor sie das Zimmer verließ. Hatte Fred ihr versprochen, dass sie unser Kind katholisch taufen und erziehen dürfte? War das der Grund gewesen, weswegen sie unmittelbar nach Freds Nachricht von meiner Schwangerschaft zurückgekommen war? In seinem ersten Brief hatte Fred ihr geschrieben, dass wir zwar evangelisch seien, aber vor dem Essen beten würden. Das hatte er mir vorgelesen.

Hatte sie mich nur deshalb hier geduldet, weil sie eine Möglichkeit sah, mir das Kind abzunehmen und katholisch taufen zu lassen? Dass sie eine fanatische Katholikin war, wusste ich von Fred. Sie hatte sich auch von ihrem Mann getrennt, da er evangelisch war; bald danach war er unter mysteriösen Umständen gestorben.

Das alles wurde mir aber erst nach und nach klar. Sie versuchte, mir die Betreuung des Kindes ganz abzunehmen und ich bekam die Kleine nur noch zum Stillen. Ich hatte ja eigentlich auch nichts dagegen, hoffte ich doch, eine Arbeit und womöglich eine Wohnung zu finden, um hier ausziehen zu können.

Immer öfter nahm seine Mutter das Kind auch mit, wenn sie in ihre Kapelle ging, wo sie in sehr intensivem Kontakt mit den Patres stand. Wollte sie Elke katholisch taufen lassen, bevor sie evangelisch getauft wurde? Ich kannte mich da nicht so aus, wusste nicht, welche Möglichkeiten es gab, hatte aber gehört, dass fanatische katholische Priester sehr erfindungsreich waren, wenn es galt, Seelen für die katholische Kirche zu »retten«. Auch Fred hatte das einmal angedeutet. Das gefiel mir überhaupt nicht. Ich ließ sie daher nicht mehr viel mit der Kleinen allein, weshalb sie mir ihre Verachtung noch deutlicher zeigte und überhaupt nicht mehr mit mir sprach. Wenn sie mir etwas sagen musste, ließ sie es durch Fred ausrichten. Sie holte ihn nach der Arbeit ab und intrigierte gegen mich so lange und erfolgreich, dass ich auch mit Fred fast nur noch Streit hatte. Irgendwann gingen ihre Verleumdungen so weit, dass sie mich als Hure bezeichnete, mit der sie nicht länger zusammenleben wollte. Dabei wurde sie ganz deutlich: Sie wollte das Baby behalten und ich sollte zu meinen Eltern ziehen.

Zu meiner Überraschung trat Fred für mich ein und sagte ganz entschieden, dass *sie* ja dann ausziehen könne, denn Esther sei keine Hure. Das könne man eher von ihr sagen. Ihre vier Kinder seien ja von drei verschiedenen Vätern. Das war zu viel für das liebe Mütterlein. Schluchzend packte sie ihre Sachen und zog zu einer Freundin. Ihren »lieben, kleinen Bub« holte sie abends jedoch weiterhin ab und erfand immer neue Lügen über mich. Warum sie damit trotzdem nicht das erreichte, was sie wohl beabsichtigte, weiß ich nicht. Vielleicht weil ich inzwischen wieder schwanger war? Oder hing Fred doch an seiner kleinen Tochter? Schließlich gab sie auf und reiste nach Chile zurück. Fred und Martha wurden wenig später geschieden und einige Wochen, nachdem unsere zweite Tochter Evi geboren war, konnten wir im Jahr 1954 heiraten.

Obwohl ich ja meinen Weg ohne Gott weitergehen musste, wie ich meinte, wollten wir uns doch kirchlich trauen lassen. Den Trautext sollte der Pfarrer für uns aussuchen. Hatte der bei dem kurzen Gespräch einen so tiefen Blick in mein Herz getan, dass er ahnte, mit wie viel Unsicherheit ich diese Ehe einging? *Ihr Kleingläubigen, warum seid ihr so furchtsam* (Matthäus 8,26), lautete der Text, den er für uns ausgewählt hatte.

Bei seiner Ansprache schien es mir, als wolle er sich dafür entschuldigen. Ich dagegen hatte das Gefühl, als strecke Gott mir seine Hand entgegen! Durfte ich wirklich noch immer zu ihm kommen? Oder war der Text doch nur Zufall? Wen konnte ich danach fragen?

Mutti wollte ich mit meinen Sorgen nicht noch mehr belasten, eine Freundin hatte ich nicht und mit dem Pfarrer wollte ich auch nicht sprechen, dazu war ich wieder einmal zu feige. Also blieb mir nichts übrig, als auch mit diesem Problem allein fertig zu werden.

Nur selten korrespondierte ich noch mit Werner. Er hatte in Karlsruhe Maschinenbau studiert und bald nach dem Abschluss seines Studiums seine englische Freundin geheiratet. Mit ihr würde er demnächst in den Schwarzwald ziehen, wo er eine viel versprechende Arbeit bekommen hatte. Es wäre möglich, dass er uns von dort einmal besuchen würde, hatte er geschrieben. Aber so wie es bei uns aussah, wollte ich niemand sehen, am wenigsten Werner. Ich antwortete lange nicht auf seinen Brief, woraus er wohl zu Recht geschlossen hatte, dass er mir nicht willkommen war.

Monate später bekam ich von ihm die Geburtsanzeige eines Sohnes und die kurze Mitteilung, dass er und seine Frau im schönen Wiesenthal ein Reihenhaus gekauft hatten. Ich gönnte ihm von Herzen, dass er nun endlich einen Menschen gefunden hatte, der zu ihm gehörte, hatte er doch in seinem Leben bisher so viel Traurigkeit erleben müssen. Jetzt durfte er endlich glücklich sein.

Papa versuchte trotz der schlechten Erfahrungen, die er mit Fred gemacht hatte, ihm wieder zu helfen. Er wusste ja, dass er ein sehr guter Autofahrer war und schlug ihm vor, mit ihm zusammen ein Fuhrunternehmen aufzubauen. Mit einem Kredit aus dem Lastenausgleich wollte er einen Lastwagen kaufen und Fred als Fahrer beschäftigen. Fred fand zwar die Idee gut, wollte sie aber lieber allein ausführen. Die Firma, bei der er seit einigen Monaten arbeitete, ein großes Ziegelwerk, gab ihm einen unbefristeten Arbeitsvertrag für den Einsatz eines Lkw. Damit konnte Fred einen Kredit bekommen und einen gebrauchten Lastwagen kaufen. Die Wechsel liefen ein Jahr lang.

Er war sehr fleißig und so eifrig dabei, dass ich davon sehr überrascht war. Alle Wechsel konnten pünktlich bezahlt werden. Als der letzte eingelöst worden war, meinte er stolz und zufrieden mit sich und der Welt, dass ein richtiger Fuhrunternehmer mindestens zwei Lkw im Einsatz haben müsste. Er hatte sogar schon einen Fahrer für den zweiten Lastwagen gefunden und beantragte einen weiteren Kredit, obwohl auch sein Arbeitgeber ihm riet, damit bis zum Frühjahr zu warten, weil er in den Wintermonaten nicht genügend Einsatzmöglichkeiten für zwei Lkw hätte.

So viel Geduld brachte Fred nicht auf. Er kaufte den zweiten Lkw trotz vieler Warnungen. Einige Wochen lang ging alles gut. Es gab noch Arbeit für beide Fahrzeuge und Fred triumphierte. Aber dann ließ Ende Oktober die Bautätigkeit nach und er konnte nur noch einen Wagen im Ziegelwerk einsetzen, für den zweiten gab es nur Gelegenheitsaufträge. Da wurde es knapp, denn alle Raten mussten ja pünktlich aufgebracht werden. Für Rücklagen blieb überhaupt nichts übrig, so dass er selbst eine kleine Reparatur nicht bezahlen konnte.

Gleichzeitig blieben beide Wagen mit Motorschäden liegen und brauchten Austauschmotoren. Fred hatte kein Geld und auch keine Aussicht, einen weiteren Kredit zu bekommen. Der so verheißungsvoll begonnene Fuhrbetrieb war nach gut einem Jahr am Ende. Fred bemühte sich um andere Arbeit, aber wer stellte kurz vor Weihnachten noch Fahrer ein? Arbeitslosengeld bekam er auch nicht, weil er in den vergangenen Jahren nichts eingezahlt hatte. Das für den nächsten Wechsel vorgesehene Geld brauchten wir für Miete und zum Essen. Es war zum Verzweifeln.

Da besuchte Mutti uns. Sie wusste noch nichts von dem Schicksalsschlag, der Fred getroffen hatte, aber als wir ihr davon erzählten, war ihre erste Frage: »Habt ihr denn was zu essen? Wollt ihr zu uns kommen? Dann braucht ihr wenigstens kein Geld für Heizmaterial.« Vor einigen Monaten waren meine Eltern umgezogen. Sie hatten eine als Wohnraum umgebaute Garage beziehen können. Nicolais Baracke war abgerissen worden, die ganze Familie nach Australien ausgewandert.

Viel Platz hatten meine Eltern auch jetzt nicht, aber es war alles blitzsauber und gemütlich trotz der Enge. Für uns war dieses Angebot eine große, willkommene Hilfe. Wir blieben bis nach Weihnachten dort. Im neuen Jahr versuchte Fred weiter Arbeit zu finden – ohne Erfolg. So blieb ihm nur der Weg zum Sozialamt, denn Papas Rente konnte unmöglich eine vierköpfige Familie mit ernähren.

In unserer Wohnung fanden wir Post aus Chile vor. Freds Mutter hatte Sehnsucht nach ihrem »lieben kleinen Bub« und kündigte ihre Ankunft für Ende Januar an. Sie würde zusammen mit Traudi und deren Mann kommen. Fred sollte sie in Mailand abholen. Obwohl Fred dem alten Pkw Hansa, Baujahr 1929, den er für 80 DM gekauft hatte, eine Fahrt bis nach Italien nicht zutraute, fuhr er los – und kam tatsächlich dort an und auch wieder zurück. Im Frühjahr fand Fred auch wieder Arbeit. Sein Lohn war nicht gerade üppig, aber wir kamen einigermaßen zurecht. So ging es weiter, Schritt für Schritt.

Kapitel 12

Zunehmende Schwierigkeiten

Atemberaubend tief und finster können die Täler sein,
durch die Gott uns ans Licht der Erkenntnis seiner Liebe führt.

WILHELM ROHRS

Anfang April eröffnete sich für uns eine ganz neue Möglichkeit. Meine Eltern konnten in Breisach eine Baracke mieten, die für sie zu groß war. Ob wir mit ihnen zusammen dort einziehen wollten, fragten sie uns. In der gut isolierten Baracke war die Gemeindeverwaltung untergebracht, bis das neue Rathaus fertig war. Vermieter war die Stadt Breisach. Wir sahen uns die Baracke an und überlegten nicht lange. Viele Gründe sprachen dafür, mit meinen Eltern zusammen dort zu wohnen. Wir hätten genügend Platz, auch für das dritte Kind, das ich erwartete. In dem schönen, eingezäunten Garten könnten die Mädchen spielen und das Baby im Kinderwagen an der frischen, gesunden Luft unter Bäumen träumen, ohne ständig durchgerüttelt zu werden, wenn der Kinderwagen über holprige Wege und staubige Straßen geschoben wurde. Elke und Evi hätten endlich ein eigenes Zimmer und müssten sich nicht ständig in der verqualmten Wohnung aufhalten. Es war fast zu schön um wahr zu sein!

Traudi und Rollo übernahmen die bisherige Wohnung, in der sie ja schon eingezogen waren, und halfen uns beim Umzug nach Breisach. Fred fand einen Arbeitsplatz im Elsass, den er mit dem Fahrrad erreichen konnte und verdiente dort besser als vorher in Freiburg. Es gab Lichtblicke in meinem Leben.

Auf dieses Kind freute ich mich schon sehr. Wie enttäuscht war ich dann, als es drei Monate nach unserem Umzug tot geboren wurde. Die Nabelschnur hatte sich dreimal um den kleinen Hals gewickelt und war zudem noch verknotet. Hatte ich mich beim Umzug vielleicht etwas übernommen? Oder warum durfte gerade dieses Kind nicht leben? Ein kleiner Wehrmutstropfen in unserem neuen Heim …

Vor dem Umzug nach Breisach hatte Papa das Etikettengeschäft eines Heimatvertriebenen gekauft, dessen Frau verstorben war und der nun in ein Altersheim übersiedeln wollte. Das Geschäft entwickelte sich erstaunlich gut. Papa hatte von einem Versandhaus sogar so viele Aufträge, dass er Heimarbeiterinnen einstellen musste. Zuerst hatte Mutti diese Arbeit allein gemacht, jetzt schafften wir beide es nicht mehr. Die Firma war zufrieden mit der pünktlichen Lieferung und wollte Papa noch weitere Aufträge geben, für die ebenfalls Heimarbeiter benötigt wurden. Aber in unserer Nähe fand Papa niemand mehr, der bereit war, diese Arbeit zu machen, so dass er auch in den Nachbarorten Mitarbeiter und Mitarbeiterinnen suchte. Um diese zu beliefern und die fertige Arbeit abzuholen, kaufte er ein Auto, mit dem ich dann unterwegs war, oft drei- bis viermal in der Woche. Meine inzwischen 70-jährige Mutter kümmerte sich während meiner Abwesenheit um die lebhaften Kinder. Dazu brauchte sie manchmal auch wirklich gute Nerven!

Papa bemerkte, dass ich lieber zu Hause Büro- oder Heimarbeit machen würde, anstatt fast täglich mit dem Auto fortzufahren. Da hatte er eine Idee: »Was hältst du davon, wenn ich Fred frage, ob er die Arbeiten verteilen möchte?«, fragte er mich. »So viel, wie er in Frankreich verdient, kann ich ihm auch zahlen. Er kennt sich in dieser Gegend viel besser aus, ist ein sehr guter Autofahrer und würde dich bestimmt gern ablösen.« Fred war sofort einverstanden. Er kündigte seine Arbeit in Frankreich und ich konnte mich um meine Kinder und die Aufgaben daheim kümmern.

Bald wurde der Lagerplatz zu klein, darum mietete Papa auch das Untergeschoss der Baracke, in der wir wohnten. Jeden zweiten Tag kam ein großer Lastwagen, der Waren brachte und fertige mitnahm. Die Pakete waren schwer und unhandlich, die Zeit knapp, einen Kran zum Ent- und Beladen hatten wir nicht. Für Papa und für mich war es Schwerstarbeit – und ich war wieder schwanger!

Hoffentlich schadete es dem Kind nicht! Vielleicht sollte ich doch lieber wieder die Auslieferung machen und nicht ständig schwere Pakete tragen, so überlegte ich. Zudem fiel mir auf, dass Fred jedes Mal unterwegs war, wenn der Lkw die Waren brachte und wenig später kam und dann scheinbar besorgt fragte: »Hast du auch nicht zu schwer dabei gehoben? Du solltest dich doch nicht so anstrengen!«

Machte er sich wirklich Sorgen um mich? Warum richtete er es dann nicht so ein, dass er rechtzeitig zurück war? Die Termine waren ihm doch bekannt. Dass es nicht *immer* möglich war, konnte ich verstehen, aber nie? War es Absicht? Oder was bezweckte er damit? Sollte ich dieses Kind nicht bekommen? Oder …?

Als Traudi und Rollo uns am Wochenende besuchten, erzählte ich seiner Schwester davon. Sie stellte Fred sofort zur Rede. Trotz der guten Erklärung, die er bereit hatte, und seinen Beteuerungen, alles regeln zu wollen, änderte sich nichts. Ich bemühte mich inzwischen auch um Abhilfe – ohne Erfolg. »Ich werde in Zukunft die Heimarbeiterinnen betreuen und du kannst hier die schweren Pakete ab- und aufladen«, schlug ich Fred vor. Er führte viele Gründe an, warum das nicht machbar sei; und mein Verdacht, dass er einen bestimmten Zweck verfolgte, erhärtete sich mehr und mehr.

Bevor ich noch andere Vorschläge machen konnte, bekam ich Post von Frau Seiler, einer Heimarbeiterin, die ich noch persönlich von meinen Besuchen kannte. Sie schrieb: »Ich würde mich mitschuldig fühlen, wenn ich weiterhin schweigen würde über das, was Ihr Mann hier treibt. Er hat ein Verhältnis mit einem sechzehnjährigen Mädchen, dem er erzählt hat, er sei schuldlos geschieden. Ich habe schon mit dem Mädchen und deren Mutter gesprochen und sie gewarnt, aber sie wollen mir nicht glauben. Deshalb halte ich es für angebracht, wenn Sie selbst mit den beiden sprechen. Sie können sich auf mich berufen. Ich kann für die Wahrheit einstehen. Außerdem ist es hier im ganzen Ort bekannt. Die beiden – Ihr Mann und das Mädchen – geben sich schon als Verlobte aus …«

Ich zitterte so sehr, dass der Brief aus meinen Händen fiel, die ich auf mein klopfendes Herz presste. Nun wusste ich also, woran ich war. Was nun? Ich fürchtete mich, Fred zur Rede zu stellen; denn wenn seine Lügen aufgedeckt wurden, konnte er gefährlich grob werden. Sollte ich ihm von diesem Brief erzählen, wenn Traudi das nächste Mal kam? In Gegenwart seiner Schwester würde er sich beherrschen. Aber Traudi würde abends wieder nach Freiburg zurückfahren, und dann wäre ich doch allein mit ihm und sein Zorn noch größer, weil ich es Traudi gesagt hatte.

Oder sollte ich zu diesem Mädchen und deren Mutter fahren, um mit den beiden zu reden? Aber wie? Mit Papas Auto war Fred unterwegs, Bahn- oder Busverbindungen gab es dorthin wenige und nur von Freiburg aus. Nach langem Überlegen entschloss ich mich, sofort mit ihm darüber zu sprechen. Den Krach könnte ich nicht vermeiden, ganz gleich, wie ich es auch anstellte. Ich legte den Brief von Frau Seiler offen auf den Tisch im Wohnzimmer, so dass Fred ihn sehen musste, wenn er ins Zimmer ging und wartete ängstlich in der Küche auf seine Reaktion.

Es dauerte nicht lange, da fiel auch bereits laut polternd ein Stuhl um. Gleich würde er vor mir stehen, mit böse funkelnden Augen. Gut, dass die Kinder noch draußen spielten und hoffentlich nichts von dem Krach mitbekamen! Ich wollte möglichst wenig sagen. Der Brief sprach ja für sich selbst. Aber anscheinend war er gar nicht zornig auf mich, sondern schimpfte über die gemeine Verleumdung dieser »alten Beißzange«, die nur neidisch sei, weil er der armen Witwe und ihrer Tochter die leichtere Arbeit gebracht hatte. »Und du glaubst den Mist hier?«, fragte er mich und blickte mich herausfordernd an.

»Warum sollte Frau Seiler so etwas schreiben? Sie rechnet doch bestimmt damit, dass ich es nachprüfe.«

»Du kannst ja gleich losfahren und dich erkundigen«, meinte er großzügig, obwohl er genau wusste, dass es dazu bereits viel zu spät war.

»Ich werde morgen fahren. Das ist sogar sehr günstig; dann bringt der Lastwagen wieder Material und du bist zum Abladen hier. Ich gehe erst zu Frau Seiler und von dort zu Grässlins.«

War Fred bisher erstaunlich ruhig gewesen, so geriet er jetzt in Bedrängnis, sah allerdings noch eine Möglichkeit, meinen Plan zu verhindern. »Du kannst doch hier nicht einfach weg. Willst du etwa die Kinder den ganzen Tag bei der Oma lassen?« So ruhig wie möglich fragte ich: »Könntest du dich nicht mal ein paar Stunden um sie kümmern? Meine Mutter gibt ihnen zu essen und die Arbeit hier kannst du mindestens ebenso gut machen wie ich. Oder ich nehme die Kinder mit, das wäre auch eine Möglichkeit.« Er fand noch viele Einwände, warum ich unter gar keinen Umständen fahren konnte, und immer sicherer wusste ich, dass dieser Brief keine Verleumdung war.

Eigentlich hätte ich still sein sollen. Was wollte ich denn noch erreichen? Glaubte ich etwa, dass er es zugeben würde? Aber irgendwie reizte es mich, doch ein Eingeständnis von ihm zu bekommen, und ich bohrte weiter, bis er keinen Ausweg mehr sah. Mit erhobener Faust kam er auf mich zu. Ich überlegte blitzschnell, wie ich dem Hieb, der gleich auf mich niedersausen würde, entkommen konnte. Hinter mir war die offene Tür zum Wohnzimmer. Mit einem Satz war ich darin, schlug die Tür zu und verriegelte sie. Er rüttelte heftig an ihr.

Meine Eltern waren von dem Lärm aufgeschreckt worden und ich hörte, dass sie durch den langen Gang von ihrer Wohnung in die gemeinsame Küche kamen. Sie wussten bisher noch nichts von dem, was passiert war, und ich befürchtete, dass Freds Zorn sich gegen sie richten würde. Er war ja der Meinung, Papa würde mich gegen ihn aufhetzen. Um das zu verhindern, öffnete ich die Tür wieder. Fred stand unmittelbar vor mir, wütend, mit irrem Gesicht und einem Beil in der erhobenen Rechten. Wahrscheinlich hatte er mit dem Beil die Türe einschlagen wollen, doch als ich sie nun unvermutet öffnete, war es direkt auf mich gerichtet.

Ich muss wohl entsetzlich geschrien haben; denn wenige Minuten später wurde unten die Haustüre aufgerissen und Frau Brucher, unsere Nachbarin, eilte die Treppe zu uns empor. Als Fred sie kommen sah, warf er das Beil in die Küche und tat so, als hätte er einen Scherz machen wollen. Leichthin meinte er: »Meine Frau hat wieder mal einen hysterischen Anfall. Seit sie schwanger ist, passiert das leider allzu oft, aber so schlimm wie heute war es noch nie.«

Frau Brucher hatte ihn längst durchschaut und ließ sich nicht irritieren, auch nicht, als er zärtlich den Arm um mich legte und mir zuredete, ich solle mich hinlegen, bis es mir wieder besser ging. Bald nachdem sie gegangen war, kam die Polizei, um zu sehen, was bei uns los war. Frau Brucher hatte sie angerufen.

Auch dem Polizeibeamten erzählte Fred, dass ich einen hysterischen Anfall gehabt habe, was jetzt immer häufiger vorkomme. Ich hätte wohl Gewissensbisse, weil ich ihn mit meinem Jugendfreund betrogen habe, von dem ich jetzt auch das Kind erwartete. »Ich habe mich schon entschlossen, meine Frau freizugeben, damit sie ihren Freund heiraten kann. Man kann ja gegen solche alte Liebe nichts ausrichten, obwohl ich meine Frau immer noch sehr liebe«, erzählte er dem Beamten.

In ohnmächtiger Wut biss ich die Zähne zusammen. Wie der Schuft lügen konnte! Und immer wurde ihm geglaubt! Auch der Polizist warf mir einen erstaunten Blick zu, als wolle er sagen: »Das hätte ich der gar nicht zugetraut.«

Ich blieb stumm und brachte kein Wort zu meiner Rechtfertigung heraus, wodurch der Beamte wohl in der Annahme bestärkt wurde, soeben die Wahrheit erfahren zu haben. Still ging ich in das angrenzende Kinderzimmer, in meinem Herzen regten sich Rachegedanken. Diese Verleumdung wollte ich Fred heimzahlen, das nahm ich mir fest vor. Wie – das wusste ich allerdings noch nicht.

Nachdem der Polizist das Haus verlassen hatte, hörte ich Freds Schritte hinter mir und erwartete, einen Hieb von ihm zu bekommen, aber er schlug mich nicht. Seine Arme legten sich um meine Brust und seine Stimme klang so, wie man zu einem ungezogenen Kind spricht, tadelnd aber doch liebevoll: »Armes Bärli! Warum bist du bloß immer so dickköpfig?« Gern hätte ich ihn wütend weggestoßen, aber ich hatte Angst, dass er dann wieder toben würde, und so ließ ich schweigend seine Zärtlichkeiten über mich ergehen.

In der nächsten Zeit wollte ich dieses Thema nicht wieder berühren. Aber meinen Eltern musste ich doch davon erzählen, nachdem sie Zeuge der Auseinandersetzung geworden waren. Als ich Frau

Seilers Brief erwähnte, brüllte Papa los: »Und mir legt der Lump lange Spesenrechnungen vor! Derweil hurt er mit anderen Weibern! Na, der soll mir nur kommen und wieder eine Spesenrechnung präsentieren!«

Ich flehte Papa an, vorerst noch nichts zu sagen, abzuwarten, bis ich es ganz sicher geklärt hatte. Ich wollte am kommenden Sonntag mit Traudi darüber sprechen, die oft bei Fred mehr erreichte, als irgendjemand anders. Aber Papa glaubte nicht, dass er sich und mir schaden würde, wenn er jetzt sofort handelte. Ich erzählte Traudi zwar davon, aber Fred fehlte es nicht an Ausreden und scheinbar guten Erklärungen, mit denen er sie beschwichtigte, und es ging weiter wie bisher.

Kurze Zeit später bekam ich dann eine Gelegenheit, so dass er nicht verhindern konnte, mich entweder allein fahren zu lassen oder zusammen mit ihm. An dem Arbeitsvorgang hatte sich etwas geändert. Fred hatte diese Arbeit niemals selbst gemacht und konnte es nicht richtig erklären. Meine Stunde war gekommen!

Zuerst besuchten wir die Frauen, die von der ganzen Sache wohl kaum etwas wussten. Dann waren nur noch Frau Seiler und Grässlins übrig. Ich spürte die Spannung, als Fred überlegte, wie er mich loswerden könnte. Da kam auch schon sein Vorschlag, kurz bevor wir Frau Seiler erreichten: »Ich hab jetzt so oft dabei zugeschaut, das kann ich nun auch im Schlaf erklären. Du bist sicher müde und hungrig, da könntest du hier in dem gemütlichen Gasthof bleiben, bis ich zurückkomme.«

Gern hätte ich laut und spöttisch gelacht! Nein, so leicht ließ ich mich nicht abschütteln. Ruhig – so ruhig, wie es mir in der Situation eben möglich war – blieb ich im Auto sitzen und stieg trotz seiner Proteste erst bei Frau Seiler aus.

Er hatte Glück. Frau Seiler hatte Besuch, die Arbeit vom letzten Mal war noch nicht fertig und so hielten wir uns kaum mehr als eine Minute dort auf. Aber bevor wir weiterfuhren, fragte sie mit einem kurzen Blick in meine Richtung, ob wir schon bei Grässlins gewesen waren. Fred sah nun keine Möglichkeit mehr, mich loszuwerden, und ich bekam Angst, umso mehr, da er mich noch warnte: »Du solltest hier lieber aussteigen und auf mich warten; denn der Weg ist sehr kurvenreich und steil. Da wird dir bestimmt schlecht.« Dass er daran dachte, mir könnte schlecht werden! Ich musste ein zynisches Lachen unterdrücken, denn damit hätte ich ihn nur wütend gemacht. So schmeichelte ich ihm: »Du bist ein so guter Fahrer, da wird mir nicht schlecht, auch bei vielen Kurven nicht.«

»Na schön! Wenn du unbedingt willst! Aber ich habe dich gewarnt!«

Der Weg war wirklich kurvenreich und schmal; und je näher wir dem Ziel kamen, desto wilder und verwegener fuhr Fred, als wolle er alles auf eine Karte setzen. Es schien mir, als sei ihm ein Unfall lieber, als dass ich die Wahrheit erfuhr. Aber wir kamen heil an. Mit kreischenden Bremsen hielt er, so dass der Wagen auf dem Kies noch ein ganzes Stück weiter rutschte und sprang mit einem Satz aus dem Auto.

In dem Augenblick öffnete sich die Haustüre. Ein sehr dickes Mädchen trat heraus und eilte auf Fred zu. Zwei feiste Arme schlangen sich um seinen Hals und eine Stimme rief freudig, wie von einer großen Beunruhigung befreit: »Endlich, Fredi! Ich hab ja so sehr gewartet!«

Wie betäubt saß ich im Auto. Nun wusste ich es also! Aber machte das noch einen Unterschied? Selbst wenn nach dem Brief von Frau Seiler noch ein Rest Unsicherheit vorhanden gewesen wäre, war dieser doch durch Freds Verhalten ausgeräumt worden. Mit zitternden Knien stieg ich aus und ging auf die beiden zu, als eine sehr korpulente Frau aus dem Haus kam und Fred begrüßte. Der hatte sich inzwischen gefasst und stellte mich den beiden Frauen als »Frau Neserke« vor. Was mochte er ihnen für eine Erklärung gegeben haben? Aus allem, was ich in der Folge noch erlebte, konnte ich schließen, dass er ihnen erzählt hatte, ich sei seine geschiedene Frau.

Er redete Gerda mit »Sie« an. Das irritierte sie und erstaunt fragend sah sie ihn an, während wir ins Haus gingen. Ich zeigte ihnen die andere Arbeit. Dann hatte Fred es sehr eilig weiterzufahren. Gerda winkte uns nach, bis wir nach der Wegbiegung ihren Blicken entschwunden waren. Schweigend saß ich neben Fred, solange wir noch auf dem engen, steilen Weg fuhren. Auf der Straße legte er den Arm um meine Schulter und fragte, als ob nichts gewesen wäre: »Bist du nun zufrieden, mein Bärli? Hast du dich überzeugen können, dass Frau Seiler gelogen hat?«

Ich schob seinen Arm weg und rückte von ihm ab. Antworten wollte ich lieber nicht. Doch das hatte schon genügt. Sofort legte er los: »Das passt dir wohl nicht, dass ich dich anfasse? Willst wohl nichts mehr von mir wissen? Bist du dir schon mit deinem Jugendfreund einig, wann ich ganz abgeschoben werden soll? Oder was habt ihr sonst vor? He? Krieg ich keine Antwort mehr? Sauber hast du das alles ausgedacht! Und die alte Seiler hat fein mitgespielt! So eine Polakengesellschaft! – Und ich alter Trottel, dass ich dich nicht längst durchschaut hab! Aber jetzt ist das Spiel aus, meine Liebe! Jetzt drehe ich deinem Alten den Kragen zu. Ihr werdet euch noch wundern! Das Geschäft habt ihr die längste Zeit gemacht, jetzt bin ich an der Reihe! Hörst du? Jetzt werd ich den Laden schmeißen, dann brauche ich nicht über jede Übernachtung und jedes Mittagessen eine Quittung vorzulegen. Ha, der wird noch Augen machen, der alte Dummkopf!«

In diesem Ton ging es fort und fort. Das Gaspedal hatte er wohl ganz durchgetreten. Quietschend jagte der Wagen auf den unübersichtlichen, kurvenreichen Straßen entlang, auf denen uns zum Glück kein anderes Auto entgegenkam. Es wäre zwecklos gewesen, ihm zu antworten. Er wusste so gut wie ich, dass alles erlogen war, was er mir vorwarf. Ich fragte mich nur, nachdem ich Gerda gesehen hatte, was ihn an ihr so reizen mochte, dass er sogar seine Ehe aufs Spiel setzte. Hatten die Frauen Geld? Aber dann würden sie doch nicht solche spärlich bezahlte Heimarbeit machen!

Wie sollte es jetzt weitergehen? Sollte ich die Scheidung einreichen? Wenn er in dem Stil weiterfuhr, brauchte ich wohl nicht mehr darüber nachzudenken, was zu tun war. Ich musste die Suppe auslöffeln, die ich mir eingebrockt hatte. Für meine Kinder wäre ich ja gern noch ein paar Jahre am Leben geblieben, bis sie mich nicht mehr brauchten. Aber vielleicht waren sie ohne mich sogar besser dran.

Wir kamen jedoch heil und ohne Unfall zu Hause an und ich taumelte wie betrunken aus dem Auto und die Treppe hoch, wo ich mich im Schlafzimmer schluchzend aufs Bett warf. Fred legte die abgeholte Heimarbeit in den Lagerraum und fuhr, ohne ein Wort zu sagen, wieder ab.

Meinen Eltern erzählte ich erst am anderen Tag von dem, was geschehen war und riet Papa, mit den Maßnahmen, die er gegen Fred einleiten wollte, noch zu warten. Er täte gut daran, vorher selbst mit seinen Kunden in Verbindung zu treten. Die hatten bisher nur mit Fred verhandelt. Papa hatte zwar die schriftlichen Kontakte hergestellt, aber niemand kannte ihn persönlich. Und wie ich vermutete, hatte Fred sich längst als der Chef des kleinen Unternehmens ausgegeben, der den alten Herrn nur eben noch gewähren ließ, bis er von selbst abtreten würde mit seinen 71 Jahren. Papa wollte es nicht glauben, dass Fred ihm schaden könnte. Wie wenig er ihn doch wirklich kannte!

Als Fred abends nach Hause kam, ging der Krach los. Ich hörte nicht darauf, was sie sagten – dazu war ich viel zu aufgeregt – aber es dauerte auch nicht lange, bis die Bürotüre und anschließend die Haustüre zugeknallt wurde und Fred Sekunden später mit Papas Auto davonbrauste. Hoffentlich kommt er nicht betrunken zurück, dachte ich angsterfüllt! Lange nach Mitternacht, als ich nicht mehr annahm, dass er noch kommen würde, schlief ich mit wirren Träumen ein.

Er kam auch am nächsten Tag nicht, und als er am dritten Tag auftauchte, war er in bester Laune, ließ sich seinen guten Anzug geben und prahlte: »Ich hab ne feine Arbeit gefunden – dein Alter kann mir den Buckel runterrutschen. Kannst ihm sagen, dass er die restlichen Aufträge noch ausliefern soll, neue bekommt er nicht mehr. Er kriegt darüber noch schriftlich Bescheid. Anfang nächster Woche kriegst du den Unterhalt für dich und die Kinder. Bis dann!«

Nachdem er gegangen war und ich mich etwas gefasst hatte, wünschte ich mir nur, dass er mich in Ruhe ließ, bis unser Kind geboren war. Hoffentlich hatte das alles dem Kleinen nicht bereits geschadet!

Papa erfuhr wenige Tage später von seinem besten Kunden, dass man von weiteren Aufträgen absehen wolle. Eine Begründung gab es nicht. Was nun? Mutti und ich resignierten, aber Papa gab noch nicht auf. Er bemühte sich um andere Kunden und bekam auch kleine Aufträge, so dass Mutti und ich etwas Heimarbeit machen konnten. Fred kam einmal in der Woche, war bester Laune und legte stolz und zufrieden mit sich selbst 50 Mark für unseren Unterhalt auf den Tisch.

Am zweiten Weihnachtstag holte er die Kinder ab und lud auch mich ein, mitzufahren. Ich hatte zwar keine Lust, wollte aber auch die Kinder nicht allein mit ihm fahren lassen. Er war immer noch mit Papas Auto unterwegs, bezahlte nur das Benzin. Steuer und Versicherung gingen auf Papas Rechnung.

»Jetzt wirst du mal sehen, was dein Mann alles kann!«, prahlte er. Er führte uns in eine Villa, die gerade umgebaut wurde. Stolz berichtete er, dass Grässlins ihn beauftragt hätten, in der Villa eine Fremdenpension einzurichten. In dem bisher von ihnen bewirtschafteten Bauernhof sei ihnen die Arbeit zu schwer gefallen, nachdem der Vater gestorben war. Die abfälligen Bemerkungen, die er beiläufig über seine Auftraggeber machte, sollten wohl meinen Argwohn über sein wahres Verhältnis zu ihnen zerstreuen.

»Die beiden dummen Weiber haben ja von so was keine Ahnung, ich musste ihnen erst mal zeigen, was man mit ihrem Geld alles machen kann.« Ob er merkte, wie sehr mich das abstieß? Oder wollte er mir mit der Einladung zum Abendessen imponieren? Fröhlich und guter Dinge verabschiedete er sich, als er uns zu Hause absetzte und fuhr sofort weiter.

Eine so ruhige Zeit hatte ich noch nie erlebt, seit ich Fred kannte, und so viel Unterhalt hatte er uns auch nie gegeben. Hoffentlich würde es länger so bleiben, dachte ich bei mir. Doch dieser Wunsch ging nicht in Erfüllung. Vier Monate vor dem errechneten Geburtstermin hatte ich neue, ganz andere Sorgen. Bevor ich abends zu Bett ging, bemerkte ich, dass ich starke Blutungen hatte. Ich erschrak und wusste nicht, was das bedeutete. Sollte ich Mutti fragen? Die schlief schon! Vielleicht war es ja ganz harmlos! Ich konnte jedoch nicht einschlafen. Deshalb weckte ich Mutti, um sie um Rat zu fragen. Mutti schickte Papa zu unserem Hausarzt, der wenige Minuten später kam.

Der Arzt überwies mich unverzüglich in die Klinik nach Freiburg. Dort wurde mir strengste Bettruhe verordnet. Bis zum errechneten Geburtstermin Ende Mai sollte ich in der Klinik bleiben. Das brachte neue Sorgen. Wie konnte ich diesen Aufenthalt hier bezahlen? Papa hatte Fred doch längst bei der Krankenkasse abgemeldet und ob Grässlins ihn weiter versichert hatten, bezweifelte ich sehr. Und wie sollte Mutti so lange mit den Kindern fertig werden? Gut, dass es nicht drei waren; denn das totgeborene wäre ja noch nicht einmal zwei Jahre alt!

Einmal in der Woche besuchte Papa mich und berichtete, wie es zu Hause ging. Auch Traudi und Rollo kamen öfter abends in die Klinik. Sie wollten nach Chile zurückreisen, hatten aber das Geld für die Überfahrt noch nicht zusammen und nahmen jeden Job an, um sich etwas zu verdienen. Am Ende der zweiten Woche kam Fred und fragte, ob es mir Spaß mache, hier so untätig herumzuliegen. »Du kannst doch wenigstens schriftliche Arbeiten für mich erledigen. Auf deinem Nachttisch ist auch genug Platz für eine Schreibmaschine«, schlug er vor.

Ich wäre ja herzlich gern dazu bereit gewesen; denn es war furchtbar langweilig. Wenn Papa mir Zeitungen brachte, las ich daraus jeden Artikel, ja sogar die großen und kleinen Anzeigen, aber an einem Tag hatte ich sie alle durchgelesen. Ich schlug Fred darum vor, die Stationsschwester zu fragen, ob ich eine solche Arbeit machen dürfe.

Schwester Maria meinte, das sei eine Zumutung, die schon an Unverschämtheit grenze, und lehnte Freds Frage rundheraus ab. Ich langweilte mich weiter, bis ich endlich den Arzt fragte, ob ich nicht doch früher nach Hause dürfte. Ich musste unterschreiben, dass ich bei einer vorzeitigen Entlassung selber die Verantwortung für eventuelle Folgen übernehmen würde. Außerdem gab er mir detaillierte Verhaltensvorschriften: Auch zu Hause sollte ich möglichst nicht aufstehen, keine Kinder auf den Arm nehmen, jede Anstrengung vermeiden. Auch müsste sich jemand bereithalten, der mich beim Auftreten neuer

Blutungen sofort in die Klinik fahren könne. Ich unterschrieb alles und durfte nach Hause.

Nun hatte ich keine Langeweile mehr. Die Kinder konnte ich zwar nicht betreuen, aber sie kamen mit ihren großen und kleinen Sorgen zu mir. Es gab Bücher und Zeitungen und Handarbeiten. Aber trotz aller Vorsicht traten nach drei Wochen erneut Blutungen auf und ich musste wieder in die Klinik, wo ich zwei Wochen lang beobachtet wurde. Dann durfte ich nach Unterschrift und umfangreicher Belehrung über die Risiken wieder nach Hause.

Nun war der errechnete Termin ja schon viel näher. Der Hausarzt meinte optimistisch, dass eigentlich nicht mehr viel passieren konnte. Sollte es noch Blutungen geben, wäre das Kind jetzt schon lebensfähig und könnte geholt werden.

Am 2. Mai 1958 lag bei herrlichem Sonnenschein einige Stunden draußen auf dem Liegestuhl. Gerade war ich wieder ins Bett gegangen, als Fred kam. Er entdeckte einen Blutfleck auf meinem Bettlaken. Ich wusste ja, was das bedeutete. Der eilig herbeigerufene Arzt schickte mich sofort in die Klinik. Er schärfte Fred ein, schnell aber doch vorsichtig zu fahren. Ich zog nur den Morgenrock über und griff meine Kosmetiktasche. Als ich die Treppe hinunter ging, wurde mir schwarz vor Augen. Wie gut, dass Fred gerade da war und mich jetzt fahren konnte! Auf ein Taxi hätten wir zu lange warten müssen.

Der Hausarzt hatte mich bereits in der Klinik angemeldet, so dass dort schon alles vorbereitet war. Von zwei Schwestern gestützt wurde ich in den OP gebracht. Beim Ausziehen des Morgenrockes wurde ich bewusstlos und kam erst nach Mitternacht wieder zu mir. Die Ärztin, die bei mir wachte, teilte mir mit, dass ich einen gesunden Jungen zur Welt gebracht habe.

Ich versuchte, meine Gedanken und Erinnerungen an die letzten Minuten vor der Ohnmacht etwas zu ordnen. Der rechte Arm war steif und schmerzte. Der Narkosearzt hatte für die dringend benötigte Bluttransfusion lange keine Vene finden können und mir den Arm zerstochen, erklärte mir die Ärztin. Ob mein Mann benachrichtigt worden war, wusste sie nicht. »Er hat aber sicher gewartet – es ist ja alles so schnell gegangen. Um 19.30 Uhr sind sie eingeliefert worden und um 20.05 Uhr war das Kind schon da.«

Schwester Maria hatte auf der Wöchnerinnenstation bereits von meiner Einlieferung erfahren und mir ein Zimmer frei gehalten. Sie meinte verständnisvoll, dass ich nach allen Aufregungen erst einmal Ruhe brauchte. Da augenblicklich nicht so viele Geburten waren, konnte sie dieses Zimmer mindesten drei Tage für mich allein reservieren. »Ihr Vater hat heute schon ganz früh angerufen und sich nach Ihnen erkundigt. Er war sehr besorgt. Morgen wird er Sie besuchen«, erzählte sie mir.

Am dritten Tag, als ich noch allein im Zimmer war, besuchte mich Fred. Noch bevor er die Türe zugemacht hatte, fiel er mit bösen Anschuldigen über mich her, ohne mir auch nur eine Chance zu geben, ihm zu antworten: »Warum bin ich nicht benachrichtigt worden? Hätte ich es nicht als Erster erfahren müssen, dass ich Vater eines Jungen geworden bin? Deine Eltern hast du angerufen, und wenn ich nicht dort gewesen wäre, dann wüsste ich immer noch nichts. Diese bodenlose Gemeinheit! Aber ich weiß ja, warum ich nichts erfahren habe: Ich bin nicht der Vater des Bengels. Dein Freund wird es wohl wissen, oder? Und wie heißt er jetzt? Roland? Heißt dein Freund so oder habt ihr beide zusammen den Namen ausgesucht? Kein Mensch hat mich gefragt! Ich hab euch jetzt aber alle durchschaut. Hätt ich mich nur nie mit euch eingelassen …«

In dem Ton ging es weiter und niemand war da, der einmal hereinschaute; während der Besuchszeit kamen die Schwestern nur, wenn sie gerufen wurden. Es blieb mir nichts übrig, als ihn gewähren zu lassen, bis er selbst genug hatte und endlich ging. Schluchzend, mit glühenden, tränenüberströmten Wangen blieb ich zurück. Als ich Schritte auf dem Flur vernahm, zog ich mir die Decke über das Gesicht und stellte mich schlafend. Doch Schwester Maria ließ sich nicht täuschen.

Sie blieb vor meinem Bett stehen und sagte einfach: »Sie schlafen doch gar nicht! Eben war Ihr Mann noch hier. Den hab ich weggehen sehen. Was hat's denn gegeben? Nicht einmal einen Strauß als Dank für den gesunden Stammhalter?«

Da kam ich unter der Decke hervor. Nach einem Blick auf mein verweintes Gesicht nahm sie meine Hand und maß den Puls. »Sie machen ja schöne Geschichten! Worüber haben Sie sich denn so aufgeregt?« Sie wartete geduldig, bis ich ihr von Freds Besuch erzählte und hörte mir zu, als gäbe es auf der ganzen Station nichts anderes für sie zu tun. Dann nickte sie: »So was habe ich mir schon fast gedacht! Ich weiß noch, wie er fragte, ob er Ihnen die Schreibmaschine bringen dürfe, als Sie das erste Mal hier waren. Der Mann will sie loswerden! Solange Sie in Lebensgefahr waren, konnte er geduldig warten. Nun ist die Gefahr vorbei, da versucht er nachzuhelfen. Er wird sicher noch weitere Versuche machen. Sie müssen jetzt ganz stark und tapfer sein, auch wenn's Ihnen schwerfällt. Zeigen Sie ihm nicht, wie sehr Sie sich über seine Vorwürfe aufregen. Wenn er wiederkommt – und das wird er wohl schon bald – dann bleiben Sie gelassen, ganz gleich, was er Ihnen erzählt. Lächeln Sie bei seinen Anschuldigungen, das wird ihn irritieren und er wird die Hoffnung aufgeben, Sie so heimtückisch aus dem Weg räumen zu können. Denken Sie an Ihre Kinder! Was soll wohl aus denen werden bei einem solchen Vater!« Wie gut es tat, einmal auspacken zu können! Dass jemand bei mir war und zuhörte!

An Schwester Marias Rat erinnerte ich mich bei Freds nächstem Besuch, der schon am nächsten Tag wiederkam. Mein Herz pochte zwar wild, als er in Begleitung von Frau Grässlin und Gerda ins Zimmer trat, und ich musste mich sehr zusammennehmen, um ihn nicht spüren zu lassen, wie sehr ich mich aufregte, aber es gelang mir. Mein klopfendes Herz bemerkte er ja nicht.

Nachdem sich alle drei gesetzt hatten, entstand eine kurze, verlegene Pause. Ich atmete tief durch und sagte dann äußerlich ruhig, Fred und Gerda aufmerksam beobachtend: »Ja, nun werde ich bald nach Hause kommen. Da sollte ich wissen, ob ihr beide heiraten wollt. Ich würde dann sofort zum Rechtsanwalt gehen, um die Scheidung einzuleiten. Wenn beide Partner einverstanden sind, geht es ziemlich schnell, wie du, Fred, ja von deiner Scheidung von Martha weißt. Dann könnt ihr bestimmt schon im Herbst heiraten.«

Das hatte wie eine Bombe gewirkt. Frau Grässlin starrte erst mich, dann Fred an, Gerda sah hilflos und unsicher fragend zwischen uns beiden hin und her und Fred wusste weder ein noch aus. Zu unvorbereitet war die Frage für ihn gekommen. Er hatte keine Antwort parat. Grässlins hatte er doch erzählt, dass er geschieden sei und dass er für seine beiden Mädchen, die er ihnen schon vorgestellt hatte, eine liebevolle Mutter suche. Ich, seine Frau, hätte ihn verlassen und bekäme nun von meinem Jugendfreund ein Kind (das alles erfuhr ich aber erst viel später). Wie großzügig und anständig von ihm, dass er mich trotzdem in der Klinik besuchte!

In solcher Verlegenheit hatte ich ihn wirklich noch nie erlebt. Endlich hatte er sich gefasst und meinte unsicher, während er seine Begleiterinnen anblickte und sich dann an mich wandte: »Darüber wollen wir jetzt lieber nicht sprechen, es könnte dich zu sehr aufregen. Lassen wir es, bis du wieder zu Hause bist.«

Jetzt saß ich am längeren Hebel und konnte sogar überlegen schmunzeln: »Ich bin jetzt nicht mehr in Lebensgefahr. Wir können diese Frage klären, bevor ich entlassen werde, damit ich weiß, ob ich nur von meinen Kindern oder auch von meinem Mann zu Hause erwartet werde. Aber ich glaube, dein Verhalten ist Antwort genug. Ich werde also zum Rechtsanwalt gehen und die Scheidungsklage einreichen, sobald ich zu Hause bin.«

Darauf bekam ich keine Antwort. Fred sprang nach einem nervösen Blick auf die Uhr wie in Panik auf und sagte zu Gerda: »Du, wir müssen doch um drei bei dem – Dings – du weißt schon, wen ich meine – sein! Der wartet doch auf uns. Komm schnell, es ist höchste Zeit!« Gerda blickte noch verständnisloser als zuvor, erhob sich aber achselzuckend und folgte ihm zur Tür. Frau Grässlin zögerte eine Weile. Ich hatte den Eindruck, dass sie mich etwas fragen wollte, aber Gerda drängte sie hinaus.

Obwohl ich äußerlich ruhig geblieben war, zitterte ich vor Aufregung. Da kam auch schon Schwester Maria, die anscheinend gewartet hatte, bis meine Gäste gegangen waren. Ich lächelte ihr entgegen, noch etwas angespannt von der überstandenen Aufregung, und klärte sie über meine Besucher auf.

»Das ist ja stark!«, sagte sie aufgebracht. »So was ist mir in meiner langen Dienstzeit noch nicht vorgekommen, dass ein Mann seine Geliebte ans Wochenbett seiner Frau mitbringt. Das müsste man ja der Bildzeitung berichten! Aber wie haben Sie es überstanden? Lassen Sie mich mal den Puls fühlen! – Den Umständen nach ganz leidlich«, meinte sie zufrieden und ich erzählte ihr, wie ich Fred in Verlegenheit gebracht hatte.

»Gut haben Sie das gemacht! Sie werden sehen, der kommt nicht so bald wieder!« Sie behielt wieder Recht. Er ließ sich nicht mehr sehen. Erst zwei Tage vor meiner Entlassung fragte er telefonisch an, wann er mich abholen solle. Ich würde ein Taxi nehmen, sagte ich, doch damit war er nicht einverstanden. Das käme gar nicht in Frage. Er würde es sich nicht nehmen lassen, seine Frau und seinen Stammhalter selbst nach Hause zu fahren.

Ich hatte weder ein Kissen für das Kind noch ein Kleid für mich. Zum Anziehen hatte ich nur den Morgenrock, mit dem ich in die Klinik gekommen war. Darum nannte ich ihm den Entlassungstermin und bat ihn, bis spätestens um 10 Uhr da zu sein und unbedingt ein Kissen für das Baby mitzubringen. Wie sehr freute ich mich auf die Heimkehr und auf meine beiden Mädchen, die ich ja während der drei Wochen Klinikaufenthalt nicht gesehen hatte! Aber niemand holte mich ab. Am späten Nachmittag rief ich bei Grässlins an. Wenn ich das Kissen nicht so dringend benötigt hätte, wäre ich längst mit dem Taxi gefahren, auch im Morgenrock. Nachdem ich angerufen hatte, kam Fred, allerdings ohne das Kissen. Ich schickte ihn zu seiner Ziehmutter Maria, die nicht weit von der Klinik entfernt wohnte, um von ihr eines zu leihen. Schwester Maria hatte ihren freien Tag, sie hätte mir sonst sicher helfen können und mir ein Kissen besorgt.

Die Säuglingsschwester hatte den Kleinen gut eingepackt und brachte ihn zum Auto. Fred öffnete für uns die Tür zum Fond, denn vorn neben dem Fahrersitz saß breit und behäbig Gerda Grässlin. Oh, hätte ich mich doch nur nicht auf ihn eingelassen! Eine Träne nach der anderen stahl sich aus meinen Augen und tropfte auf das Kissen, in dem ich mein Kind fest an mich presste, als gelte es, dieses Würmlein gegen die ganze Welt zu verteidigen.

Gerda sah sich kurz um und bemerkte meine Tränen. Sie machte Fred darauf aufmerksam. Er blickte zurück und legte dann los: »Das ist es ja, was ich dir die ganze Zeit gesagt habe: Die ist doch hysterisch! Du wolltest mir ja nicht glauben. Nun kannst du dich selbst überzeugen!« Augenblicklich versiegten meine Tränen und eiskalte Rachegedanken stiegen in meinem Herzen auf. Das wollte ich ihm heimzahlen, nahm ich mir vor, sobald ich mich einigermaßen erholt hatte.

Elke und Evi hatten wohl den ganzen Tag wartend am Fenster gestanden. Jubelnd sprangen sie mir nun entgegen und schlangen ihre Ärmchen um mich, als wollten sie mich nie wieder loslassen. Oben an der Treppe wartete Mutti mit Tränen in den Augen und nahm mir den Kleinen ab. Fred, der mein Köfferchen mit Toilettensachen trug, wollte seinen Arm um meine Schulter legen. Ich stieß ihn zornig weg und hätte nichts dagegen gehabt, wenn er rückwärts die Treppe hinuntergefallen wäre. »Ich erkläre dir später alles«, sagte er und beeilte sich wegzukommen.

In der folgenden Nacht überlegte ich, ob ich die Scheidungsklage einreichen sollte. Würde ich ihn nicht mehr treffen, wenn ich mich nicht scheiden ließ? Mir war es letztlich egal, ob er verheiratet oder unverheiratet mit Gerda zusammenlebte. Aber irgendwann würden Grässlins ihn durchschauen, weil er Gerda ja nicht heiraten konnte. Dann käme er wieder zu mir, ich müsste ihn aufnehmen und alles ginge von vorn los. Die Scheidung war wohl doch die bessere Lösung.

Kapitel 13

Nachdenken

Verborgen und doch in allem gegenwärtig verfolgt Gott seine Ziele.

THEO BRÜGGEMANN

Als ich mich kräftiger fühlte, suchte ich einen Rechtsanwalt auf und ließ mich beraten. Mutti hatte sich während meiner Abwesenheit um die Kinder gekümmert und den beiden Mädchen aus der großen Bilderbibel vorgelesen. Als ich mich mit Roland auf dem Schoß an den Tisch setzte, um meinen Eltern zu berichten, lag sie noch aufgeschlagen auf dem Tisch. Ich wollte die Bibel zur Seite schieben, dabei fielen meine Augen auf einen Abschnitt im Matthäusevangelium und ich las: *Was nun Gott zusammengefügt hat, das soll der Mensch nicht scheiden* (Matthäus 19,6).

Ich stutzte. Mitten in meinem Bericht brach ich ab und las den Text noch einmal. Meine Blicke wanderten auf der aufgeschlagenen Seite zurück und fielen im 18. Kapitel auf den Text: *Herr, wie oft muss ich denn meinem Bruder, der an mir gesündigt hat, vergeben? Ist's genug siebenmal? Jesus spricht zu ihm: Ich sage dir: nicht siebenmal sondern siebzigmal siebenmal* (V. 21-22).

War das etwa für mich bestimmt? War es Gottes Veto zum Scheidungsantrag, den ich eben eingereicht hatte? Oder warum lag gerade diese Seite aufgeschlagen vor meinen Augen? Ich glaubte nicht, dass Mutti es absichtlich hingelegt hatte. Redete Gott noch mit mir? Kümmerte er sich um mich? Wollte er mich vor weiteren Fehlern und noch mehr Schuld bewahren? War ich Gott nicht gleichgültig? – Oder war es gar nicht Gott, der zu mir sprach?

Durch unseren Trautext hatte er ja bereits gesprochen – wenigstens hatte ich es damals so verstanden, dass er mich nicht verlassen hatte, dass ich mich nicht fürchten sollte. Und nun war ich wieder dabei, einen eigenen Weg aus meiner Not heraus zu suchen, anstatt mich an Gott zu wenden und ihm zuzutrauen, dass er mir helfen will und kann. Sollte ich den Scheidungsantrag zurücknehmen? Aber war Fred an meiner Vergebung überhaupt interessiert? Wenn er Gerda heiraten wollte, musste ich ihm doch durch die Scheidung den Weg frei machen!

Noch war mein Herz so voller Groll und Bitterkeit, dass ich meinte, ihm nicht verzeihen zu können, selbst dann nicht, wenn er mich darum bäte. Der Rechtsanwalt hatte gemeint, dass bis zur Verhandlung noch einige Monate vergehen könnten. Ich hatte also Zeit genug, mir alles noch einmal gründlich zu überlegen. Und dazu bekam ich auch bald eine neue Gelegenheit und einen kräftigen Impuls. Steckte Gott auch dahinter? Oder war es nur ein Zufall? Ich war hin und her gerissen.

Papa war mit dem evangelischen Pfarrer befreundet, der ihn gefragt hatte, ob er nicht jemand wüsste, der bei Trauungen auf dem Harmonium in der Kirche einige Lieder begleiten könnte. Papa hatte sofort an mich gedacht, aber nicht daran, dass inzwischen mehr als 13 Jahre vergangen waren, seit ich das letzte Mal Klavier gespielt hatte. Ich war nicht übermäßig begabt und hatte nie vom Blatt spielen können – das würde mir jetzt noch weniger gelingen. So dämpfte ich Papas Erwartungen. Aber der gab nicht so schnell auf.

»Nur manchmal am Samstag zwei Lieder, wenn der Organist verhindert ist. Und der Pfarrer würde dir rechtzeitig Bescheid sagen, damit du vorher üben kannst. Das geht doch!« So einfach stellte ich es mir nicht vor, aber ich versprach Papa: »Ich werde darüber nachdenken. Aber vorher sollte ich doch wenigstens probieren, ob ich überhaupt noch Noten lesen kann.«

Kein Problem! Papa holte sich die Schlüssel und wir gingen in die Kirche. Es war schauderhaft. Die Noten – ich musste die dazugehörigen Tasten erst suchen! Nein, das ging wohl nicht mehr, leider! Ich klappte den Deckel wieder zu und erklärte Papa: »Das geht nicht! Schade! Ich kann dem Pfarrer nicht helfen.«

Der Pfarrer stand hinter mir – ich hatte ihn nicht bemerkt – und er ermunterte mich: »Sie brauchen nur ganz leise die Melodie mit einer Hand zu spielen, nur eben so viel, dass die Gemeinde den Ton hört. Das schaffen Sie doch! Außerdem sind es meist bekannte Lieder und ich werde sie Ihnen vorher mitteilen, so dass Sie üben können.«

Er hatte bereits das aufgeschlagene Liederbuch vor mich hingestellt und ich versuchte mit der rechten Hand die Melodie zu spielen. Na ja, nur für die rechte Hand konnte ich die Noten noch lesen, allerdings die Melodie war mir so gut bekannt, dass ich sie auch ohne Noten hätte spielen können. Ich würde es versuchen, versprach ich dann doch.

Schon bald saß ich zitternd vor Aufregung vor dem Harmonium und lauschte auf die Worte des Pfarrers, die er einem jungen Paar mit auf den Weg gab: »Einer trage des anderen Last! Wisst ihr, was das heißt? Das bedeutet, auch die Fehler des Partners anzunehmen und zu entschuldigen. In der Zeit des ersten Glückes bemerkt man die ja gar nicht. Man muss versuchen, ihn zu verstehen, sich fragen, warum er dieses oder jenes tut, ob ich ihm vielleicht helfen kann. Ist man womöglich selber schuld? Die Liebe sucht nicht in erster Linie die eigenen Wünsche erfüllt zu bekommen, sondern fragt immer auch, wie sie die Wünsche des anderen erfüllen kann. Dann kehrt über dem Glück des anderen die Freude in das eigene Herz zurück; denn geteilte Freude ist doppelte Freude …«

Fast hatte ich den Eindruck, diese Ansprache gelte mir. Hatte ich je versucht, Fred zu verstehen? Hatte ich mich gefragt, ob die Schuld für sein Benehmen auch bei mir liegen könnte? Hatte ich ihn nicht von Anfang an angelogen, als er mich gefragt hatte, ob ich ihn liebte? Hatte ich ihn spüren lassen, dass sein Bildungsstand zu wünschen übrig ließ? Wollte er mir durch seine Lügengeschichten nur imponieren? Oder wollte er meine Aufmerksamkeit bekommen? Hatte er gefühlt, dass ich ihm geistig überlegen war?

Als ich beim Ringwechsel die Melodie des Liedes »So nimm denn meine Hände« spielte, sang ich leise den zweiten und dritten Vers mit, und die Worte wurden für mich zum Gebet: »In dein Erbarmen hülle mein schwaches Herz und mach es gänzlich stille in Freud und Schmerz. Wenn ich auch gleich nichts fühle von deiner Macht, du führst mich doch zum Ziele, auch durch die Nacht.«

Dicke Tränen verschleierten meine Augen, so dass ich die Noten überhaupt nicht mehr sehen konnte; aber für diese Melodie brauchte ich auch keine. Ich betete weiter, während ich noch vor dem Harmonium saß und wünschte, dass Gott doch meine Hände wieder nehmen und mich führen möge. Dann schlich ich tief betroffen und immer noch mit Tränen in den Augen nach Hause.

Gott hatte jetzt schon das dritte Mal zu mir gesprochen! Wollte er mir wirklich helfen? Wollte er die Scherben meines total verpfuschten Lebens wieder kitten und zusammensetzen? Ging das überhaupt noch? War da noch etwas zu retten? Dann musste ich wohl zur Vergebung bereit sein. Wenn Fred wieder zu uns zurückkehren wollte, musste ich ihm vergeben!

Zu Mutti sagte ich: »Ich werde Fred vergeben, wenn er es wünscht. Ich will noch einmal versuchen, mit ihm auszukommen, wenn er zu mir und den Kindern zurückkommen will. Wenn er allerdings die Scheidung möchte, ist mir das lieber.« Zu meiner größten Verwunderung machte Mutti mir Mut zu diesem Vorhaben. Kein Wort verlor sie über all das, was Fred ihnen angetan hatte: dass er jetzt schon lange Zeit nichts mehr zum Unterhalt seiner Familie beisteuerte, dass meine Eltern allein für uns sorgten, für die Miete und alle notwendigen Kosten, denn durch die Heimarbeit konnte ich kaum etwas dazu beitragen. So wartete ich nun darauf, dass Fred entweder zurückkommen würde oder dass er mich bedrängte, die Scheidung voranzutreiben.

Wochen später waren wir dabei, eine kleine Familienfeier anlässlich Rolands Taufe vorzubereiten. Da stand Fred auf einmal vor mir. Mit der größten Selbstverständlichkeit, als wäre er nur eben kurz fort gewesen, kam er in die Küche, wo ich Torten garnierte. Er brachte keine noch so dürftige Erklärung für seine lange, wochenlange Abwesenheit vor und schien auch kein Wort darüber verlieren zu wollen. Ich fragte ihn auch nicht, wusste ich doch, dass er mir keineswegs die Wahrheit sagen würde. Eigentlich rechnete ich auch damit, dass er nicht lange bleiben würde.

Irmas Tochter, Gitti, und Arnold, Irmas Schwiegersohn, unsere Gäste aus Stuttgart, würden bald hier eintreffen. Da wollte ich jetzt lieber keine Probleme mit Fred klären, die womöglich in einem Streit enden könnten. Ich hatte Arnold gebeten, Rolands Pate zu sein. Roland war sehr krank gewesen. Elke und Evi hatten Keuchhusten gehabt und den Säugling damit infiziert. Während die Mädchen ziemlich gut damit fertig wurden, hatte der Kleine sehr darunter gelitten, nicht nur unter dem schlimmen, quälenden Husten, er konnte auch nicht trinken, hatte kaum Kraft zum Saugen. Als Rolands Husten nachließ, hatte ich keine Milch mehr für ihn. Die Babynahrung vertrug er überhaupt nicht. Zerdrückte Bananen waren alles, was ich ihm geben konnte. Er sah so elend aus, dass sich mir bei seinem Anblick das Herz umdrehte. Eine Kinderärztin hatte dann den Vorschlag gemacht, eine aus Sauermilch gewonnene Babykost zu probieren, die noch nicht lange bekannt war. Damit wurde es dann tatsächlich besser. Langsam erholte er sich. Nun sollte er am nächsten Tag getauft werden.

Da stand sein Vater vor uns, setzte sich an den Tisch, als wäre er nur eben von der Arbeit zurückgekommen und wartete nun auf sein Abendessen. Für wen ich denn so viel Kuchen gebacken habe, war alles, was ihn interessierte. Angesichts dieses Verhaltens machte ich nicht einmal eine Andeutung von dem, was mich seit Wochen bewegte.

Als die Verwandten am Abend eintrafen, wurde er etwas unsicher. Doch sie unterhielten sich unbefangen mit ihm, weil sie von unseren Angelegenheiten nichts wussten. Wie es seiner Art entsprach, wurde Fred immer gesprächiger. Als ob alles so vereinbart gewesen wäre, ging er am Sonntagvormittag mit uns zum Taufgottesdienst, war beim Mittagessen zugegen und unterhielt sich lange mit Arnold. Von unseren Gästen schien niemand etwas von unseren Schwierigkeiten bemerkt zu haben. Anscheinend hatte auch Papa nichts erzählt, der doch sonst viel zu viel redete. Nach dem Kaffee verschwand Fred für einige Zeit; er wolle sich Zigaretten holen, entschuldigte er sich.

Nachdem die Gäste abends wieder abgereist waren, konnte ich lange nicht einschlafen. Ich ließ die Ereignisse des Tages noch einmal in Gedanken an mir vorüberziehen. Plötzlich hatte ich einen Gedanken, eine Eingebung, als wenn jemand zu mir sprechen würde: »Am Nachmittag, als Fred kurz weg war, hat er an Gerda geschrieben. Wenn du wissen willst, warum er jetzt wieder hier aufgetaucht ist, dann suche diesen Brief.« Er hatte ihn bestimmt noch nicht abgeschickt, weil er keine Briefmarken hatte. Ich wusste auch, wo ich den Brief finden würde, nämlich unter dem Sitzkissen im Auto.

Fred schlief schon lange und tief, da stand ich auf und ging leise die Treppe hinunter. Die Autotür war nicht abgeschlossen, und wie ich vermutet hatte, lag unter dem Kissen ein unverschlossener Brief an Fräulein Gerda Grässlin. Aber er war nicht an die Anschrift ihrer Mutter adressiert, sondern an ein Postfach in einem mir unbekannten Ort. Mit zitternden Händen zog ich den Brief aus dem Umschlag und las:

Mein liebes Bärlein!

Ich vergehe vor Sehnsucht nach Dir! Du fehlst mir so! Hier ist heute ein fürchterlicher Rummel. Das Kind von Esther wird getauft, aber ich habe mich ganz zurückgezogen. Der Vater des Kindes ist auch hier. Es war schrecklich für mich, ihm begegnen zu müssen. Du kannst es sicher verstehen. Ich werde erst spät abends gehen, wenn ich sicher bin, dass der Kerl wieder fort ist, der mir meine Frau genommen hat. Wie gut, dass ich nun dich gefunden habe! O wärest du doch bei mir! Ich kann es nicht mehr aushalten ohne dich! Schreibe mir doch bitte bald postlagernd unter dem bekannten Kennwort, wann wir uns treffen können. Wirst Du immer noch von dem alten Gauner bewacht? Ach mein Liebstes auf der Welt, ohne dich ist mein Leben nicht mehr lebenswert …

Der Brief ging noch weiter, aber ich hatte genug gelesen und glaubte nicht, dass ich noch weitere Erklärungen finden würde. So reimte ich mir einiges zusammen. Vermutlich hatte Frau Grässlin den Schwindel aufgedeckt, Fred vor die Tür gesetzt und ihre Tochter zu jemand anders in Obhut gegeben. Möglicherweise hatte meine Frage bei ihrem Besuch in der Klinik bezüglich der Scheidung ihr Misstrauen geweckt? Hatte sie nachgeforscht und dabei die Wahrheit erfahren?

Aber Gerda schien Fred noch immer zu glauben, sonst würde er ja nicht an sie schreiben. Sollte ich unter diesen Umständen überhaupt etwas von Aussöhnung sagen? Irgendwann würde auch das Mädchen dahinterkommen, dass er ihr etwas vorspielte. Sie tat mir leid, wurde sie doch genauso von ihm betrogen wie ich und sie war noch so jung! Ich nahm mir vor, an sie zu schreiben und ihr den wahren Sachverhalt mitzuteilen. Dazu brauchte ich jetzt ja nur die Adresse von dem Umschlag zu notieren, und ihr eines der Tauffotos zu schicken, auf dem Fred mit der ganzen Familie vor der Kirche zu sehen war – der »arme, betrogene Ehemann«, der neben seinem Sohn, dem Täufling, stand, und nicht, wie er in dem Brief behauptet hatte, dem Kerl aus dem Weg gegangen war, der ihm seine Frau weggenommen hatte. Zu Fred sagte ich nichts von meiner Entdeckung und meinem Plan. Er fuhr am Montagvormittag wieder weg und kam erst spät abends zurück. Sicher war er bei Gerda gewesen; denn er war sehr vergnügt und gut aufgelegt.

Einige Tage später brauchte er meine Hilfe. Frau Grässlin hatte ihm gedroht, ihn wegen Heiratsschwindel und Verführung ihrer minderjährigen Tochter anzuzeigen. Nun sollte ich an sie schreiben, dass wir in Wirklichkeit längst geschieden seien und mich verschiedene Umstände, die ich nicht nennen müsste, veranlasst hätten zu behaupten, die Scheidung sei noch nicht eingereicht. Aber in kurzer Zeit würde alles geklärt sein und Fred könne Gerda heiraten. Mich bat er mit netten Worten um Verständnis und auch darum, die Scheidung nun wirklich einzureichen. Das sei ja nur pro forma, denn in Wirklichkeit liebte er natürlich nur mich. Von den beiden »Dicken« wollte er abkassieren, weil sie mit ihrem Geld ja sowieso nichts anzufangen wüssten. Das würde dann unseren Kindern und mir zugutekommen.

Angewidert, voll Abscheu, wandte ich mich um und zischte deutlich genug, dass er es verstehen konnte: »Du Schuft! Und du glaubst, dass ich dabei mitmache?« Ich wunderte mich selbst über meine Kühnheit; denn ich wusste, dass er sofort einen anderen Ton anschlagen würde. Da legte er auch schon los: »Siehst du, ich hab's ja immer gewusst, dass du mich nicht liebst! Nicht einmal einen kleinen Gefallen kannst du mir tun! Dann werd ich eben für euch ins Kittchen gehen! Trag die Schande mit Würde, deinen Mann hinter Gittern zu wissen.«

Ich dachte nicht daran, wie böse es ausgehen konnte, wenn ich jetzt noch etwas äußerte, sah ihn kopfschüttelnd an und sagte außer mir vor Zorn: »Das werde ich bestimmt lieber ertragen, als dauernd von dir verleumdet zu werden. In der Stadt zeigt man bereits mit Fingern auf mich, die herzlose Mutter, die ihre Kinder verlassen und ihren so liebevollen Mann mit einem anderen betrogen hat. Nein, mein Lieber, diese Suppe musst du schon allein auslöffeln. Ich werde nicht selbst bestätigen, was du an Lügen über mich verbreitet hast.«

»Das ist wohl dein Dank dafür, dass ich dich jeden Tag in der Klinik besucht habe?«, brauste er auf. »Pfui Teufel!«

»Jeden Tag hast du mich besucht?« Ich konnte nur spöttisch lachen. Er wusste ja selbst am besten, wie es gewesen war.

Anscheinend war ihm etwas eingefallen, denn er stand auf und ging weg. Vermutlich brauchte er Zigaretten oder eine Eingebung, um weiter mit mir reden zu können, denn dass ich es wagte, ihm zu widersprechen, war ungewöhnlich. Nun fürchtete ich mich davor, dass er angetrunken zurückkehren und dann über mich herfallen würde, und überlegte, wie ich ihn besänftigen und ihm helfen konnte, ohne seine Lügen zu bestätigen.

Mir fiel in der Tat etwas ein, das ich Frau Grässlin schreiben konnte, um sie davon abzuhalten, Fred anzuzeigen. Ich wollte sie daran erinnern, dass sie selbst mitschuldig geworden war; denn Frau Seiler hatte sie darauf hingewiesen, dass Fred verheiratet war. Es hätte also zu ihrer Aufsichtspflicht gehört, diesem Hinweis nachzugehen. Frau Seilers Brief hatte ich aufgehoben, mit dem ich beweisen konnte, dass

Frau Grässlin informiert worden war. Sicher wäre Fred damit einverstanden.

Weit gefehlt! Er bestand darauf, dass ich es so schreiben müsste, wie er es vorgeschlagen hatte. Doch dann wollte ich es lieber auf einen gewaltigen Krach ankommen lassen. »Du lässt mich also im Stich«, brüllte er. »Das ist der Dank, dass ich mich tage- und nächtelang für euch abplacke. Wenn ich mal Hilfe brauche, höre ich ein glattes Nein!«

Der Groll, der sich lange in mir aufgestaut hatte, machte sich Luft und ich vergaß alle Furcht vor ihm. Es war mir egal, wie er reagieren würde, ich packte aus: »Du willst mir Undankbarkeit vorwerfen? Für was soll ich denn dankbar sein? Du kommst ja nicht einmal für unseren Unterhalt auf. Im Gegenteil, du setzt dich selbst noch mit an den Tisch, der von meinen Eltern seit Monaten gedeckt wird, schon seit ich aus der Klinik zu Hause bin. Davor hast du meinen Eltern das Geschäft kaputt gemacht und mein Vater hatte große Mühe, die kläglichen Reste einigermaßen weiterzuführen. Meine Eltern bezahlen die Miete für diese Wohnung, in der du dich breitmachst. Mein Vater hat den von dir unterschlagenen Scheck eingelöst, damit du nicht ins Gefängnis musstest, und du machst ihn schlecht und lächerlich. Nein, irgendwann ist Schluss und bei mir ist es jetzt soweit. Wir brauchen dich nicht mehr und wenn du ins Gefängnis gehen musst, dann hast du das redlich verdient. Es wäre wohl besser gewesen, wenn Papa damals nicht den Scheck eingelöst hätte, den du unterschlagen hast, dann wäre uns viel erspart geblieben.«

Wie still er war! Das war ja unheimlich! Und als ich ihn verwundert ansah, fragte er betreten: »Wenn das deine Meinung ist, dann kann ich ja gehen!«

»Ja, das ist meine Meinung. Ich habe nichts dagegen, wenn du gehst.« Er begann sehr umständlich seine Sachen zu packen, hoffte wohl, ich würde doch noch einlenken und ihn zurückrufen, dann verließ er das Haus. Ich wusste nicht, ob ich mich freuen oder fürchten sollte. Wenn er wirklich so verzweifelt war, wie es schien, würde er womöglich etwas unternehemen, um sich an mir zu rächen. Vielleicht würde er den Kindern etwas antun, weil er ja wusste, dass er mich damit am meisten treffen konnte. Hätte ich doch nachgeben sollen? Ich hatte ihm doch eigentlich entgegenkommen, ihm Vergebung anbieten wollen! Aber das, was er von mir erwartete, konnte ich einfach nicht tun.

Wie aber würde es weitergehen mit uns? Die Scheidungsklage nahm ich nicht zurück. Doch ich fragte mich, ob es wirklich Gott gewesen war, der zu mir gesprochen hatte: in der Kirche bei unserer Trauung, durch die aufgeschlagene Bibel, die mir sagte, dass ich vergeben sollte, und dann noch durch die Worte des Pfarrers zu dem Brautpaar. Sollte ich Freds Ansinnen nachgeben? Nein, ích konnte mir nicht vorstellen, dass Gott wollte, dass ich log. Diese Forderung konnte ich nicht erfüllen, egal, was nun werden würde.

Kapitel 14

Bis zum Rande des Abgrunds

Wenn alles zu Ende zu sein scheint,
beginnen erst die Möglichkeiten Gottes.

HELMUT THIELICKE

Meine Eltern waren nun beide über 70 Jahre alt und hatten vom Lastenausgleichsamt Bescheid bekommen, dass sie die Hauptentschädigung bekommen würden – keinen Kredit, sondern Bargeld, für das sie keinen Verwendungsnachweis erbringen mussten.

Wie Papa strahlte! Endlich war es soweit! Nun konnte er Pläne machen, beziehungsweise die bereits gefassten verwirklichen. Mit Informationen und Anleitungen für die Herstellung von Webetiketten hatte er sich längst eingedeckt und auch ein geeignetes, leer stehendes Fabrikgebäude gefunden, dessen Räume hoch genug waren, um die speziellen Maschinen, die zur Herstellung der Webetiketten benötigt wurden, aufzustellen. Das Haus lag ideal, direkt an der Bahnlinie Freiburg – Breisach. Früher war es eine Zigarrenfabrik gewesen.

Zum Kauf des Hauses und der Maschinen reichte die Entschädigung nicht ganz, darum wollte Papa einen zusätzlichen Kredit aufnehmen. Er fuhr nach Freiburg, um sich beraten zu lassen. Er war wieder richtig guter Dinge. Nachdem er den jetzigen Besitzer noch um einiges heruntergehandelt hatte, freute er sich wie ein Kind über diesen Erfolg, hatte er damit doch schon die Gebühren für den Architekten gewonnen!

Doch noch bevor er einen Architekten beauftragte, hatte er eine andere Idee: Er überlegte, ob es nicht zweckmäßiger sei, das geräumige Haus zum Studentenwohnheim umzubauen. Bei seinen Fahrten nach

Freiburg hatte er beobachtet, dass die Studenten von Freiburg 30 bis 40 Kilometer weit fahren mussten, weil es in Freiburg nicht genügend Wohnungen gab. Und dieses Haus war nur acht Kilometer von der Stadt entfernt, direkt an der Bahnlinie. Nach vorsichtiger Schätzung könnte man im Obergeschoss acht bis zehn Zimmer ausbauen, im Parterre gäbe es zwei Wohnungen, eine für meine Eltern und eine für mich und die Kinder.

Gespannt, wie Mutti und ich auf seinen Vorschlag reagieren würden, erläuterte Papa uns seine Pläne und wir waren begeistert. »Da hätte ich eine Arbeit, die ich neben der Betreuung der Kinder machen kann«, überlegte ich sofort und freute mich schon auf diese gewiss interessante Aufgabe.

Papa und ich fuhren nach Freiburg, um unsere Idee der Universitätsleitung vorzulegen. Auch dort war man enthusiastisch und versprach uns nicht nur jede erdenkliche Unterstützung und Beratung, sondern auch zusätzliche Geldmittel für die Einrichtungen der Studentenzimmer. Der Architekt ging sogleich an die Arbeit und konnte uns schon bald einige Entwürfe vorlegen, die wir miteinander besprachen. Endlich gab es einen Lichtblick in meinem verkorksten Leben! Ich konnte wieder durchatmen und von besseren Zeiten träumen.

Zwei Tage vor dem Abschluss des notariellen Kaufvertrages war Fred wieder da. Unsicher, gehemmt und schüchtern, wie ich ihn noch nie erlebt hatte. Schweigend zählte er hundert Mark auf den Tisch und versprach, in der kommenden Woche wieder etwas zu bringen. Kleinlaut bat er um Erlaubnis, bei uns übernachten zu dürfen und erzählte mir beschämt, dass er damals, nachdem er von hier weggegangen war, an der Autobahnbaustelle Arbeit gefunden hatte und dort in der Arbeiterbaracke übernachten konnte.

Als er in diesem Ton mit mir redete, war mein Groll schnell verflogen. Nur sein Verhältnis zu Gerda interessierte mich noch und danach fragte ich ihn: »Trefft ihr euch immer noch heimlich?«

»Wo denkst du hin! Die war mir doch nur recht, um an das Geld ihrer Mutter ranzukommen.« Da war ich wieder nüchtern. Er war doch noch der Alte, die Bescheidenheit wohl nur ein Schachzug, um für irgendwelche Gemeinheiten Hilfe von mir zu bekommen. Als er dann noch behauptete, er habe nie etwas mit Gerda gehabt, lachte ich spöttisch und machte ihm klar, dass ich darüber weitestgehend informiert sei und versuchen wollte, ihn zu verstehen.

Ungläubig starrte er mich an: »Soll das heißen, dass du mir verzeihst?«

»Ja«, sagte ich, »aber unter der Bedingung, dass du mich rehabilitierst und die Lügen, die du über mich verbreitet hast, richtig stellst.«

»Ich hab doch keine Lügen über dich verbreitet. Nie hab ich ein schlechtes Wort über dich gesagt.« Es war zwecklos, weiter darüber zu debattieren. Warum redete ich überhaupt mit ihm? Lange genug hatte ich ja Zeit gehabt, auch über meine eigene Schuld nachzudenken, und war deshalb auch bereit, Zugeständnisse zu machen. Konnte ich ihm auch vergeben, wie Jesus es sagte, obwohl ich innerlich nicht dazu bereit war? War das dann überhaupt Vergebung?

Er blieb nicht nur eine Nacht; sondern richtete sich wieder häuslich ein, als wäre das selbstverständlich. Am Montag fuhr er morgens zur Arbeit an die Autobahnbaustelle, wie er sagte, freitagabends kam er zurück und brachte auch immer Geld für unseren Unterhalt mit.

Drei Wochen später erfuhr ich, dass er an seiner Arbeitsstelle ein Verhältnis mit einer Käte hatte, die nun ein Kind von ihm erwartete. Auch ihr hatte er die Geschichte vom betrogenen Ehemann und den verlassenen Kindern erzählt und hilfsbereit hatte sie ihn in ihrer Wohnung aufgenommen. In der Arbeiterbaracke hatte er nur eine Nacht geschlafen.

Fred kam am Freitagabend nach Hause, obwohl er schon wusste, dass ich von seinem Verhältnis zu Käte erfahren hatte. Ich hatte nicht die Absicht, ihn darüber zu befragen; von seinen Lügen hatte ich schon viel zu viel gehört. Wortlos legte er mir 100 Mark auf den Tisch und begann von sich aus davon zu erzählen und sich zu rechtfertigen:

»Als ich damals hier weggegangen bin, nachdem du mir so viele mehr oder weniger berechtigte Vorwürfe gemacht hattest, wusste ich nicht weiter. Meine Wohnung in Freiburg war ja vermietet worden, nachdem Traudi abgereist war. Und in der Baracke waren ziemlich heruntergekommene Typen, mit denen ich nicht so gern in einem Raum schlafen wollte. Die Käte arbeitete in der Kantine und ich fragte sie, ob sie ein Zimmer für mich wüsste. Sie bot mir an, bei ihr zu wohnen. Dass du mir die Sache mit Gerda verzeihen würdest, damit konnte ich ja nicht rechnen. Die Käte ist ein liederliches Stück, aber was tut man nicht alles, wenn man so weit unten ist, wie ich es war? Und dann bekam ich einfach Sehnsucht nach euch, wollte wenigstens die Kinder mal wieder sehen. Du warst so freundlich zu mir. Hätte ich das alles aufs Spiel setzen und dir gleich von Käte erzählen sollen, und dass sie ein Kind von mir kriegt? Vielleicht ist's auch von einem anderen, das kann man bei der nicht wissen. Jedenfalls haben wir uns am vorletzten Wochenende verlobt, aber das weißt du ja auch wohl schon von ihrer Schwägerin?«

Ich hatte das Gefühl, dass er die Wahrheit sagte, zumal es sich auch mit den Informationen deckte, die ich von Kätes Schwägerin hatte. Darum fragte ich jetzt nur: »Warum musst du den Leuten immer so viele Lügen über mich erzählen? Kätes Schwägerin war gerührt und erschüttert, als sie von deinen armen, verlassenen Mädchen hörte, für die du eine liebevolle Mutter suchst. Als sie mich kennen lernte und sich herausstellte, dass ich meine Kinder nicht verlassen hatte, war sie richtig froh und beruhigt. Sie meinte noch, die Käte hätte sich bestimmt nie um fremde Kinder gekümmert, die kümmert sich ja auch nicht um ihr eigenes, das sie schon hat. Aber sie selbst hatte bereits daran gedacht, sich deiner verlassenen Kinder anzunehmen und zusammen mit ihren eigenen aufzuziehen.«

Er blieb mir die Antwort schuldig. Erst nach langem Schweigen machte er mir den Vorschlag, mit mir zu Grässlins und zu Käte zu fahren. Beiden wollte er bekennen, dass er sie belogen, ich ihn aber niemals betrogen oder gar meine Kinder verlassen hatte.

»Was soll das bringen, wenn du vor den beiden zugibst, dass du ihnen Lügen über mich erzählt hast? Meinst du wirklich, du könntest damit alles in Ordnung bringen? So eine üble Nachrede kann man nicht rückgängig machen, schon gar nicht, wenn es sich so weit ausgebreitet hat und man es zwei Frauen erzählt, die auch von dir betrogen wurden.«

»Ich möcht's aber trotzdem tun! Du sollst sehen, dass es mir leidtut. Sonst glaubst du's mir ja nicht.« Ich gab ihm keine Antwort. Wenn er noch einmal darauf zurückkäme, würde ich wohl bereit sein, mit ihm zu fahren und seine Beichte mit anzuhören, aber sinnvoll fand ich es nicht.

Getroffen von dem neu aufgedeckten Verhältnis und sehr verunsichert durch die Bibeltexte über Vergebung, wusste ich nun nicht mehr weiter. Sollte ich wirklich danach handeln? Siebzigmal siebenmal sollte ich vergeben? Ich fing an zu zählen, was ich Fred schon alles verziehen hatte. Mir fiel eine ganze Menge ein und das war sicher nicht alles. Aber siebzigmal siebenmal? Nein, so oft war es bestimmt nicht. Er verstrickte sich ja immer tiefer in Lügen. Vielleicht war es ihm selbst gar nicht bewusst? Aber ich hatte keine Lust mehr, einer Unwahrheit nach der anderen nachzugehen. Wenn es der Wille Gottes war, dass ich bei Fred blieb, dann würde er mir ja wohl helfen. Sicher hatte Jesus es auch nicht wörtlich gemeint, sondern uns damit sagen wollen, dass wir immer bereit sein müssten zu vergeben, ohne erst auszurechnen, wie oft wir es schon getan hatten, genauso, wie er es an uns auch immer wieder tat.

Aber bekennen sollte man schon! Fred hatte ja nur das zugegeben, was ich ohnehin wusste, was ich nachweisen konnte. Und er hatte auch nicht um Vergebung gebeten, im Gegenteil, er versuchte es abzustreiten, wenn ich darauf hinwies. Doch Gott wusste ohnehin von meiner Schuld, mehr als mir selbst bewusst war, und trotzdem sollte ich sie bekennen! War das Bekennen so wichtig? Warum wohl?

Als ich darüber nachdachte, merkte ich, dass es ein Unterschied ist, etwas zuzugeben, was gar nicht mehr zu vertuschen ist oder sich selbst der Schuld bewusst zu werden, sie einzusehen und von Herzen zu bereuen.

Inzwischen war die gerichtliche Vorladung zum Sühnetermin aufgrund meines Scheidungsantrages gekommen. Fred erschien zu dem

Termin nicht. Der nächste wurde auf zwei Wochen vor Weihnachten angesetzt. Ich wusste nicht, ob ich die Klage nicht besser ganz zurückziehen sollte und suchte eine Eheberaterin auf, der ich von meinen vielen Problemen erzählte. Sie empfahl mir, mit Fred zu einem Neurologen zu gehen, wenn er damit einverstanden war. Er war es, und ich ließ den Sühnetermin aussetzen. Nach einem kurzen Gespräch mit dem Arzt bekam Fred für Mitte Januar einen Termin in der Klinik, wo er zwei Wochen lang zur Beobachtung bleiben sollte.

Unterdessen waren Papas Pläne zur Einrichtung des Studentenheimes bis auf die schriftlichen Finanzierungszusagen abgeschlossen. Es bestand kein Zweifel, dass auch von der Uni Freiburg bis Anfang Februar eine schriftliche Zusage kommen würde. Irgendwie hatte Fred von Papas Vorhaben gehört, vielleicht sogar von Papa selber oder von gemeinsamen Bekannten, die davon wussten. Er hatte Papa großzügig angeboten, ihn zu den Unterredungen zu begleiten, und Papa nahm dieses Angebot gern an, wie mir schien. Er konnte bei wichtigen Verhandlungen und Besprechungen nicht mehr konzentriert folgen, verstand vieles nicht richtig, zumal er auch schwerhörig war.

Als ich von Freds Vorschlag hörte, hoffte ich, dass die Behandlung in der Klinik länger dauern würde, denn ich war sehr misstrauisch seiner Hilfsbereitschaft gegenüber. Meine Eltern wussten ja nicht alles. Ich hatte ihnen von Freds Machenschaften kaum etwas erzählt. Sie hatten nicht erfahren, wie er Grässlins betrogen und wie abfällig er über sie gesprochen hatte. Ich glaubte nicht, dass er anderen Sinnes und uns gegenüber ehrlicher geworden war. Auch war mir vor kurzem bewusst geworden, dass Fred Alkoholiker war. Fred vertrug unheimlich viel, selten war er voll betrunken. Häufig hatte er ein Wasserglas vor sich stehen, in dem klarer Schnaps war. Aus diesem Glas trank er, wie andere Leute Wasser trinken. Sollte ich Papa warnen? Sollte ich ihm von meinen Befürchtungen etwas sagen? Was hielt mich davon ab? War es für mich zu peinlich, meinem Vater die Wahrheit über meinen Mann zu erzählen? Oder hoffte ich im Grunde doch, dass Fred es nicht wagen würde, Papa noch einmal zu hintergehen?

Vielleicht würde der Arzt ja Erfolg haben mit seiner Behandlung. Ich wusste zwar, dass Alkoholiker nicht von heute auf morgen geheilt werden konnten, aber da Fred einverstanden war, war die schwierigste Hürde doch bereits überwunden, meinte ich. Jedenfalls glaubte ich ihn in der Klinik sehr gut aufgehoben und hatte auch Vertrauen zu dem Neurologen. Ich selbst wollte alles daran setzen, um Fred das Gefühl zu geben, dass ich ihn respektierte, seine Fähigkeiten achtete und froh war, dass er wieder bei uns bleiben wollte.

Nach drei Tagen in der Klinik war Fred schon wieder da. Die Betten würden dringend für Schwerkranke gebraucht, deshalb hätte der Arzt ihn vorerst nach Hause geschickt, erzählte er mir. Das war doch schon wieder gelogen! Das konnte nicht stimmen. Der Arzt hatte von mindestens zwei bis drei Wochen gesprochen, die benötigt würden, um eine Diagnose zu stellen. Erst danach konnte eine gezielte Behandlung beginnen.

Ich rief den Arzt an und bekam eine niederschmetternde Antwort: »Ihr Mann hat sich allen Anordnungen widersetzt, er kümmerte sich weder um das Rauchverbot in den Krankenzimmern noch verzichtete er auf Alkohol. Irgendjemand brachte ihm immer starke Getränke trotz des strengen Verbotes. Unter diesen Umständen kann ich keine Diagnose stellen und hielt es deshalb für angebracht, ihn zu entlassen.« So lautete seine Auskunft.

Und nun? Wie sollte es weitergehen? Darin hatte ich doch *die* Chance gesehen, um mit ihm weiterleben zu können. Sollte ich gleich den Rechtsanwalt anrufen und ihn um Wiederaufnahme der Scheidungsklage bitten? Oder sollte ich abwarten, wie Fred sich nun verhalten würde? Mein Verstand warnte mich davor. Wie oft hatte ich gerade damit schlimme Erfahrungen gemacht.

Papa war froh, dass Fred ihn nun zu den Verhandlungen begleiten konnte, darum sagte ich nichts. Guter Dinge kehrten sie beide von der Besprechung zurück. In vierzehn Tagen sollte das zugesagte Geld auf dem Konto sein. Papa strahlte. Aber Fred wollte keine vierzehn Tage warten. Dazu sei keine Zeit, meinte er; denn zu Beginn des Sommersemesters müssten die Zimmer bezugsfertig sein, sonst verlören wir ein halbes Jahr an Mieteinnahmen, mit denen die Kredite zurückgezahlt werden mussten.

Das klang sehr vernünftig, meinte auch Papa. Fred bestellte die Handwerker und das benötigte Baumaterial. Der Architekt warnte ihn vor überstürztem Handeln und wurde von Fred angebrüllt: »Sind Sie der Bauherr oder bin ich es?« Durch sein selbstsicheres Auftreten waren alle irritiert und glaubten, Papa hätte ihm uneingeschränkte Vollmacht gegeben. Vielleicht hatte er das sogar? Ich wusste es nicht. Fred war der »Macher«, der erst mal »richtig Schwung in den lahmen Haufen« bringen musste. Auch mich schrie er an: »Du hast hier überhaupt nichts zu sagen. Dein Vater hat mich als seinen Vertreter eingesetzt und ich werde mir von dir nicht dreinreden lassen.«

Ich fürchtete mich wieder vor ihm und ärgerte mich über den Versuch, unsere Ehe doch fortzusetzen. Jetzt war es auch nicht mehr möglich, die Scheidung weiter zu betreiben. Fred bestimmte, was zu machen war, und beherrschte uns alle. Er ließ sich von niemand Einhalt gebieten, auch von Papa nicht. Warum durfte er sich so viel erlauben? Hatte er Papas volle Zustimmung? Hatte er wirklich eine Generalvollmacht von ihm erhalten? Hatte Papa immer noch nicht begriffen, dass er sich nicht auf ihn verlassen durfte?

Als drei Zimmer ausgebaut waren, zogen die ersten Studenten ein. Nur die Heizung fehlte noch, denn der Heizungsinstallateur war der Einzige, der sich nicht auf Freds Versprechungen verließ, sondern einen Vorschuss verlangte. Und das Geld war noch nicht eingegangen. Das war für Fred nicht wichtig – jetzt war Sommer, da konnte man ganz gut ohne Heizung auskommen und bis zum Herbst wäre bestimmt die Finanzierung geregelt und die Heizung eingebaut.

Im Souterrain wurden ein Aufenthaltsraum, eine Gaststätte und die Küche eingerichtet. In der Gaststätte sollten auch die Dorfbewohner bewirtet werden, die bei dieser Gelegenheit ihre heiratsfähigen Töchter den Studenten vorstellen konnten. Fred gefiel sich als Gastwirt und Studentenvater und schenkte großzügig ein und aus, vor allem Sekt und jede Menge Cognac zur Begrüßung und auch die teuersten Weine zur Probe, um kräftig Werbung zu machen.

Eine Hürde gab es noch, die Fred aber schon einkalkuliert hatte: Wenn in der Gaststätte nicht nur Hausgäste bewirtet wurden, war eine Konzession notwendig. Fred hatte den Antrag gestellt, der allerdings nach einigen Wochen abgelehnt worden war. Die Begründung: Fred sei wegen seiner Vorstrafen und anderer Gesetzwidrigkeiten nicht zur Führung einer Gastwirtschaft geeignet. »Du musst den Antrag auf deinen Namen stellen, weil wir sonst gleich einpacken können!«, befahl er mir. Und gehorsam stellte ich einen Antrag auf meinen Namen mit dem heimlichen Wunsch, dass dieser auch abgelehnt werden möge. Der Wunsch ging in Erfüllung! Beobachter hatten bemerkt, dass ich mich gegen Fred nicht durchsetzen konnte, dass ich von ihm nur vorgeschoben wurde. Deshalb war auch ich nicht geeignet. In Zukunft durften sich folglich nur noch unsere Hausgäste in der Gastwirtschaft aufhalten zum Essen und Trinken.

Nach weiteren zwei Monaten waren alle Zimmer eingerichtet, aber immer noch kein Geld gekommen und deshalb auch keine Heizung im Haus. Die, so meinte Fred, könne während der Semesterferien im Herbst schnell eingebaut werden.

Als die Studenten in Ferien gingen, zahlten sie ihre Miete weiter, damit sie ihr Zimmer behalten konnten. Aber die bereits mündlich bewilligten Zuschüsse kamen nicht. Ob einige Beteiligte misstrauisch geworden waren? Hatte ihnen die Hektik zu denken gegeben, mit der Fred alles betrieb? Oder war sein zweifelhafter Ruf bekannt geworden? Ich wusste es nicht, glaubte aber auch nicht, was Fred mir erzählte: »Dein Vater hat falsche Angaben gemacht.« Jedenfalls konnte auch während der Semesterferien keine Heizung eingebaut und die Zimmer im Winter nicht vermietet werden.

Im November wurden von der Bank die Tilgungsraten angemahnt. Fassungslos zeigte mir Papa das Schreiben und wollte wissen, warum die Mieten nicht rechtzeitig abgeführt worden waren. Die Studenten hatten doch sogar für die Zeit ihrer Abwesenheit in den Ferien bezahlt. Wo war das Geld geblieben? Nur die ersten beiden Raten waren eingegangen.

Er stellte Fred zur Rede, der die Mieten kassiert hatte. Da kam es heraus: Fred hatte das Geld für die von ihm bestellten Getränkelieferungen ausgegeben. Er hatte jede Menge sündhaft teuren Alkohol gekauft und Haus- und anderen Gästen großzügig ausgeschenkt.

Nun gab Papa auch zu, dass er bald nach der Eröffnung von Fred eine Abrechnung verlangt hatte, Fred ihn jedoch brutal hinausgestoßen und angeschrieen habe: Dazu sei jetzt keine Zeit, hatte er getobt. Danach hatte Papa es nicht mehr gewagt, ihn noch einmal zu fragen. Außer uns konnte nun in dem großen Haus niemand wohnen. Nur in der Wohnung meiner Eltern war ein Kamin, an dem sie einen Ofen anschlossen. Unsere Wohnung heizten wir einige Wochen lang mit einem Elektroofen, bis im Dezember der Strom abgestellt wurde, weil wir auch diese Rechnungen nicht bezahlen konnten.

Mit dem Strom verschwand auch Fred. Ich bemühte mich nicht darum zu erfahren, wohin er gegangen war. Mich interessierte überhaupt nichts mehr. Ich lebte wie im Wachkoma. Rechnungen, Mahnungen und Zahlungsbefehle las ich nicht. Wie ein schrecklicher, böser Alptraum kam mir alles vor. Von dem, was in dieser Zeit geschah, registrierte ich kaum etwas. Wenn ich überhaupt noch nachdachte, dann darüber, *wie* ich mir das Leben nehmen könnte. Allerdings musste eine Frage vorher geklärt werden: Was sollte aus meinen Kindern werden? Meine Eltern würden sich nicht mehr lange um sie kümmern können. Und ihr Vater? Den konnte ich nun endgültig abschreiben! Außer einem Berg Schulden war nichts mehr bei uns zu holen. Die Entschädigung aus dem Lastenausgleich war für die fehlenden Tilgungsraten draufgegangen.

Aber – konnte *ich* denn noch etwas für die Kinder tun? Wie denn? Was denn? Vielleicht wäre es sogar einfacher ohne mich? Freds Mutter war auch wieder in Deutschland; sie würde sich sicher gern um sie kümmern und ihrem »lieben, kleinen Bub« helfen.

War sie darum vielleicht aus Chile zurückgekommen? Hatte er ihr möglicherweise sogar die Reise von den Mieteinnahmen bezahlt? Rechnete sie damit, dass ich mir in dieser verzweifelten Lage das Leben nehmen würde? Hatte sie womöglich schon einen Hinweis von Fred bekommen, wie verzweifelt ich war? Dann hätte sie ja ihr Ziel erreicht! Sie könnte die Kinder katholisch erziehen! Sollte ich dafür den Weg freimachen? Nein, nein – das wollte ich auch nicht.

Sie stellte ihr Reisegepäck in eines der leerstehenden Zimmer und Fred machte mir klar, dass sie dieses Haus ersteigern und dann hier wohnen werde. Meine Eltern müssten dann selbstverständlich ausziehen. Ob ich auch ausziehen müsse, sagte er nicht. Von der Konkursverwaltung wurde uns mitgeteilt, dass wir bis zur Zwangsversteigerung im Haus wohnen durften. Wie es dann weitergehen würde, wussten wir nicht. So weit konnte und wollte ich auch nicht denken. Gott hatte mich verlassen oder überließ mich doch zumindest meinem Schicksal, so wie ich es gewollt hatte. Warum hätte er sich auch noch um mich kümmern sollen?

Anfang Mai kamen einige Studenten, die im Winter nicht hier gewesen waren. Sie wussten nichts von dem, was sich ereignet hatte, und wollten gern wieder bei uns einziehen. Die Zimmer waren ja noch eingerichtet und im Sommer ging es auch ohne Heizung. Einem Isländer, der im vorigen Sommer ein besonders angenehmer Gast gewesen war, erzählte ich von den Problemen. Er wollte trotzdem gern bei uns wohnen und freute sich, dass er sein Zimmer wieder beziehen durfte, das ihm so gut gefallen hatte. Er brachte sogar noch einen Freund mit, der im Zimmer nebenan einzog. Beide zahlten die Miete im Voraus. Damit konnte ich die Stromrechnung begleichen und einige Lebensmittel einkaufen. Sie nahmen außerdem mein Angebot an, für sie zu kochen, damit sie nicht in der Mensa essen mussten. Dadurch hatte ich noch eine kleine Einnahme zusätzlich und kam auf andere Gedanken.

Zwei Tage nachdem die beiden Isländer eingezogen waren, kam auch Fred wieder und bot mir großzügig seine Hilfe an. Natürlich blieb er auch zum Essen. Freds Mutter bezog das Zimmer, in dem sie ihr Gepäck bereits abgestellt hatte und bestand darauf, für die beiden Studenten zu kochen. Die beiden Isländer verließen uns im Herbst wieder. Auch Freds Mutter war es ohne Heizung zu kalt. Sie zog zu einer Freundin nach Freiburg

Ich hatte inzwischen Arbeit in Freiburg bei Intermetall gefunden. Dort arbeitete ich zunächst am Fließband. Meine Eltern beaufsichtigten die Kinder einige Wochen lang, bis Mutti sich nach einem leichten Schlaganfall um nichts mehr kümmern konnte. Sie saß nur noch teilnahmslos im Sessel und die Versorgung der Kinder hing fast ausschließlich an Papa. Glücklicherweise hatte er beim Einkaufen die alte Frau Rosa getroffen, die im ersten Sommer bei uns in der Küche geholfen hatte. Er fragte sie, ob sie nicht für die Kinder eine Mahlzeit pro Tag kochen könnte. Da sie selbst mitessen durfte, sagte sie gerne zu. Das entlastete Papa und ich hatte eine Sorge weniger.

Kaum hatten Fred und seine Mutter festgestellt, dass ich etwas Geld verdiente und den Strom bezahlen konnte, fühlten sie sich verpflichtet, nach dem Rechten zu sehen. Dass diese Frau sich jetzt wieder einmischen wollte, war mehr, als ich ertragen konnte. Ich forderte sie auf, meine Wohnung zu verlassen. Mit einem hämischen Ausdruck in ihren kalten, heimtückischen Augen saß sie im Sessel und höhnte verächtlich: »Deine Wohnung, deine Wohnung! Dass ich nicht lache! Als ob du je schon eine Wohnung gehabt hättest! Vielleicht in einem Zigeunerwagen, was? Ich bleibe hier, solange es mir gefällt.«

Außer mir vor Wut trat ich dicht vor sie hin und deutete auf die Tür: »Hinaus mit dir, sonst ….« Fred riss mich zurück und gab mir einen Schlag an den Hals, so dass ich taumelnd zu Boden fiel. Rosa erzählte mir am folgenden Tag, dass Fred erst von mir abgelassen hatte, als er sie in der Tür stehen sah. Sie hatte gedacht, ich sei tot und war darüber so erschrocken, dass sie kopflos und verwirrt das Haus verlassen hatte. Sie wollte nun nicht mehr kommen, um für die Kinder zu kochen

Meine armen Kinder! Roland, noch keine vier Jahre alt, litt wohl am meisten unter meiner Abwesenheit. Manchmal wurde er zwei- oder auch dreimal nachts wach, um sich zu vergewissern, dass ich noch da war. Wenn ich ihm am Freitagabend sagte, dass ich am nächsten Tag nicht fortgehen müsse, schlief er durch. Von Papa bekam er etwas zu essen und er machte ihn bei Bedarf auch trocken. Elke und Evi gingen zur Schule, ohne etwas gegessen zu haben, obwohl ich alles bereitstellte, bevor ich morgens vor sechs Uhr aus dem Haus ging. Sie aßen dann den ganzen Tag hindurch oft nur das Schulbrot, das ich ihnen in ihren Ranzen packte.

Ob ich jetzt noch einmal einen Scheidungsantrag stellen sollte, überlegte ich. Dann müsste sich Fred doch wenigstens am Unterhalt für seine Kinder beteiligen und ich brauchte nur halbtags zu arbeiten. Ich hatte zwar keine Beweise, dass er mich wieder betrog, aber, wie mir der Rechtsanwalt sagte, genügte es schon, dass er überhaupt keinen Unterhalt zahlte. Ganz besonders nachteilig für ihn war, dass er mich geschlagen hatte, was Rosa bestätigen konnte und wollte.

Im Oktober bekamen wir den Räumungsbescheid. Weil unsere Wohnungen in dem ehemaligen Studentenheim als gewerblich genutzter Wohnraum galten, hatten wir keinen Kündigungsschutz. Für meine Eltern besorgte die Gemeindeverwaltung einen Platz im Altenheim, aber für mich und die Kinder gab es keine Bleibe.

»Sie können in den leer stehenden Farrenstall ziehen«, sagte mir mit einem verächtlichen Grinsen der Sekretär im Rathaus, an den ich mich Hilfe suchend wandte. Vermutlich war ihm dann aber mein verzweifelter Ausdruck aufgefallen, so dass er noch gönnerhaft hinzufügte: »Da können Sie auch einen Ofen aufstellen, sonst wird es wohl zu kalt sein.«

Ich konnte nur mühsam meine Tränen zurückhalten und ging heim. Dort fasste ich den festen Entschluss: Wenn es bis zum Räumungstermin keine andere Möglichkeit als den Farrenstall für uns gab, würde ich uns alle umbringen! Vor wenigen Wochen hatte der Augenarzt Elke Tropfen verschrieben. Auf dem Etikett war ein Totenkopf und ein deutlicher Warnhinweis: »Vorsicht Gift!« Das Fläschchen war fast voll. Ich hatte es sicher im Schrank aufbewahrt, wo die Kinder nicht drankommen konnten. Jetzt nahm ich es und steckte es in meine Handtasche. An dem Tag, an dem der Gerichtsvollzieher uns in den Stall einweisen würde, wollte ich es griffbereit haben, um unsere vier Leben auszulöschen.

Doch je näher der Tag kam, desto mehr bangte mir davor. War das wirklich die Lösung meiner selber verschuldeten Probleme? War es das Ende meiner eigenmächtigen Versuche, mein Leben ohne Gott zu gestalten? Durfte ich überhaupt über das Leben meiner Kinder entscheiden?

Der Räumungstermin war für den 20. Dezember festgesetzt, vier Tage vor Weihnachten! Für mich stand fest: Ich gehe nicht in den Stall! Das konnte ich auch um der Kinder willen nicht tun, die hier in diesem durch und durch katholischen Dorf fast wie Aussätzige behandelt wurden. Der alte, dogmatische, katholische Priester bezeichnete sie als »Ketzer« und drohte seinen Erstkommunikanten mit dem Fegefeuer, wenn sie mit ihnen spielten. Nicht auszudenken, wenn sie im Stall wohnen müssten! Da hätte der Priester ja seinen Schülern klar machen können, dass Ketzer in den Stall gehören. Nein, nein, immer wieder nein! Aber der Tag kam näher, eine andere Lösung nicht.

Da schien sich doch noch eine etwas andere Möglichkeit zu ergeben. In meinem Betrieb wurde ich vom Meister als flink und zuverlässig geschätzt, darum gab er mir gelegentlich Arbeiten, die eilig waren, aber doch sorgfältig ausgeführt werden mussten. Wenige Wochen vor Weihnachten hatte er einen ganz besonders dringenden Auftrag, aber kein sicheres Gerät, um ihn auszuführen. So sprach er mich an: »Ich habe da Fernsehdioden zu messen, aber kein Prüfgerät, das den Sicherheitsvorschriften genügt. Doch Ihnen würde ich das anvertrauen. Sie sind so gewissenhaft, dass ich Ihnen diese Arbeit überlassen kann. Passen Sie dabei auf, machen Sie lieber langsam, dass Sie nicht aus Versehen an die ungeschützten Dioden kommen, während das Gerät eingeschaltet ist, sonst ist es um Sie geschehen – und um mich auch! Ich dürfte dieses Gerät eigentlich niemandem geben, aber Ihnen kann ich ja vertrauen.«

Wenn er gewusst hätte, wie es in mir aussah und welche Gedanken mich nun bewegten! Das war ja *die* Gelegenheit für mich! Meine Kinder brauchte ich nicht umzubringen. Für mich wäre es ein schneller Tod, wahrscheinlich ein angenehmerer als durch Gift. Die Kinder bekämen eine gute Rente, weil es ein Arbeitsunfall war, und sie brauchten sich nicht nachsagen zu lassen, dass ihre Mutter sich das Leben genommen hatte. Sie kämen in ein Waisenhaus, wo es ihnen bestimmt besser ginge als hier mit mir zusammen. Es wäre immer jemand da, der sie versorgte und sich um sie kümmerte. Das schien die beste Lösung für uns zu sein! All das ging mir durch den Kopf, ohne dass ich daran dachte, dass Freds Mutter dann gewonnen hätte. Ich machte mir auch keine Gedanken darum, dass Fred von der guten Rente mehr profitieren würde als die Kinder, dass der Meister, der mir dieses Gerät übergeben hatte, seinen Beruf verlöre, wenn er nicht sogar ins Gefängnis käme. Aber bis zum Räumungstag wollte ich noch warten und hoffte, dass ich inzwischen keine andere Arbeit bekäme oder ein sicheres Gerät.

In großer Sorge feierten wir Elkes zehnten Geburtstag. Wie war mein Herz so schwer, wenn ich daran dachte, dass es vielleicht ihr letzter sein würde. Immer schwerer und bohrender wurden die Vorwürfe, die ich mir machte: Warum hatte ich Fred nur noch einmal vergeben? War das wirklich von Gott gewollt? Warum hatte er es zugelassen, dass Fred kam, bevor wir die Pläne mit dem Studentenheim verwirklichen konnten? Wenn er nur ein oder zwei Wochen später gekommen wäre, hätte er keinen Schaden mehr anrichten können!

Nein, Gott war gegen mich! Und damit musste ich mich nun abfinden. Und er hatte natürlich Recht. Ich hatte es ja so gewollt. Oder sollte ich doch noch einmal um Hilfe bitten? Aber wozu? Das würde auch nichts mehr bringen, die Einweisung in den Stall könnte selbst Gott nicht mehr verhindern, selbst wenn er es wollte. Ich hatte nicht die kleinste Idee, wie das gehen sollte. Und – ob es überhaupt einen Gott gab?

Schluchzend kniete ich dennoch am Abend vor dem Räumungstermin nieder und stammelte verzweifelt: »O mein Gott, ich habe solche Angst vor dem, was ich morgen tun will. Ich bitte nicht für mich um Hilfe, ich bin's nicht wert, dass du mir hilfst, aber erbarme dich doch über meine Kinder. Zeig mir doch eine andere Möglichkeit, wie ich sie da raushalten kann! Gib mir morgen Mut genug, die unter Strom stehenden Dioden anzufassen, dann können die Kinder weiterleben.«

Wie sonst auch, diesmal aber mit bebenden Knien, ging ich am 20. Dezember morgens zur Arbeit und hoffte auf eine günstige Gelegenheit, ja, eher noch auf eine wirklich ungewollte Bewegung meiner Hand, aber nichts geschah. Der Tag ging vorüber, ich hatte diese einzige Chance nicht genutzt und begann nun auf dem Weg zum Bahnhof darüber nachzudenken, wie ich die Kinder töten könnte, ohne ihnen dabei große Schmerzen zu bereiten und möglichst ohne dass sie etwas bemerkten von meinem Vorhaben. Nicht nur an das Gift dachte ich, sondern auch an die Propangasflasche, die noch ziemlich voll war. Die würde ich bestimmt irgendwo im Stall finden. Am besten wäre wohl, beides zu kombinieren.

Wie in Trance stieg ich aus dem Zug und ging auf schwankenden Beinen vom Bahnhof zu dem Haus, in dem wir bisher gewohnt hatten. Ich wusste gar nicht, wo der Farrenstall war, wo ich meine Kinder nun finden konnte, und hoffte auf einen Hinweis an der Haustür, sonst hätte ich jemanden fragen müssen. Auch davor fürchtete ich mich. Jeder im Dorf wusste ja, was geschehen war. Ich kannte hier zwar nur wenige Leute, weil ich am Dorfleben nie teilgenommen hatte, aber die Alteingesessenen kannten mich umso besser. Wir waren doch stets beobachtet worden. Wenn ich nur wüsste, wen ich nach dem Farrenstall fragen konnte!

Ich hätte an diesem Tag eigentlich gar nicht zur Arbeit gehen sollen! Warum war ich überhaupt gegangen? Ich hatte ja doch keinen Mut gehabt, die ungeschützten Dioden anzufassen. Würde ich jetzt Mut genug haben, uns alle umzubringen? Wenn es nur schon vorbei wäre! Und was käme dann? Dann müsste ich mich vor Gott verantworten, nicht nur, weil ich ihn aus meinem Leben verbannt hatte, dann stände ich auch als Mörderin meiner Kinder vor dem Richter. Sollte ich doch besser mit den Kindern in dem Stall bleiben, bis wir eine Wohnung fänden? Oder wäre es für die Kinder noch schlimmer als der Tod, wenn sie im Dorf gehänselt und verspottet wurden, wenn man ihnen nachrief, dass sie Ketzer seien und zu Recht im Farrenstall wohnen müssten? Ach, wie graute mir vor der nächsten Stunde!

Der kurze Weg vom Bahnhof, nur schräg über die Straße, schien mir unendlich lang zu sein. An der Haustür entdeckte ich keinerlei Veränderung, kein Hinweis und auch kein Gerichtssiegel, das mir den Eintritt verwehrte. Die Tür war nicht einmal abgeschlossen! Seltsam! Hielt man es nicht für notwendig, das Haus abzuschließen und die Tür zu versiegeln? Als ich die ebenfalls unverschlossene Wohnungstür öffnete, kam Papa mir entgegen wie sonst auch, wenn ich abends heimkehrte. Ich starrte ihn an. Träumte ich? Hatte ich eine Vision? War ich überhaupt noch am Leben? Hatte ich womöglich doch mein Leben beendet, als ich an meinem Arbeitsplatz saß, und wusste es nur nicht? Oder war es aus Versehen passiert? Wenn es so war, dann war ich nur als Geist hier. Ich hatte ja keine Ahnung, wie man sich nach dem Tod fühlt. War es wie eine tiefe Ohnmacht? Alles war so unwirklich. Wie konnte ich feststellen, ob ich lebte oder bewusstlos oder tot war? Papa stand vor mir, war der auch tot?

Ich sprach ihn an: »Du bist ja hier! Was ist passiert?« Er schien mich zu verstehen, denn er antwortete und ich hörte ihn ganz deutlich reden. »Wir sind alle hier! Es ist niemand gekommen«, sagte Papa. »Ich habe schon auf dem Bescheid nachgesehen, ob wir es falsch verstanden haben oder ob das Datum verschrieben ist. Ich habe nichts gefunden. Ich weiß nicht, warum niemand gekommen ist.«

Es schien also doch kein Traum zu sein, und vorsichtig versuchte ich, zu begreifen, wo ich mich befand. Das war meine Wohnung! Papa schien ganz leibhaftig zu sein. Jetzt kam auch Roland aus dem Zimmer und freute sich, dass ich da war! Meine Knie zitterten und ich tastete Halt suchend nach der Wand. Nun hatte ich wirklich das Gefühl, gleich in Ohnmacht zu fallen. Aber ich kippte nicht um. Mein Bewusstsein kehrte zurück und ich registrierte, was wirklich geschehen war. Warum hatte ich mich vor dem Nachhausekommen gefürchtet? Es war doch alles in Ordnung, wie jeden Abend, wenn ich heimkehrte! Hatte ich nur einen langen, schrecklichen Traum gehabt und war endlich erwacht?

Ganz langsam fing ich an zu begreifen und die Erinnerung an Einzelheiten wurde deutlich. Und dann, ja dann, fiel mir nach und nach ein, was wirklich geschehen war. Und da kam das große Staunen. Ich erinnerte mich wieder an alles und wusste nun, dass ich ein Wunder erlebte. Gott hatte uns geholfen! Er hatte auf ein Gebet geantwortet, das ich gar nicht gesprochen hatte, und die Räumung verhindert. Was ich jetzt erlebte, das war wirklich real, aber es war doch mehr, als ich begreifen konnte.

Wie und wodurch hatte Gott die Räumung verhindert? – Dafür hatte ich keine Erklärung. Ich war einfach überwältigt. Tränen stürzten aus meinen Augen, als ich ins Schlafzimmer ging und auf die Knie fiel und nur stammelte, immer und immer wieder: »Hab Dank, mein Gott, hab Dank!« Nun wusste ich es ganz gewiss: Der große Gott kümmerte sich doch noch um mich! Er war immer da gewesen, aber ich hatte nicht gewagt, ihm meine Probleme vorzulegen und um seine Hilfe zu bitten. Ihm war nichts unmöglich, nicht einmal ein gerichtlicher Räumungsbeschluss war für ihn unabänderbar. Wie mochte er das gemacht haben?

Sicher war es nicht endgültig abgetan, wahrscheinlich nur verschoben, aber bis zum nächsten Termin konnten wir vermutlich eine Wohnung finden. Darum brauchte ich mir jetzt keine Sorgen zu machen. Ich wusste ja, dass Gott mir helfen würde. Das war mindestens ebenso wohltuend wie die verhinderte Räumung. Ich weinte vor Glück und Freude und fühlte mich unendlich geborgen. Nie, nie wieder wollte ich ohne Gott leben! Viel schlimmer konnte es in der Hölle kaum sein!

Jubelnd und überglücklich sang ich das Lied, dessen Bedeutung ich vorher nie so recht verstanden hatte:

Mir ist Erbarmung widerfahren, Erbarmung,
deren ich nicht wert.
Das zähl ich zu dem Wunderbaren,
mein stolzes Herz hat's nie begehrt.
Nun weiß ich das und bin erfreut
und rühme die Barmherzigkeit.
Ich hatte nichts denn Zorn verdienet
und soll bei Gott in Gnaden sein;
Gott hat mich mit sich selbst versühnet
und macht durchs Blut des Sohns mich rein.
Wo kam dies her, warum geschieht's? –
Erbarmung ist's und weiter nichts.

Teil 4:

Am Horizont leuchtet der Tag
1972 bis 2005

Gottes Gnade leuchtet auch noch im Gericht auf.
Er kann aus den Scherben unseres Lebens noch
etwas Neues und Wunderbares entstehen lassen.
Wer deshalb die Scherben seines Lebens als ein
Zeichen erkennt, dass Gott mitten im Gericht
dennoch mit seiner Gnade bei ihm ist,
dem bringen sie letztlich doch noch Glück,
das Glück der Geborgenheit in Gott.

JOHANNES UBBEN

Mit Lone in der MHH, 1994

Werner und ich nach der Trauung vor dem Standesamt, 2004

Kapitel 15

Alles hat einen Sinn!

Gott kennt dein Gestern, gib ihm dein Heute.
Er sorgt für dein Morgen.

E. Modersohn

Mit der überwältigenden Erfahrung der göttlichen Hilfe hatte mein Leben ganz neu begonnen. Jetzt hatte ich wirklich eine Wiedergeburt erlebt. Ein tiefer Friede erfüllte mein Herz, ein stilles, großes Glück, eine Geborgenheit, wie ich sie niemals vorher gekannt oder erlebt hatte. Von früh bis spät sang oder summte ich selig das Lied, das ich immer gern gesungen, aber noch nie in seiner vollen Bedeutung verstanden hatte:

»Wenn Friede mit Gott meine Seele durchdringt,
ob Stürme auch drohen von fern,
mein Herze im Glauben doch allezeit singt:
Mir ist wohl, mir ist wohl in dem Herrn!«

Was es bedeutet, Frieden mit Gott zu haben, das wusste ich jetzt und konnte nun auch Blaise Pascal verstehen und zustimmen, der behauptete, das Glück sei überall, wenn man Gott gefunden hatte. Jahrelang hatte ich das Glück in der Liebe gesucht, in einem Leben ohne Schwierigkeiten, in Harmonie mit guten Freunden und netten Menschen, eventuell noch in schönen Erlebnissen auf Reisen – aber doch nicht einfach nur in Gott! Das sollte Glück sein? Nun erlebte ich es. Manchmal spürte ich es so deutlich, dass ich am liebsten Freudensprünge gemacht hätte. Ja, nun sollte nur noch Gott über mein Leben bestimmen.

Wie Pascal betete ich: »Vater im Himmel, du bist der Herr, gib mir, was mir dienlich ist, nimm mir, was nicht gut für mich ist und mache meinen Willen dem deinen gleich«, und ich erlebte, dass Gott mir antwortete auf ganz unterschiedliche Weise; manchmal durch Bibeltexte, durch ein Lied, dessen Melodie mich durch den Tag begleitete, durch die Morgenandacht, die ich im Radio hörte, durch einen Brief oder eine Karte, die als Lesezeichen in einem Buch lag oder die mir jemand als Gruß schickte. Es war eindrucksvoll, wie viele Möglichkeiten Gott hatte, mir etwas mitzuteilen und mir Herz und Sinn zu öffnen, dass ich es auch verstand und wahrnahm. Einfach wunderbar! Er liebt mich! Das war einfach unfassbar, unbegreiflich. Ich konnte mir nicht vorstellen, warum ich ihm etwas bedeutete, warum ihm so viel an mir und an meinem Wohlergehen lag, aber ich war unendlich dankbar dafür.

Warum hatte er wohl gar nichts unternommen, um mich festzuhalten, als ich mein Glück auf eigene Faust suchen wollte? Er wusste doch, dass ich Schiffbruch erleiden würde, kannte die Folgen meiner Entscheidung im Voraus und ließ mich doch einfach gehen! Konnte er mir nur so zeigen, wie sehr er mich liebte? Musste ich erst so schlimme Erfahrungen machen, um zu erkennen, wie es ist, wenn man sein Glück selbst arrangieren will? Sicher war er traurig, hatte vielleicht sogar geweint, wie Jesus über Jerusalem weinte, als er voraussah, was über die Stadt kommen würde.

Litt er mit mir, als es mir so erbärmlich ging und er mir nicht helfen durfte, wenn er mich retten wollte? Und retten wollte er mich ja unter allen Umständen, das war ihm wichtiger, als auf meine Hilferufe zu antworten. Sein vorzeitiges Eingreifen hätte mir nur geschadet. Ich wäre anschließend auf dem eingeschlagenen Weg weitergelaufen, hätte vielleicht sogar noch gemeint, durch eigene Klugheit alles im Griff zu haben. Wie mag es ihm schwergefallen sein, mich nicht wenigstens trösten zu können, mir deutlicher zu sagen, dass er bei mir ist? Nur kleine Zeichen, die mir schrittweise weiterhalfen, von denen ich aber nicht sicher wusste, ob sie wirklich von Gott waren, gab er mir. Erst als ich mein Leben beenden wollte, war seine Zeit zum Eingreifen gekommen. Genau zur rechten Zeit, nicht zu spät – aber auch nicht zu früh!

Dass ich an meinen Kindern schuldig geworden war, bedrückte mich am meisten. Ich wollte und musste alles versuchen, wenigstens etwas wieder gutzumachen, und hoffte und betete, dass die schlimmen Erlebnisse, die sie durch meine Schuld erleiden mussten, ihr Leben nicht zu sehr belasteten. Und ich musste mit ihnen beten, sie mit dem Vater im Himmel bekannt machen, von dem ich ihnen bisher so wenig erzählt hatte. Das war wohl nun meine wichtigste Aufgabe.

Erst im folgenden Jahr erfuhren wir, warum die Räumung nicht stattgefunden hatte. Ich wusste zwar, dass Gott gehandelt hatte, nur nicht auf welche Weise. Letztendlich war ich dann überrascht, wie unauffällig und unkompliziert er mir geholfen hatte. Andere Leute würden es wohl nicht für ein Wunder halten, da es so völlig normal und unspektakulär war. Der Gerichtsvollzieher hatte sich morgens, als er sich zu uns auf den Weg machte und durch die weihnachtlich geschmückten Straßen und Gassen ging, ausgemalt, wie sehr die Familie unter der Räumung leiden musste. Der Gedanke ließ ihm keine Ruhe; er musste mit dem Richter darüber sprechen. Sicher hatte er nicht bedacht, dass der Termin kurz vor dem schönsten Fest des Jahres lag. Wie sehr besonders die Kinder darunter leiden mussten, wenn sie nicht einmal Weihnachten feiern konnten, sondern in einem dunklen, stinkenden Stall säßen. So herzlos konnte doch kein Richter sein, eine von ihrem Mann verlassene Frau mit drei Kindern kurz vor Weihnachten buchstäblich auf die Straße zu setzen! Das war eine wirklich ungebührliche Härte.
Der Gerichtsvollzieher kehrte um, sprach mit dem Richter, der seine Bedenken sofort verstand. Der Termin wurde auf nach Weihnachten verschoben. Aber es war zu spät, um uns noch zu benachrichtigen, denn wir hatten ja nicht einmal Telefon. Auf diese einfache Art und Weise verhinderte Gott unsere Räumung. Ein anderes Wunder erlebten wir bald nach Weihnachten.

Meine Eltern bekamen vom Lastenausgleichsamt Bescheid, dass ihnen nach Prüfung der Akten eine höhere Entschädigung zustand, die demnächst zur Auszahlung kommen sollte. Ein Irrtum vom Amt – so etwas kommt ja öfters vor. Ein Wunder? Ja, für uns war es das. Diese Nachricht kam genau zur richtigen Zeit. Wäre sie früher gekommen, dann wäre das Geld mit in das große Fass ohne Boden gefallen. Wir hätten überhaupt keinen Vorteil davon gehabt. Nun konnten wir das Geld als Mietvorauszahlung für eine neue Wohnung nehmen. Dadurch waren unsere Bemühungen um eine andere Bleibe doch wesentlich Erfolg versprechender. Wir mussten nicht im Farrenstall wohnen. Daher waren wir sehr erleichtert. Doch unser Vater im Himmel hatte etwas viel Besseres vorbereitet und zwar schon lange bevor wir ahnten, was uns bevorstand:

Im Dorf gab es schon seit längerer Zeit Familien, denen aus unterschiedlichen Gründen die Wohnung gekündigt worden war und die bei der Gemeindeverwaltung um Vermittlung einer Wohnung gebeten hatten. Aber die Gemeinde hatte keinen Wohnraum zur Verfügung. Außer uns gab es nun noch eine Familie, die dringend eine Wohnung brauchte. Da bestand Handlungsbedarf. Jemand im Gemeinderat hatte eine Idee: Die Gemeinde könnte das Haus ersteigern, um darin mehrere Wohnungen auszubauen.

Der Gedanke wurde angenommen und eilig ausgeführt. In kurzer Zeit und mit relativ wenigen Mitteln wurden aus den Studentenzimmern und dem unteren Gastraum Wohnungen. Schon im Frühling konnten die ersten Mieter einziehen. Eine gute Lösung für die Gemeindeverwaltung, für fünf andere Familien und uns! In meiner Wohnung wurde nur ein Kamin hochgezogen und der Wasseranschluss, der nur im Bad vorhanden war, in das angrenzende Zimmer gelegt, das dadurch zur Küche wurde. Wir durften wohnen bleiben und brauchten keine Mietvorauszahlung zu leisten. Mit der Nachzahlung konnten wir brauchbare Anschaffungen machen.

Als ich eines Abends von der Arbeit kam, überraschte Papa mich. Er fragte, ob ich einen Wunsch hätte. O ja, den hatte ich schon! Eigentlich wagte ich ihn nicht auszusprechen, weil er im Hinblick auf meine Lage und auf das, was eigentlich wichtig gewesen wäre, sehr töricht war. Das sagte ich auch zu Papa. Er wollte es trotzdem wissen und begann mich ein wenig zu löchern:

»Vielleicht ein Auto? Dann brauchst du morgens nicht so früh aufzustehen und wärest abends früher zu Hause.«

»Ein Auto? Daran habe ich noch gar nicht gedacht. Du hast Recht, das wäre sehr nützlich. Aber, aber – das könnte ich mir gar nicht leisten, das wird auf längere Sicht viel zu teuer. Und, na ja, eigentlich wünsche ich mir das auch nicht so richtig, obwohl natürlich vieles einfacher wäre.«

»Hm, was käme noch in Frage? Eine Waschmaschine?«

»Die könnte ich wirklich sehr gut gebrauchen und wenn ich vernünftiger wäre, würde ich mir auch eine wünschen. Aber mein Herzenswunsch ist es nicht. Und du wolltest doch meinen Herzenswunsch wissen?«

»Ja, ich würde gern deinen Herzenswunsch wissen. Aber den errate ich wohl doch nicht. Ist es ein Kühlschrank? Sonst fällt mir nichts mehr ein.«

»Ein Kühlschrank! Ja, ein sehr, sehr vernünftiger Wunsch, aber meiner ist nicht vernünftig, das sagte ich ja schon.«

»Dann sag's mir lieber!«

Verlegen druckste ich eine Weile herum, bis ich es wagte, meinen Wunsch zu nennen, den ich schon so lange heimlich hegte. Dass er erfüllt werden könnte, damit rechnete ich nicht. Vieles wäre in unserer Situation wirklich wichtiger gewesen. Aber Papa drängte und ich sprach den heimlichen, total unvernünftigen Wunsch aus: ein Klavier!

Wie oft war ich auf dem Nachhauseweg in Freiburg vor dem Musikgeschäft stehen geblieben und hatte sehnsuchtsvoll durch das Schaufenster geblickt und leise geseufzt: »Schade, dass ich nie wieder ein Klavier haben werde!« Ich hatte mich damit abgefunden; aber wenn ich nun nach einem Herzenswunsch gefragt wurde, dann konnte ich ihn doch wenigstens sagen, dann war der Wunsch zwar nicht mehr heimlich, aber vielleicht ginge er doch irgendwann einmal in Erfüllung.

Papa strahlte: »Das ist ein guter Wunsch! Damit erfüllt sich ja auch ein Wunsch für mich. Wie oft habe ich schon gedacht, dass es schön wäre, wenn du wieder spielen könntest und vor allem auch die Kinder es lernen. Ein sehr schöner Wunsch ist das. Den erfülle ich dir sehr gern.«

Einige Wochen später hatte Papa bereits ein gebrauchtes Klavier gekauft und die Nachzahlung reichte auch noch für einen Kühlschrank, eine Waschmaschine und eine Nähmaschine, die auch sehr nützlich war. Bisher hatte ich für die Kinder viel mit der Hand genäht. Eine sehr mühsame Arbeit. Wenn ich von Bekannten alte Kleider zum Auftrennen bekam oder in einer Truhe nach abgelegten Stücken suchen durfte, aus denen ich etwas nähen konnte, hatte ich mich sehr gefreut. Es hatte mich nichts außer Geduld und Zeit gekostet. Mit der Nähmaschine ging es nun natürlich viel besser und schneller, zumal die Kinder inzwischen auch größer geworden waren und die Nähte länger.

Der erste Streit um das Klavier zwischen meinen Dreien legte sich bald. Elke war es, die übrig blieb und weitermachte, als Evi und Roland kein Interesse mehr zeigten. Ich kaufte eine Klavierschule für Anfänger, denn Klavierunterricht konnte ich mir nicht leisten, und erklärte ihr die ersten Schritte. Dabei lernte ich selbst wieder neu.

Elke blieb dabei, spielte und übte stundenlang und mit Begeisterung. Sie machte erstaunliche Fortschritte. Bald hatte sie das Anfängerheft durchgearbeitet und ich besorgte eine Schule für Fortgeschrittene. In kurzer Zeit hatte sie mit ihrem Fleiß und ihrem Eifer mehr gelernt als ich früher beim Klavierlehrer. Schade, dass ich keinen Unterricht für sie bezahlen konnte! Ob sich nach der Scheidung wohl eine Möglichkeit ergeben würde, da dann auch Fred seinen Beitrag zum Unterhalt leisten musste? Jetzt beteiligte er sich ja überhaupt nicht daran.

Der Scheidungstermin war auf Anfang April festgesetzt worden. Ich wusste nicht, wo Fred sich nun aufhielt, aber das Schreiben vom Gericht hatte ihn erreicht. Als er eines Tages kam, um sich von mir Geld zu »leihen«, und ich zögerte, ihm etwas zu geben, drohte er, dass er meine Scheidungsklage abschmettern würde. Er habe schließlich angesehene und einflussreiche Zeugen, die ihm bestätigen konnten, dass er sich stets um seine Kinder gekümmert hatte. Ich sei nur nicht fähig gewesen, mit Geld umzugehen. Darum würde er auch dafür sorgen, dass die Kinder nicht bei mir bleiben dürften.

Obwohl ich mir nicht vorstellen konnte, dass er mit diesen Lügen etwas erreichen würde, beunruhigten mich seine Drohungen doch, denn auch seine Mutter wollte als Zeugin bei dem Gerichtstermin sein, wie er sagte. Der traute ich auch einen Meineid zu. Darum wünschte ich, die Scheidung möglichst bald hinter mich zu bringen, um wieder ruhig schlafen zu können.

Zwei Wochen vor dem Termin kam die Mitteilung, dass Freds Antrag stattgegeben worden war, den Scheidungstermin um drei Monate zu verschieben. Das war enttäuschend. Der ganze Sommer würde vergehen! Was konnte ich tun, um diese Entscheidung rückgängig zu machen? Ob mir unser Hausarzt wohl bescheinigen würde, dass es für meine Gesundheit wichtig sei, diese mich nervlich belastende Angelegenheit endlich zum Abschluss zu bringen? Ich wollte ihn um ein Attest bitten und nahm mir einen Tag frei.

Der Arzt verstand meinen Verdruss, glaubte aber nicht, dass mit einem Attest die Terminverschiebung rückgängig gemacht werden konnte. Doch er wollte mir unbedingt helfen und schrieb mich für einige Wochen krank: »Dann können Sie erst mal zu Hause bleiben und sich um ihre Kinder kümmern. Das wird Ihnen und Ihren Kindern gut tun.« Erstaunt fragte ich: »Krankschreiben wollen Sie mich? Aber mir fehlt doch gar nichts.« Er lachte laut auf: »Viele Patienten lassen sich krankschreiben, die viel gesünder sind als Sie. Seien Sie unbesorgt, das ist kein Vorwand; Sie brauchen dringend Erholung und müssen sich entspannen. Ich bin sicher, dass auch der Vertrauensarzt Sie nicht gesund schreiben wird. Darum gehen sie ruhig dorthin, wenn Sie einbestellt werden.«

War das eine angenehme Zeit! Ich durfte ganz für meine Kinder da sein, konnte mich um sie kümmern und brauchte sie nicht den Großeltern zu überlassen, die doch mit fast 80 Jahren viel zu alt waren, um ihren Bedürfnissen gerecht zu werden. Auch der Vertrauensarzt schrieb mich für weitere zwei Wochen arbeitsunfähig. Das begriff ich noch weniger. Ich hatte keine Beschwerden, fühlte mich so gut wie schon jahrelang nicht mehr.

Nach Ablauf dieser zwei Wochen, als ich wieder beim Vertrauensarzt erschien, zögerte er und dachte angestrengt über etwas nach. Er schien ein Problem damit zu haben, mich arbeitsfähig zu schreiben. Warum wohl? Er sah mich forschend, nachdenklich an. Da gab es doch Bestimmungen, an die er sich als Vertrauensarzt halten musste. Dann fragte er, während er mich aufmerksam beobachtete: »Haben Sie größere Anschaffungen zu machen? Warum müssen Sie als Mutter von drei Kindern unbedingt arbeiten? Warum bleiben Sie nicht zu Hause, bis Ihre Kinder älter sind und ihre Mutter nicht mehr so dringend brauchen? Diese Arbeit belastet Sie zu sehr, als dass Sie das noch lange durchhalten können.«

Ich schüttelte verlegen den Kopf: »Ich bin froh, wenn ich von meinem Lohn wenigstens unseren Unterhalt bestreiten kann.«

»Verdient Ihr Mann denn so wenig, dass es nicht reicht?«

»Von meinem Mann habe ich seit Monaten keinen Pfennig mehr bekommen. Ich weiß nicht einmal, wo er zurzeit ist.« Ich kämpfte gegen die aufsteigenden Tränen, konnte jedoch nicht verhindern, dass die Augen feucht wurden. Offensichtlich zweifelte der Arzt nicht an meinen Worten und dachte weiter nach. Dann hatte er einen Einfall. Er atmete entschlossen auf und empfahl mir, zum Jugendamt zu gehen und meine Lage dort zu schildern. »Die wissen schon, wie man mit solchen pflichtvergessenen Vätern umgehen muss. Gehen Sie jetzt gleich da hin! Ich schreibe Sie noch für weitere zwei Wochen krank. Auf Wiedersehen!«

Das Jugendamt war schon vom Arzt verständigt worden, denn man schickte mich dort direkt zum Sozialamt ein paar Türen weiter, wo man auch schon auf mich wartete. Der freundliche Herr zog mir einen Stuhl heran und ließ mich erzählen. Aufmerksam hörte er zu. Dann füllte er ein Formular aus und sagte abschließend: »Nun gehen Sie zu Ihrem Arbeitgeber und kündigen Ihr Arbeitsverhältnis. Lassen Sie sich bescheinigen, wie viel Urlaub Sie noch zu bekommen haben. Zwei Wochen sind Sie noch krankgeschrieben, dann haben sie noch die Urlaubstage und danach werden wir für Ihren Unterhalt aufkommen. Machen Sie sich nur keine Gedanken darüber. Es ist besser, wenn wir Ihnen jetzt helfen, als dass Sie vollkommen arbeitsunfähig werden und Ihre Kinder in ein Waisenhaus müssen, weil Sie sich gar nicht mehr um sie kümmern können. Und wir finden Ihren Mann und holen uns von ihm zurück, was Ihnen und Ihren Kindern zusteht. Sie bekommen auch dann Ihr Geld von uns, wenn Ihr Mann an uns oder gar nicht zahlt. Das Scheidungsurteil sollten Sie uns dann aber vorlegen.«

Meine Stimme versagte. Ich war überwältigt von dem Gedanken, die Kinder nicht mehr allein lassen zu müssen und von der Freundlichkeit, mit der man mir entgegenkam. Es war fast zu schön, um wahr zu sein. Mit vielen unangenehmen Pflichten hatte ich mich abgefunden, wie auch mit der, für unseren Unterhalt sorgen zu müssen. Es hatte mich belastet, dass ich nicht mehr Zeit für meine Kinder hatte, doch um Abhilfe hätte ich nie zu beten gewagt. Schließlich hatte ich mir diese Zwangslage selbst zuzuschreiben, da durfte ich mich nicht drum herumdrücken. Nun wurde mir diese Last abgenommen! Es war, als hörte ich die Stimme meines gütigen Vaters, die zu mir sprach: »Ich bin doch bei dir, und wie du siehst, kann ich dir auch helfen!«

Dieses Wunder wurde allein von Freds Rechtsanwalt ausgelöst, der die Terminverschiebung durchgesetzt hatte. Ursprünglich hatte ich meinen Arzt nur um ein Attest bitten wollen und nun erlebte ich die vollständige Entlastung von der großen Sorge, mich nicht um meine Kinder kümmern zu können. Als ich abends die Bibel aufschlug, fand ich einen Text, der wieder genau passte: *Für eine kleine Weile habe ich dich verlassen, aber weil ich dich von Herzen liebe, hole ich dich wieder heim. Als der Zorn in mir aufstieg, habe ich mich für einen Augenblick von dir abgewandt. Aber nun will ich dir für immer gut sein. Das sage ich, der HERR, der dich befreit* (Jesaja 54,7-8; Gute Nachricht). »Für immer« wollte Gott mir gut sein! Welch eine Zusage! Ich brauchte mir überhaupt keine Sorgen mehr zu machen!

So sehr ich mir das auch vornahm, ertappte ich mich doch immer wieder dabei, dass ich mich vor unangenehmen Ereignissen fürchtete. Freds Drohungen mit seinen einflussreichen Zeugen, die er zum Scheidungstermin mitbringen wollte, beunruhigten mich immer noch. Doch nicht einmal seine Mutter war zu dem Termin gekommen. Fred selbst saß vor dem Richter wie ein Häufchen Elend und wiederholte weder die in der Gegenklage erwähnten Beschuldigungen gegen mich, noch erklärte er, warum seine Zeugen nicht erschienen waren, die mich als Lügnerin überführen sollten.

Der Richter schien Mitleid mit diesem zerknirschten Mann zu haben, denn er empfahl ihm, in den sechs Wochen, bis das Urteil rechtskräftig wurde, mit mir zu reden. Es konnte ja sein, dass ich zu einem weiteren Versuch bereit sei, die Ehe fortzusetzen.

Fred sah mich fragend, fast bittend, an. Er schien es sich zu wünschen. Aber ich schüttelte den Kopf: »Nein, nicht noch einmal!«, und der Richter nickte verständnisvoll.

Nebeneinander gingen wir die breite Treppe hinunter. Vor dem Ausgang fragte Fred: »Kommst du noch mit mir ins Café da drüben? Ich lade dich natürlich ein.« Ich wurde einer Antwort enthoben; denn als wir durch das große Portal des Gerichtsgebäudes auf die Straße traten, wartete »das liebe Mütterlein«, hängte sich an seinen Arm und zog ihn mit sich fort.

Es war das letzte Mal, dass ich sie sah. Vermutlich hatte sie diesen Termin noch abwarten wollen, um Fred daran zu hindern, sich doch noch mit mir zu versöhnen. Oder hatte sie gar gehofft, ihre Zeugenaussage könnte benötigt werden? Wenige Tage nachdem die Einspruchsfrist verstrichen war, stand Fred wutschnaubend vor mir, um mich zu fragen, was ich seiner Mutter angetan hätte. »Sie ist spurlos verschwunden. Gestern hat sie noch zur Einrichtung einer Gaststätte im Schwarzwald von einer Getränkefirma einen Scheck über zehntausend Mark bekommen und nun ist sie nirgends zu finden. Hast du ihr das Geld weggenommen und sie ...?« Er machte eine Gebärde, als ob ich sie erwürgt hätte. »Ich steh wie ein Idiot da und muss das zurückzahlen. Den Brauereivertrag hab ich ja mit unterschrieben und die

Gastwirtschaft kann ich nun doch nicht aufmachen. Das wollten wir zusammen machen.«

Obgleich ich zuerst über diese Vermutung, die Fred da äußerte, sehr erschrak und auch keine Erklärung für ihr Verschwinden hatte, deutete Fred schließlich auch an, seine Mutter könnte vielleicht mit dem Geld nach Chile gefahren sein. Es schien ihm wohl selbst zu undenkbar, was er mir da zu unterstellen versuchte.

Dass sie nach Chile gereist war, leuchtete mir auch ein, und mir fiel ein Stein vom Herzen. Da würde sie dann wohl auch bleiben. Fred hatte ausgerechnet von seinem lieben Mütterlein einen Denkzettel bekommen für das, was er meinen Eltern und unseren Kindern angetan hatte. Die Schadenfreude konnte ich mir kaum verkneifen.

In den folgenden Wochen und Monaten besuchte Fred uns noch mehrmals. Er arbeitete als Taxifahrer. Einer seiner Kunden hatte ihm einen interessanten Vorschlag gemacht und ihm bei Titisee einen Schwarzwaldhof zur Pacht angeboten, aus dem er einen Reiterhof machen könnte. Fred hatte ihm von der Pferdebegeisterung seiner Mädchen erzählt und sich selbst als Reitmeister ausgegeben.

Evi war hellauf begeistert von der Aussicht. Elke, die vieles kritischer beobachtet hatte und nicht alles glaubte, was ihr Vater sagte, fragte ihre Schwester hänselnd: »Und du glaubst das? Der will uns doch bloß von Mutti weglocken, weil er weiß, dass wir Pferde mögen. Womöglich will er auch noch die Mutti wieder reinlegen.«

Es dauerte aber nicht lange, bis er den Plan tatsächlich verwirklichen konnte. Elke und Evi holte er schon ab, bevor Pferde in den Ställen standen. Er wollte sich von ihnen beraten lassen, welche Ponys er kaufen sollte, denn der Besitzer des Hofes ließ ihm völlig freie Hand und er selbst hatte viel zu wenig Ahnung davon, obwohl er doch angeblich Reitmeister war.

Nachdem ich sein Angebot entschieden abgelehnt hatte, mich ebenfalls zu beteiligen, wurden seine Besuche seltener. Von Elke erfuhr ich, dass er mit einer jungen Frau, die oft auf den Reiterhof kam, eine enge Beziehung hatte und sie dafür gewann, mit ihrem Geld den

Reiterhof und die Pferde zu übernehmen. Monate später heiratete Fred die vermögende Pferdefreundin Emmy und störte mich so schließlich nicht mehr.

Ich hatte mich um Kontakt zu gläubigen Christen bemüht und in einer freikirchlichen Gemeinde Anschluss gefunden. Manches an deren Lehren störte mich und ich studierte aufmerksam die Bibel, um zu vergleichen, wie es auch von den Beröern heißt: *Sie forschten täglich in der Schrift, ob es sich so verhielt* (Apostelgeschichte 17,11). Dabei entdeckte ich einige Fehler, die mir aber nicht so gravierend zu sein schienen, dass ich die Gemeinde wieder verlassen wollte; zumal ich auch Freunde gefunden hatte. Ich nahm diese abweichenden Auffassungen hin.

Nun war ich nicht mehr so allein. Das war gut für mich, weil ich ja auch mit Mutti nicht mehr sprechen konnte, seitdem sie den Schlaganfall gehabt hatte. Meine christlichen Freunde standen mir dann auch bei, als Mutti 1969 nach einem weiteren Schlaganfall von uns ging und ich mich um Papa kümmern musste, der mehr als ich unter diesem Verlust litt. Er hatte Mutti mit Aufopferung drei Jahre lang gepflegt, jetzt brauchte er selbst Hilfe.

Auch meine Kinder fanden in der Gemeinde Freunde. Dankbar beobachtete ich, dass die vielen negativen Erlebnisse nicht zu viel Schaden bei ihnen angerichtet hatten. Von Bekannten, die oft bei Fred zum Reiten waren, erfuhren wir, dass der Gerichtsvollzieher dort ein- und ausging. Eigentlich konnte ich das gar nicht so richtig glauben. Seine Frau hatte doch Vermögen mit eingebracht? Sollte das schon aufgebraucht worden sein? Oder hatte sie ihm den Zugriff gesperrt?

Die Gerüchte stellten sich leider als wahr heraus. Besonders für Evi hatte es unerfreuliche Folgen. Sie hatte ihr Pferd, das sie bei einem Reitturnier in Freiburg mit einem Los gewonnen hatte, für einige Tage bei ihrem Vater eingestellt, während sie zu einem Vorstellungsgespräch zu einem Gestüt fuhr, wo sie eine Lehre als Pferdepflegerin oder Bereiterin machen wollte. Ein Gläubiger Freds hatte Evis Pferd bei ihm gesehen. Es hatte ihm so gut gefallen, dass er sofort den Gerichtsvollzieher mit der Pfändung beauftragte.

Doch bevor die Pfändung vorgenommen werden konnte, hatte die ahnungslose Evi ihr Pferd wieder abgeholt und in den Stall gestellt, wo es sonst untergebracht war. Dem Gerichtsvollzieher hatte Fred indessen erzählt, dass er das gesuchte Pferd seiner Tochter geschenkt habe. Der Gläubiger, ein Rechtsanwalt, der sich bestens auskannte und wusste, dass ein Schuldner nichts verschenken darf, solange offene Forderungen seiner Gläubiger vorliegen, ließ die Stute daraufhin in Evis Stall pfänden. Dieser Schreck, als Evi das Gerichtssiegel in der Box ihres Pferdes fand!

Bei den Nachforschungen, wer ein Recht an Evis Pferd haben könnte, teilte man uns mit, dass Fred die hübsche Stute als seine eigene ausgegeben hatte. Nun mussten wir nachweisen, dass Evis »Wildkatze« niemals ihrem Vater gehört hatte. Nach vielem Ärger und etlichen Laufereien wurde die Pfändung aufgehoben. Evi wusste, wodurch dieser Verdruss verursacht worden war, und wollte nichts mehr mit Fred zu tun haben.

Nicht lange nach dieser Begebenheit war Evi zu einer Schulkameradin nach Freiburg gefahren, mit der sie sich oft traf. Es war ein total verregneter Tag, so dass man am liebsten im Hause blieb. Roland spielte mit seinem Freund, Elke saß am Klavier, um eine Sonate von Mozart einzuüben, die sie besonders liebte. Da wurden wir zu den Nachbarn ans Telefon gerufen. Weil ich eine starke Erkältung hatte, lief Elke für mich zu unserem Kaufmann, bei dem angerufen worden war. Außer Atem, in großer Erregung und vollkommen fassungslos kam sie zurück, schaltete das Radio ein und japste in abgehackten Sätzen und ziemlich durcheinander: »Wir müssen die Nachrichten hören! Chris war am Telefon. Es ist etwas Schreckliches passiert. Sie hat gefragt, ob wir Näheres wüssten. Ihre Tante hat bei ihr angefragt, ob das der Reiterhof ist, zu dem Chris immer geht, der abgebrannt ist. Die Tante hat es in den Nachrichten gehört. Chris meint, wenn es Papas Hof ist, dann müssten wir es wohl wissen. Das Pächterehepaar vom Hof soll mit verbrannt sein. Aber dann wären wir doch schon benachrichtigt worden, wenn es Papa und Emmy sind. Vielleicht kommt es in den nächsten Nachrichten noch einmal? Lass jetzt mal das Radio eingeschaltet, damit wir wissen, ob es der Gallishof ist.«

Wir ließen das Radio eingeschaltet, aber weder in der nächsten noch übernächsten Nachrichtensendung wurde die Meldung wiederholt. Wer wusste schon, was die Tante von Chris gehört hatte!

Als Evi abends zurück war, erzählten wir ihr davon. »Ich versuch mal, bei Papa anzurufen oder bei den Nachbarn«, entschied sie sogleich und lief ans Telefon. Sie bekam keinen Anschluss. So rief sie bei der Polizeistation Titisee an, um den Namen des Hofes zu erfragen, und kam fassungslos zurück: »Es ist der Gallishof! Der Hof ist bis auf die Grundmauern niedergebrannt, Papa und Emmy sind mit verbrannt. Die Feuerwehr konnte die Pferde und den Hund retten, aber keiner wusste, dass noch Menschen im Haus waren. Emmy hat das Feuer zuerst bemerkt und von den Nachbarn aus die Feuerwehr angerufen. Dann ist sie wohl wieder ins Haus zurückgelaufen, um die Stalltüren von innen zu öffnen, die Papa abends immer von innen verriegelt hat. Man vermutet, dass sie erstickt ist, bevor sie die Stalltür erreicht hat; denn die Feuerwehr brach die Türen von außen auf und konnte alle Pferde rausholen, aber weder von Papa noch von Emmy wussten sie etwas. Die wurden erst viel später gefunden«, berichtete Evi.

Vor wenigen Tagen, als wir gegen die Pfändung des Pferdes Einspruch erheben mussten, hatte ich noch verärgert darüber geschimpft, dass dieser Mann uns immer noch Scherereien macht. Nun schämte ich mich wegen meiner ungeduldigen Klage. So hatte ich es doch auch nicht gemeint! Betroffen und schuldbewusst schlug ich abends die Bibel auf und stieß auf den 73. Psalm:

Ich aber wäre schier gestrauchelt … Denn ich ereiferte mich der Ruhmredigen, als ich sah, dass es den Gottlosen so gut ging. … Sie tun, was ihnen einfällt. … Was sie reden, das muss vom Himmel herab geredet sein; was sie sagen, das soll gelten auf Erden. … Wie werden sie so plötzlich zunichte! Sie gehen unter und nehmen ein Ende mit Schrecken.

»Wie das alles auf Fred zutrifft«, dachte ich. Wie oft hatte er sich damit gebrüstet, dass er gefährliche Situationen und Unfälle so gut überstanden hatte. Wie er das »hingekriegt« hatte. Und nun dies! Dass er so ein Ende finden musste!

Drei Wochen vergingen, bis die Leichen zur Bestattung freigegeben wurden. Ich begleitete die Kinder zum Friedhof nach Titisee, aber echte Trauer empfand ich nicht. Ich wusste, dass Fred ein Werkzeug in Gottes Hand war, um mich zu erziehen. Dafür war ich dankbar, aber nun auch erleichtert, dass Fred uns keinen Ärger mehr machen konnte.

Von Freds Schulden hatten wir gehört, aber wir wussten nicht, dass wir innerhalb von sechs Wochen nach seinem Tod notariellen Erbschaftsverzicht leisten mussten. Niemand hatte mich darauf aufmerksam gemacht. Wie gut, dass auch Gott die menschlichen Verordnungen kennt und weiß, wie man sich verhalten muss.

Er machte einen Notariatsbeamten aufmerksam, der sich bei der Durchsicht der Akten fragte, warum von den Erben noch keine Verzichtserklärung abgegeben worden war. Am folgenden Tag würde die Frist ablaufen. Der Beamte war besorgt und ließ uns über das Gemeindebüro den Bescheid zukommen. Es sei dringend. Ich müsste sofort beim Notariat in Breisach die Verzichtserklärung für die Kinder, die ja Freds Erben waren, beurkunden lassen und anschließend die Urkunde beim Notariat in Neustadt vorlegen. Ziemlich aufgeregt machte ich mich auf den Weg. Nur Papa sagte ich kurz Bescheid, denn die Kinder waren zu dieser Zeit in der Schule und ich würde sicher erst am Abend zurück sein können.

In Freiburg bekam ich einen guten Anschluss nach Neustadt. Dort angekommen zeigte mir der Notariatsbeamte den Aktenstapel mit Zahlungs- und Pfändungsbefehlen. Was wäre auf meine Kinder zugekommen, wenn er es nicht im letzten Augenblick bemerkt hätte! Eine Woche später meldete sich bereits ein Gläubiger Freds, um von den Erben die Tilgung der Schuld einzufordern.

So erlebte ich fast täglich, wie Gott half, den Schaden zu begrenzen, den ich verursacht hatte. Wahrscheinlich war es noch viel mehr, als ich bemerkte. Vieles habe ich in meinen Tagebüchern vermerkt, was ich sonst vergessen hätte. Wenn ich jetzt darin blättere, kann ich, wie Hella Heizmann, staunend bekennen:

Wie viel schöne Stunden hat mir Gott bis jetzt geschenkt,
wie viel gute Jahre, wie viel Liebe.
Wie viel Hilfe konnte ich in kleinen Dingen sehn,
wüsste nicht, wo ich alleine bliebe.

Wie viel Engel wurden wohl für mich schon losgeschickt,
wie viel Druck hat Gott von mir genommen.
Wie viel Trost fand ich bei ihm in Zeiten schwerer Not.
Wie viel Zuspruch habe ich bekommen.

Wie oft habe ich gezweifelt, wie oft hinterfragt,
wie oft fast den Glauben aufgegeben.
Wie oft wurde ich beschämt und wie oft überrascht.
Gott ist gut und ihm gehört mein Leben.

Da kann man nur staunen über Gott
und über die Wunder, die er tut,
einfach nur staunen.

Kapitel 16

Zeit der Freude, Zeit des Leides

Denen, die Gott lieben,
müssen alle Dinge zum Besten dienen.

RÖMER 8,28

Bald nach Freds Tod hatte ich auf das Inserat eines gläubigen Mannes in der Gemeindezeitung geantwortet, der in den USA lebte, aber nach Deutschland zurückkehren wollte. Seine Frau war tödlich verunglückt. Das Inserat interessierte mich, weil er sich als Freund klassischer Musik bezeichnete. Ob er mir antworten würde?

In meinem Brief schrieb ich, dass ich 1964 geschieden worden war, mein geschiedener Mann aber inzwischen verstorben war, und ich nun auch vor Gott frei war. In seiner Antwort schrieb er mir, dass er viele Zuschriften von geschiedenen Frauen bekommen hätte, die für ihn gar nicht infrage kämen. Weil ich aber erwähnte, dass mein Mann gestorben sei, erkenne er daraus, dass unsere Meinungen in dieser Angelegenheit übereinstimmten. Da ich außerdem klassische Musik liebte, stände ich für ihn von allen Bewerberinnen auf dem ersten Platz.

Ausführlich berichtete er mir aus seinem Leben. Nach Kriegsende war er mit seiner Familie und sechs Kindern in die USA ausgewandert, wo deutsche Wissenschaftler willkommen waren. Dort hatte er 15 Jahre in einem Forschungslabor gearbeitet, wollte aber seinen Lebensabend in Deutschland verbringen. Seine Kinder waren erwachsen, zum Teil schon verheiratet. Nach verhältnismäßig kurzem Briefwechsel vereinbarten wir ein Treffen und fanden auch bei der persönlichen Begegnung keine großen, unüberwindlichen Schwierigkeiten, die einer Heirat im Wege gestanden hätten.

Er wollte in den USA seinen Haushalt auflösen und ich musste mich um eine größere Wohnung bemühen; denn seine beiden jüngsten Töchter, 15 und 17 Jahre alt, würden mit ihm kommen. Im November 1971 heirateten wir. Außer einer Tochter Erhards, die in einer Missionsstation in Afrika weilte, kamen seine und meine Kinder zu unserer Hochzeit. Wir waren eine große, fröhliche Familie. Fast alle waren dann auch zum Weihnachtsfest wieder bei uns. So eine schöne, beschauliche und doch freudige Weihnachtsfeier hatte ich noch nie erlebt. Ich werde sie wohl nie vergessen.

Nur für Papa war das alles wohl zu viel. Zuerst der Umzug, dann die vielen fremden Menschen, die jetzt zu seiner Tochter gehörten, und nicht zuletzt das Gefühl, nicht mehr gebraucht zu werden – all das belastete sein altes Herz zu stark. Er starb drei Monate, nachdem wir geheiratet hatten.

In den nächsten Jahren schrumpfte unsere Familie zusammen: Elke heiratete nach dem Abitur einen Klassenkameraden, mit dem sie in Hamburg wohnte.

Evi lernte im Urlaub, den sie in Griechenland verbrachte, einen Amerikaner kennen, einen Skipper, folgte ihm in die Karibik und begleitete ihn bei Segeltörns auf fast allen Weltmeeren. Auch Roland verließ uns, nachdem er den Schulabschluss gemacht hatte. Er konnte bei Elke und ihrem Mann in Hamburg wohnen, denn dort gab es für ihn bessere Chancen auf eine Lehrstelle als Bootsbauer. Die beiden jüngsten Töchter Erhards kehrten in die USA zurück. Sie waren dort aufgewachsen und dort zu Hause.

Wir waren also allein. Nach dem Trubel der letzten Jahre kam es mir sehr still vor. Nur gut, dass wir uns beide an der Musik freuen konnten! Mit Erhards Hilfe, der sehr musikalisch war, verbesserte ich sogar meine spärlichen Kenntnisse beim Klavierspiel. Wenn wir es nicht vorzogen, klassische Musik im Radio oder im Konzertsaal zu hören, musizierten wir miteinander. Nach vielen Jahren hatte sich doch noch ein Jugendtraum erfüllt. Ich war mit einem Musikfreund verheiratet, mit dem ich zudem auch in den meisten Glaubensfragen übereinstimmte.

Nach einer ruhigen, fast unbeschwerten Zeit, ausgefüllt mit Bibelstudium und viel Musik, machte Erhards Gesundheitszustand uns Sorge. Er war 16 Jahre älter als ich und machte sich deshalb Gedanken um meine Zukunft. Er wollte vorsorgen, damit ich nicht ganz allein wäre, sollte er nicht mehr gesund werden.

»Es wäre gut, wenn wir in der Nähe unserer Kinder wohnen könnten«, meinte Erhard. Aber nur Elke hatte einen kalkulierbaren festen Wohnsitz. Deshalb schlug er vor: »Wir sollten in Elkes Nähe ziehen. Sie ist zuverlässig und hat sehr gute und gesunde Anschauungen, besonders auch in Glaubensfragen. Bestimmt wird sie sich um dich kümmern, wenn du im Alter Hilfe brauchst.«

Obwohl ich mich noch nicht so fühlte, als ob ich bald Hilfe bräuchte, gefiel mir der Vorschlag überaus. Mit Elke verstand ich mich gut und ich wollte gern in ihrer Nähe wohnen. Heimlich hatte ich mir das bereits gewünscht, als ihr Sohn geboren wurde. So konnte ich mich besser an meinem ersten Enkelkind freuen. Wie hatte ich die Großmütter beneidet, deren Enkelkinder in der Nähe wohnten! Ich konnte den kleinen Ole nur ein bis zweimal im Jahr sehen, nachdem er eine stundenlange Fahrt auf der Autobahn hinter sich hatte, weswegen er mich auch als die »Autobahn-Oma« bezeichnete.

Nicht lange nach diesen Erwägungen teilte uns der Hauswirt mit, dass er unser Haus verkaufen wollte und wir uns wohl um eine andere Wohnung kümmern müssten. Ein Umzug wäre demnächst also auf jeden Fall erforderlich. Warum dann nicht gleich in Elkes Nähe? Vielleicht sollte das so sein?

Beim nächsten Telefongespräch mit Elke erzählte ich ihr von unserer Absicht und sie war begeistert. Ihr Mann, der solche Angelegenheiten besonders gern arrangierte, wollte uns in der Nähe von Hamburg ein Haus besorgen, in dem wir dann unter Umständen sogar alle zusammen wohnen konnten. Eilends studierte er die Immobilienangebote und bald konnten wir ein Bauernhaus besichtigen, in dem nicht allzu viel zu renovieren war, damit wir alle Platz darin hätten.

Einige Monate später zogen wir um, gerade zur rechten Zeit; denn Erhard ging es inzwischen so schlecht, dass er kaum noch aufstehen konnte und nur unter großen Schmerzen die Fahrt überstand. Von Elkes Mann, Hajo, und Roland gestützt, schaffte er den Weg vom Auto in das bereitgestellte Bett. Der Arzt kam sofort und gab ihm eine Spritze gegen die unerträglichen Schmerzen.

In der folgenden Zeit konnte er nur noch mit Hilfe von starken Medikamenten kurze Zeit aufstehen. Häufig kam es vor, dass er sehr verwirrt war, so als sei er betrunken, obwohl er ganz selten und nur wenig Alkohol trank. Wahrscheinlich waren es Nebenwirkungen der Schmerzmittel. Wie gut, dass Elke mir nun helfen konnte!

Wir beide hatten in dem großen, zum Teil verwilderten Garten viel zu tun. Rund um das alte Bauernhaus herum gab es Arbeit in Hülle und Fülle. In einigen Gebäuden waren früher Schweine gehalten worden. Der Mist lag meterhoch darin und musste mit Pickeln gelöst werden. Später wollte Elke dann ein oder zwei Pferde halten und sich damit ihren lange gehegten Wunsch erfüllen, auf einem eigenen Pferd reiten zu können. Von einem anderen Stall standen nur noch die Mauerreste. Beim Abtragen und Einebnen der Flächen mussten auch die Männer, Hajo und Roland, helfen. Es war harte Arbeit. Aber wir hatten Spaß daran, besonders wenn wir die Fortschritte wahrnahmen. Erhard konnte nur vom Fenster aus zusehen.

Dann aber kam alles ganz anders, als wir gedacht, geplant und gewünscht hatten, so dass ich mich fragte, ob unser Umzug womöglich nicht nach Gottes Willen gewesen war. Hatten wir die Zeichen nicht richtig gedeutet? Was hatten wir falsch verstanden? Was konnten wir jetzt noch ändern? Gott schien mit unserer Entscheidung nicht einverstanden zu sein. Oder warum häuften sich die Schwierigkeiten?

»Nimm du mich ganz hin, o Gottes Sohn. Du bist der Töpfer, ich bin der Ton. Mach aus mir etwas nach deinem Sinn!« So hatte ich oft gebetet. War Gott nun dabei, etwas nach seinem Sinn aus mir zu machen? Das war nicht gerade so, wie ich es mir vorgestellt hatte. Doch musste ich wohl damit einverstanden sein.

Mit einer zunächst guten Botschaft von Elke fing es an. Freudestrahlend teilte sie mir mit, dass sie wieder schwanger sei. Sie wünschte sich ein zweites Kind, am liebsten ein Mädchen. Warum auch nicht? Das war doch wunderbar! Jedoch ging es ihr schon nach wenigen Wochen so schlecht, dass sie kaum aufstehen konnte. Ich musste mich um sie und um ihre Familie kümmern – und natürlich auch um den kranken Erhard. Der Garten und das Umfeld des Hauses rückten in den Hintergrund.

Der problematischen Schwangerschaft folgte eine uns alle erschütternde Geburt. Elke hatte einen Blutsturz. Sie bekam viele Blutübertragungen, Konserven und direkte Spenden, lag danach tagelang auf der Intensivstation. Elend und bleich, aber glücklich, dass sie eine kleine Tochter hatte, strahlte sie: »Bald ist alles wieder in Ordnung!« Nachdenklich fügte sie noch hinzu: »Mit dem Desaster bei der Geburt hat Gott wohl Hajo erinnern wollen, dass er wieder beten soll – der wollte ja nichts mehr von ihm wissen.«

Aber es blieb nicht bei den beängstigenden Vorkommnissen bei der Geburt, andere Probleme kamen hinzu, ereigneten sich in schneller Reihenfolge. Die Kleine musste monatelang behandelt werden, weil sie keine Nahrung vertrug. Elkes Harnleiter war bei den Bemühungen, die Blutung zu stoppen, verletzt worden und wurde genäht. Ein Blasenriss musste operiert werden – dreimal – ohne Erfolg. Mit einer Hepatitis, »non a non b« (damals waren nur die Typen a und b bekannt), lag Elke wochenlang in der Immunologie, wo wir nur durch Glasscheiben mit ihr sprechen durften. Immer seltsamere Erkrankungen stellten sich ein, für die keine Ursache erkennbar war. Sie wurde von einer Klinik in die andere geschickt und war nur noch zu Besuch zu Hause. Niemand fand auch nur einen Anhaltspunkt, was der Grund für die vielen Leiden sein konnte.

Ich versorgte ihre Familie und meinen Mann, der sehr ungeduldig und immer verwirrter wurde, und war bis an die Grenzen meiner Kraft gefordert, so dass ich anfing zu klagen: »Herr, diese Aufgabe ist zu schwer für mich, ich schaffe das nicht mehr!« Erhard starb ein Jahr nach Lones Geburt. So bitter das jetzt klingen mag, in dieser Situation war sein Tod für mich eine Entlastung. Er war zuletzt sehr unzufrieden mit mir, mit sich selbst und der ganzen Situation.

Elke begann mit Gott zu hadern: »Gott kümmert sich nicht um mich. Ich weiß nicht, was ich getan habe oder was ich tun sollte, warum er das alles zulässt«, jammerte sie, und ich konnte ihr keine oder nur eine unbefriedigende Antwort geben. Sechs Jahre lang litt sie und es gab nicht das kleinste Anzeichen für eine Besserung. Sie hatte immer sehr gesund gelebt, weder geraucht noch getrunken. In unserer Familie waren solche Krankheiten nie aufgetreten. Warum ging es ihr so schlecht, und warum fand niemand heraus, wie man ihr helfen konnte? Da kam uns allen fast gleichzeitig der Gedanke, es könnte AIDS sein.

Bevor Lone 1981 geboren wurde, hatte ich nur einmal von dieser Krankheit gelesen. Hauptsächlich Homosexuelle und Drogenabhängige sollten davon betroffen sein. Ich hatte mich nicht weiter dafür interessiert, denn Amerika war weit weg und in unserer Familie gab es weder die eine noch die andere Risikogruppe. Inzwischen war die Krankheit auch nach Deutschland gekommen. Ich hörte und las gelegentlich darüber. Nachdem ich mich eingehender damit beschäftigt hatte, fiel es mir wieder ein: Die vielen Bluttransfusionen, die Elke bei Lones Geburt 1981 bekommen hatte, zu einer Zeit, als weder Blutspender noch Konserven getestet wurden! Konnte das der Grund sein? Ich erschrak bei dem Gedanken und schob ihn weit weg.

Er kam aber wieder, und nicht nur zu mir. Auch Elke und Roland hatten daran gedacht. Elke hatte den Arzt, der bei der Entbindung zugegen gewesen war, gebeten, einen HIV-Test zu machen. Sechs Jahre und acht Monate nach Lones Geburt erhielt sie den Befund: HIV-positiv! Sie trug es mit Fassung, wusste sie nun doch endlich, warum sie nicht gesund wurde trotz aller Bemühungen. Aber ihren Glauben hatte sie verloren. Ihr ganzes Wesen, ihr Charakter veränderte sich beängstigend. An der Belastung und ihrer zunehmenden Reizbarkeit zerbrach ihre Ehe. Alle Zukunftspläne waren zunichte gemacht. Selbst an ihrem Wunschkind konnte sie sich nicht mehr freuen.

Auch Lones Gesundheit gab Anlass zur Sorge, so dass wir auch bei ihr einige Monate später einen HIV-Test machen ließen. Auch der war positiv. Infiziert durch die Muttermilch, die sie doch nur wenige Tage lang bekommen hatte, in der aber gerade so kurz nach der Infektion ihrer Mutter besonders viele Viren waren, wie man uns später erklärte.

Als Elkes Mann seine Freundin ganz selbstverständlich mitbrachte, wollte sie nicht mehr leben. Ich konnte es ja verstehen. Auch in meinem Herzen regten sich Zweifel. War die Zusage Gottes noch gültig, dass alle meine Kinder gerettet werden sollten? Oder hatte ich das falsch verstanden? Wenn Elke sich das Leben nahm, ging sie verloren! Dann konnte auch ich auf Gottes Versprechen nicht mehr vertrauen. Was dann?

Ich klagte Gott an: »Warum hast du Elke nicht bei Lones Geburt sterben lassen? Damals war ihr Glaube noch gesund. Ich hätte dann zwar auch nach dem Warum gefragt, aber ich wäre sicher gewesen, dass sie gerettet ist und hätte mich damit abgefunden, weil ich ja dein Handeln nicht immer verstehen kann. Aber nun? Sagt uns dein Wort nicht, dass du uns keine Lasten auflegst, die wir nicht tragen können? Dass du niemand über sein Vermögen versuchen lässt? Elke ist aber am Ende ihrer Kraft und ich weiß auch nicht mehr, was ich tun soll! Stimmt es etwa nicht, dass du alle Menschen retten willst? Wie kannst du dann zulassen, dass Elke sich das Leben nimmt? Warum, mein Gott, warum? Oder bist du gar nicht an uns Menschen interessiert, wie Elke neulich verbittert behauptete? Vielleicht gibt es dich gar nicht? Vielleicht war alles, was ich erlebte, nur Zufall?«

Mit Elke konnte ich gar nicht mehr reden. Wenn ich auch nur andeutungsweise auf Gott zu sprechen kam, wurde sie zornig. Einmal schlug sie wütend die Tür zu, als ich nur andeutete, dass wir Gott nicht immer verstehen und sie ermutigen wollte, trotzdem zu beten. »Mich kriegst du hier nicht mehr zu sehen!«, hatte sie wütend geschrien und war nach oben gegangen. Sie hatte sich bereits am Tag zuvor aus dem Fenster stürzen wollen.

Ich folgte ihr nicht. Wenn Gott es zuließ, dass sie ihr Leben beendete, dann würde ich es auch tun. Dann, ja, dann könnte ich Gott auch nicht mehr glauben. Dann wäre es wohl für uns alle das Beste, Schluss zu machen. Warum sollten wir leben, wenn es keinen Gott, kein ewiges Leben, nicht einmal eine Hoffnung darauf gab? Warum sollen wir uns mit dieser schrecklichen Krankheit abplagen, gegen die es kein Heilmittel gab und die nichts als Leiden, Schmerzen und Qual mit sich brachte? Niemand von uns hatte die Infektion verschuldet, aber alle gingen daran kaputt! Mein Gott, wenn du da bist, dann lass es nicht zu, dass Elke sich das Leben nimmt, konnte ich nur noch klagen.

Kaum eine Stunde später kam Elke zurück und bat mich schluchzend, einen Seelsorger anzurufen. Sie hatte sich nichts antun können; Gott hatte es nicht zugelassen. Ich konnte wieder aufatmen, weiter vertrauen. Ganz gleich, wie die Hilfe aussehen mochte, ich wollte darauf warten. Trotz aller Unsicherheit beim Gedanken an die Zukunft war ich dankbar, dass Gott rechtzeitig eingegriffen hatte und rief einen jungen, gläubigen Mann an, der um Elkes Krankheit wusste und mit ihr sprechen wollte. Es ging also weiter!

Die kleine Lone, Elkes Wunschkind, um das sie sich kaum noch kümmern konnte und manchmal wohl auch nicht wollte, war für mich ein Trost, ein kostbares Geschenk. Schon bevor sie zur Schule ging, wunderte ich mich oft über ihre Gedankentiefe und fragte mich, woher sie ihre Erkenntnisse hatte. Sie liebte Jesus und hörte hingebungsvoll die Kassette vom guten Hirten. Besonders die Schilderung von der schwersten Stunde Jesu, in der er von allen verlassen war, rührte ihr kleines Herz an. Sie ließ das Band immer wieder zurücklaufen, lauschte mit Tränen der elegischen Musik und sang leise den Text mit. Dann kam sie zu mir, sah mich mit Tränen in den Augen an und versicherte: »Ich würde den Jesus nicht verlassen!«

Wenn sie bei mir schlafen durfte, beteten wir zusammen. Lone dachte an Freunde und Bekannte, von deren Problemen oder Sorgen sie etwas mitbekommen hatte. Auch wenn diese von Gott nichts wissen wollten, schloss Lone sie in ihre Gebete ein. Um ihre geliebte Mutti machte sie sich große Sorgen, weil die ja nun auch nichts mehr von Gott wissen wollte. Bei jeder Gelegenheit spielte sie ihrer Mutter die schöne Kassette vor. Vorher vergewisserte sie sich, dass die Mutti es hören und auch verstehen konnte. Und täglich bat sie Gott, er möge ihre Mutti nicht so leiden lassen und sie am besten wieder gesund machen. Wenn dann eine zeitweilige Besserung bei Elke eintrat, war Lone glücklich.

Doch leider wurden die erträglichen Zeiten immer kürzer und die Aufenthalte in der Klinik immer länger. Nach monatelanger Behandlung in der Klinik, als das Ende absehbar war, wurde Elke auf eigenen Wunsch zum Sterben nach Hause entlassen. Sie konnte nicht mehr sprechen, aber sie konnte hören. Bedacht und behutsam wagte ich sie zu fragen, ob sie eine Kassette hören wolle. Sie war einverstanden. Ich hatte ja nur christliche Kassetten und wählte eine aus, die ich mir vom ERF hatte schicken lassen. Die Worte des Seelsorgers rührten sie an. Bald war sie bereit, mit uns zu beten. Mit Tränen der Freude in ihren blauen Äugelchen flüsterte Lone mir zu: »Wenn Mutti nun wieder betet, dann wäre es doch besser, wenn sie sterben darf, dass sie nicht mehr so sehr leiden muss.«

Dieses Kind hatte begriffen, was vielen Erwachsenen so schwerfällt. Dass für einen gläubigen Menschen der Tod besser sein kann, als unter so großen Schmerzen zu leben. Sie ließ die geliebte Mutti los, damit sie nicht länger leiden musste! Ich hatte befürchtet, dass Elkes Tod ihre kleine Tochter in Glaubenskonflikte stürzen konnte – nun wusste ich es: Sie liebte ihre Mutti so sehr, dass sie sie lieber hergeben wollte, um sie nicht leiden zu sehen. Von da an war es auch für mich leichter, meine Tochter loszulassen.

Es dauerte noch zwei Wochen, bis sie nach furchtbaren Qualen endlich ausgelitten hatte. Um zehn Uhr abends, zwei Stunden vor Lones zehntem Geburtstag, schlief sie friedlich ein.

Mit ihrem Tod kamen andere Probleme auf mich zu. Elkes Mann wartete schon darauf, dass seine Freundin in unserem Haus einziehen konnte. Ich war im Wege. Er kündigte mir die Wohnung, obwohl ich Wohnrecht auf Lebenszeit mit ihm vereinbart hatte. Der Vertrag war jedoch aus meinem Dokumentenkoffer verschwunden und alles, was damit zusammenhing auch. Die beiden Zeugen, Erhard und Elke, die es hätten bestätigen können, waren tot. Er dachte nicht einmal daran, was es für seine kranke Tochter bedeutete, wenn sie nach dem Tod der geliebten Mutter auch die Oma verlieren würde, an der sie so sehr hing. Ich hatte sie ja wie mein eigenes Kind aufgezogen. Beim Tod ihrer Mutti hatte sie noch festgestellt: »Immerhin habe ich noch die Oma, die mich so lieb hat.«

Ich musste mich bei ihrem Vater durchsetzen und er erlaubte mir zu bleiben, bis Lone mich nicht mehr brauchte, ganz gleich, wie ich das schaffen würde. Hartnäckig und standhaft war ich nie gewesen. Jedenfalls nicht, um meine eigenen Interessen durchzusetzen. Aber nun ging es ja um dieses kranke Kind, das wahrscheinlich auch nicht mehr lange zu leben hatte – da durfte ich nicht nachgeben.

Als Hajo begriffen hatte, dass ich die Wohnung nicht räumen würde, machte er einen Vorschlag, den ich akzeptieren konnte. Er wollte mir eine Wohnung besorgen, den Umzug organisieren und dann dürfte ich Lone mitnehmen. Damit war auch Lone einverstanden.

Bei Elkes Beerdigung war bekannt geworden, dass Elke und Lone Aids hatten und nun ging es wie ein Lauffeuer durch den kleinen Ort. Es wurde einsam um uns. Selbst unsere christlichen Freunde mieden uns. Lones beste Freundin durfte nicht mehr mit ihr zusammen sein. Am Kindergottesdienst wollte man sie nicht teilnehmen lassen und viele ihrer Schulkameradinnen gingen ihr aus dem Weg. Bei allen physischen Leiden war das für das gepeinigte und doch so tapfere Kind eine der schlimmsten Enttäuschungen.

Vor einiger Zeit hatte ich ihr einmal von Salomo erzählt, dem Gott einen Wunsch erfüllen wollte, und sie gefragt, was sie sich in diesem Fall wünschen würde. Ohne lange zu überlegen gab sie mir die Antwort: »Dass ich immer eine so gute Freundin habe wie Daniela.«

Ich hatte andere Wünsche erwartet, zum Beispiel, dass sie gesund werden wollte, nicht alle vier Wochen in die Klinik und keine bitteren Medikamente mehr schlucken musste und derlei Dinge. Nein, sie wünschte sich eine gute Freundin!

Daniela durfte nicht mehr mit ihr spielen. Darüber war ich tief betrübt und klagte vor Gott: »Ist der Wunsch dieses Kindes so unbescheiden, dass er nicht erfüllt werden kann? Warum nicht?« Ich konnte Gott mal wieder nicht verstehen. Doch im Laufe der kommenden Monate wusste ich es: Er hatte etwas Besseres für sie vorgesehen! Lone wurde eine andere Freundin geschenkt. Sie kannte Tanja schon länger, hatte aber nur selten mit ihr gespielt, weil sie etwas jünger war und in eine andere Klasse ging. Tanja wusste von Lones Krankheit, doch ihre Mutter erlaubte ihr, trotzdem mit Lone zu spielen. Bald waren die beiden unzertrennlich.

Tanja war wirklich eine wunderbare Freundin für Lone, mitfühlend und verständnisvoll. Sie hielt bei der Kranken aus, bis zum letzten Tag ihres Lebens. Sie lief auch nicht fort, wenn Lone weinte oder vor Schmerzen stöhnte. Gott hatte wohl gewusst, dass Daniela das alles wohl nicht so geduldig ertragen hätte. Er hatte Tanja für meine Kleine vorgesehen.

Mit ihrer Krankheit, mit den unangenehmen Behandlungen, Schmerzen und Unpässlichkeiten, mit den vielen Enttäuschungen und mit dem Wissen, dass sie bald sterben würde, ging sie so tapfer um, dass kaum jemand ahnte, wie schlecht es ihr ging. Schwestern und Ärzte bewunderten ihre Daseinsfreude und Lebensbejahung. Viele meinten wohl auch, dass sie selbst nicht wusste, wie krank sie wirklich war. Doch sie wusste es; sie wusste auch, was Sterben bedeutet. Von ihrer Lieblingsärztin hatte sie sich versprechen lassen, dass sie nicht künstlich ernährt werden würde, wenn sie nichts mehr essen konnte, und dass sie zu Hause sterben durfte.

Manchmal, wenn es ihr sehr schlecht ging, wünschte sie, bald sterben zu dürfen. Doch kaum hatte sie es ausgesprochen, tat es ihr leid. Sie dachte an uns: »Ihr seid dann alle so traurig, das möchte ich ja nicht«, meinte sie mit Tränen in ihren blauen Äugelchen und schmiegte sich in meinen Arm, als wolle sie *mich* trösten. Wenn Gott damit einverstanden wäre, wollte sie noch ihren 14. Geburtstag feiern.

Außer dem letzten wurden alle Wünsche erfüllt. Drei Wochen vor ihrem 14. Geburtstag durfte sie zu Hause ruhig einschlafen, fast genau vier Jahre nach dem Tod ihrer Mutter.

Die notvollen und doch so kostbaren Jahre, die ich mit diesem Kind erleben durfte, waren zu Ende. Gott hatte mich in die Schule genommen und etwas aus mir gemacht, das seinem Willen entsprach, so wie ich ihn nach meiner Umkehr gebeten hatte. Ich hatte nicht nur gelernt, Kranke zu pflegen; ich hatte auch angefangen zu begreifen, wie unendlich groß die Liebe Gottes ist und was es ihn gekostet hat, meine Schuld zu sühnen. Gerade in den unerträglichen Stunden am Bett des leidenden Kindes wurde mir bewusst, wie sehr Gott gelitten hat, als sein Sohn am Kreuz hing. Der allmächtige Gott war in dieser furchtbaren Stunde ohnmächtiger, als ich es war, denn er durfte seinem geliebten Sohn nicht helfen, wenn er mich und andere Menschen retten wollte. Er musste tatenlos zusehen, wie Jesus unter den grausamsten Schmerzen starb.

Und welche Qualen erduldete Jesus! Er, der in seinem Leben unter uns Menschen immer in engster Verbindung mit seinem Vater geblieben war, der nichts ohne den Vater getan hatte, war nun verlassen, als die Sünde der ganzen Welt auf ihm lag. Er, der Sündlose, musste durch die Hölle gehen, die eigentlich wir verdient haben – weil er sie uns ersparen wollte! Es ist und bleibt unfassbar, unbegreiflich!

Für mich trugst du die Dornenkron, für mich warst du
von Gott verlassen,
auf dir lag alle Schuld der Welt, auch meine Schuld –
ich kann's nicht fassen!
Herr, deine Liebe ist so groß, dass ich sie nie begreifen kann,
doch danken will ich dir dafür.
Herr, deine Liebe ist so groß, dass ich sie nie begreifen kann.
Ich bete dich an!

Die totale Verlassenheit war Lone erspart geblieben. Ich durfte ihr nahe sein, durfte mit ihr sprechen, ihr etwas Erleichterung verschaffen, wenn sie es wünschte, durfte sie liebkosen und trösten. Dabei wurde ich auch selbst getröstet. In meiner Hilflosigkeit angesichts ihrer Schmerzen spürte ich die Nähe Gottes, die uns beide umfing. So konnte ich nach dem letzten Atemzug des Kindes unter Tränen danken, dass sie ausgelitten hatte!

Ein Zitat von Wilhelm Busch rahmte ich mir ein. Nun hängt es an einem Ort, da, wo ich es lesen kann, sooft mich Traurigkeit überkommt:

> »Mitten im Todesland, mitten im Jammer der Welt,
> mitten im Herzeleid die Tränen abwischen und froh
> werden, weil Jesus da ist – seht, das ist Christenglaube.«

Kapitel 17

Der Kreis schließt sich

Aus dem Schatz der Erinnerungen wird unsere Gegenwart gespeist

T. KRON

Bonhoeffer ist überzeugt, dass auch unsere Fehler und Irrtümer nicht vergeblich sind, und dass es Gott nicht schwerer ist, mit ihnen fertig zu werden als mit unseren vermeintlichen guten Taten. Das habe ich begriffen und davon will ich auch erzählen.

Gott begleitete mich durch Freude und Leid in seiner wundersamen Weise. Auch wenn sich der ein oder andere Wunsch nicht so erfüllte, wie ich es mir erträumt hatte, habe ich doch den Frieden gefunden, der höher ist als alle Vernunft. Nun möchte ich meinen Lebensabend mit meinen Kindern und Enkelkindern genießen.

Ich begann, all meine Erlebnisse aufzuzeichnen. Vieles hatte ich in Tagebüchern festgehalten, schöne aber auch tragische Geschehnisse. Ich wollte sie in einem Buch zusammenfassen. Zu dem mittlerweile häufig diskutierten Thema Aids konnte ich ja einiges sagen und aus eigener Erfahrung den überängstlichen Zeitgenossen versichern, dass sie sich vor einer Infektion bei normalem Umgang mit Kranken nicht zu fürchten brauchen, dass man sich auch beim täglichen Beisammensein nicht infizieren kann. Im Straßenverkehr ist jeder Verkehrsteilnehmer, ob als Fußgänger oder im Auto, viel gefährdeter als im Zusammensein mit Aidskranken. Deren ohnehin große Not wird ganz unnötig unbeschreiblich vergrößert, wenn sie allein gelassen werden. Das wollte und musste ich weitersagen.

Roland, der in meiner unmittelbaren Nähe wohnte, riet mir, diese Erfahrungen am Computer aufzuschreiben.

»Mit über 70 Jahren noch mit einem Computer schreiben? Das wird nichts!«

»Warum nicht? Versuch's doch wenigstens mal! Du kannst meinen alten haben – einfach mal zum Probieren.«

»Na schön, man kann ja auch mal auf die Kinder hören; in dieser schnelllebigen Zeit kennen sie sich viel besser aus als wir Alten«, dachte ich mir. Ich versuchte es und war so davon fasziniert, dass ich mir schon bald einen neueren PC kaufte und nicht nur meine Erlebnisse aufschrieb, sondern auch Erklärungen und Kommentare zu Texten aus der Bibel für christliche Freunde, die sich nicht so gut auskannten oder einiges nicht verstanden. Mit einer Freundin vom Bibelkreis stellte ich ein individuelles Liederbuch mit unseren Lieblingsliedern zusammen. Wenn ich in Büchern, Schriften, Vorträgen und Predigten gute Auslegungen fand, notierte ich diese, und konnte davon weitergeben.

Ich schrieb an alte Bekannte und Freunde, mit denen ich lange keine Verbindung gehabt hatte, und lernte so auch endlich Rolands Kinder besser kennen, um die ich mich bisher so wenig hatte kümmern können. Schließlich wurden meine Erinnerungen über meine Zeit mit Lone sogar als Buch verlegt.

Evi war aus der Karibik zurückgekehrt und hatte nicht vor, noch einmal dorthin zurückzukehren. Sie hatte Elkes Pferd zu sich genommen und ihr eigenes zurückgeholt, das bei Bekannten eingestellt gewesen war, während sie im Ausland gelebt hatte. Sie konnte nicht nur mit Pferden umgehen, sondern auch mit Hunden. Das sprach sich schnell herum. Freunde oder Bekannte vertrauten ihr ihre Vierbeiner an, wenn sie diese nicht mitnehmen konnten. Bald hatte sie so viele Anfragen, dass sie sich entschloss, ein Hunde- und Katzenhotel zu eröffnen. Dafür entwarf und druckte ich Prospekte, Visitenkarten und Briefköpfe. Es machte auch Spaß, individuelle Glückwunschkarten für Familienangehörige und Freunde zu entwerfen – Langeweile hatte ich nicht. Gott gestattete mir aber nur eine kurze Verschnaufpause. Er hatte wohl noch etwas anderes vor.

Erinnerungen an die Heimat holten mich ein, als Ursel, meine alte Schulkameradin, mir mitteilte, dass Werners Frau gestorben sei. Ursel hatte schon oft Verbindungen zwischen Heimatfreunden hergestellt. Sie war es damals auch gewesen, die mir Werners Anschrift gegeben hatte, als er in englischer Kriegsgefangenschaft war. Während meiner »Lehrzeit« hatte sie den Briefkontakt mit mir gehalten, obwohl ich ihr nur selten antwortete. Und sie stand mit vielen anderen Schulkameraden, Freunden und Bekannten aus der Heimat im Briefwechsel.

Werner! Der Freund, mit dem ich die ersten und schönsten Jahre, die unbeschwerteste Zeit meiner Kindheit – meines ganzen Lebens – verbracht hatte, an den ich mich so gern erinnerte! Nun hatte er einen lieben Menschen verloren! Ich musste ihm unbedingt schreiben. Lange hatten wir nichts mehr voneinander gehört. Nicht nur aus Zeitmangel schrieb ich nicht an ihn, ich wollte ihn mit meinen Nöten und Sorgen nicht belasten. Jetzt hatte *er* Kummer und das war Grund genug, ihm meine Anteilnahme auszudrücken.

Gerade war die Taschenbuchauflage von *Du weißt, wohin du gehst, mein Kind* erschienen. Ich schickte sie ihm, auch als Erklärung, warum ich ihm so lange nicht geschrieben hatte. Dabei erkundigte ich mich natürlich auch nach seinem Befinden. Die Entfernung war zu groß, um ihm praktische Hilfe anzubieten, denn er wohnte noch immer im Wiesenthal, wohin er bald nach seiner Heirat gezogen war. Ich fragte ihn aber, ob er jemand hätte, der sich um ihn kümmerte.

Auf seine Antwort musste ich nicht lange warten. Ob wir uns nicht treffen könnten, wollte er wissen. Daran hatte ich eigentlich nicht gedacht, aber der Vorschlag war gar nicht schlecht. Bevor ich den Brief mit meiner zustimmenden Antwort jedoch abschickte, kamen mir Bedenken: Ein Wiedersehen nach so langer Zeit – war das gut? Als wir uns drei Jahre nach Kriegsende zuletzt sahen, waren wir beide gerade 22 Jahre alt. Heute waren wir über 70! Mehr als 50 Jahre lagen zwischen unserer Begegnung im Steinbruch. Ein ganzes Leben! Wir hatten total unterschiedliche Erfahrungen und Erlebnisse gehabt. Da waren Enttäuschungen vorprogrammiert!

Vor 50 Jahren hatten wir uns gut verstanden, aber unsere Herzen waren nicht für eine dauerhafte Verbindung bereit gewesen. Wir hatten Freunde bleiben wollen und einen unverbindlichen Briefwechsel beibehalten. Vielleicht, so überlegte ich jetzt, sollten wir den zunächst wieder aufnehmen, um herauszufinden, ob es überhaupt noch Berührungspunkte zwischen uns gab, wie und ob wir uns noch etwas zu sagen hatten.

Nicht nur wir, nein, die Welt, in der wir lebten, hatte sich völlig verändert. Ein ungewöhnliches und doch ähnliches Ereignis gab es jetzt wieder: eine Währungsreform oder Währungsumstellung. Seinerzeit, 1948, hatte Werner wegen der Währungsreform zurückreisen müssen, weil er die 40 DM Startgeld dort abholen musste, wo er polizeilich gemeldet war. Nun stand eine große Währungsumstellung bevor: Die D-Mark sollte im kommenden Jahr durch Euro ersetzt werden! Die europäischen Staaten waren dabei, Feindseligkeiten, Misstrauen und Hass abzubauen. Die zerstörten Städte wurden wieder aufgebaut. Es gab keine Besatzungszonen mehr. Sogar aus dem durch Stacheldraht und Mauern geteilten Deutschland war wieder ein Staat geworden. Ohne größere Schwierigkeiten konnte man von einem Land ins andere reisen, ohne Visum, ohne Reisepass, nur mit dem Personalausweis.

So viel hatte sich seit unserer Begegnung nach Ende des Krieges ereignet und war sicher an uns nicht spurlos vorübergegangen. Gab es überhaupt noch einen Konsens zwischen uns? Wir sollten wirklich erst eine Weile korrespondieren und dann entscheiden, ob wir eine persönliche Begegnung noch wünschten. Diesen Vorschlag machte ich Werner. Aber er war nicht einverstanden. Er teilte meine Bedenken nicht, sondern bereitete sich darauf vor, mich zu besuchen. Ich schwankte zwischen Freude und heimlicher Besorgnis.

Drei Wochen später kam er, wagte die weite Reise vom Süden nach Norden, vom Wiesenthal ins Wendland, trotz meiner Einwände und Bedenken. Entgegen meiner Befürchtungen wurde es ein spannendes, herzliches und unübertrefflich schönes Wiedersehen! Eine große, tief empfundene Verbundenheit stellte sich sofort ein. Unsere Kindheit, unsere unvergessene, schöne Heimat, unsere Sehnsucht danach, unsere Träume davon – das waren Bande, die weder die Zeit noch die Entfernung noch unterschiedliche Schicksale ausgelöscht hatten!

Unsere Gedanken und Erinnerungen eilten zurück. Mitschüler und Lehrer, Häuser, Straßen und Plätze, heitere und traurige Erlebnisse wurden lebendig. Wir verweilten an unseren Lieblingsseen zum Baden, fuhren mit Fahrrädern auf den sandigen Wegen, pflückten Blaubeeren und durchstreiften die großen Wälder nach Pilzen, sahen riesige goldgelbe Kornfelder vor unseren Augen und immer wieder fragten wir einander: »Weißt du noch .... Kennst du noch .... Erinnerst du dich noch ....?«

Unsere Sehnsucht nach der Heimat war jetzt stärker als vor 50 Jahren. Vieles wurde in der Erinnerung wohl auch verklärt, längst vergessen geglaubte Namen und Menschen erwachten zum Leben. Anderes, das uns damals nicht gefallen hatte, war bedeutungslos geworden. Bis tief in die Nacht saßen wir zusammen und waren noch lange nicht am Ende; der folgende Tag brachte neue Bilder, Fragen und Betrachtungen.

Werner kannte unsere Heimatstadt viel besser als ich und seine Erinnerung an Namen von Straßen, Plätzen und Menschen war erstaunlich. Erst nach etlichen Tagen kehrten wir langsam in die Gegenwart zurück. Nun erzählte Werner von sich und von den schmerzlichen Ereignissen, die die letzten sechs Jahre seines Lebens überschattet hatten.

Er hatte eine glückliche Ehe gehabt, war erfolgreich im Beruf gewesen. Geschätzt von Vorgesetzten und Mitarbeitern hatte er fast vierzig Jahre in der Firma gearbeitet, für die er auch jetzt im Ruhestand noch tätig war. Seine drei Söhne waren sein ganzer Stolz. Alle waren strebsam, hatten einen guten Schulabschluss und anschließend ordentliche, Erfolg versprechende Berufe gewählt. Die Eltern konnten zufrieden sein.

Doch plötzlich, wie aus heiterem Himmel, wurde die Familie von einer absolut unfassbaren Nachricht aufgeschreckt: Der jüngste Sohn hatte sich im Alter von 23 Jahren das Leben genommen! Werner und seine Frau waren fassungslos, erschüttert. Warum? Was hatte den besonders ehrgeizigen und begabten jungen Menschen zu diesem Schritt getrieben?

Noch jetzt, als Werner mir davon erzählte, machte er sich Vorwürfe, dass er so wenig von seinem Sohn gewusst, zu wenig mit ihm gesprochen hatte. Es hatte den Kindern doch an nichts gefehlt, wie er meinte. Oder doch? Hätte er sich als Vater mehr um seine drei Jungen kümmern müssen, anstatt unermüdlich für seine Firma zu arbeiten und ehrgeizig nach Anerkennung zu streben? Im Urlaub hatte die Familie Reisen gemacht, nicht nur nach England, in die Heimat seiner Frau Patricia. Das waren einige der wenigen schönen Erinnerungen. Seine Frau war nur für die Familie da gewesen. Hätte sie es nicht bemerken müssen, dass der Jüngste Probleme hatte, mit denen er nicht fertig wurde? Hatte sie sich diese Vorwürfe auch selbst gemacht? War das der Grund für sie gewesen, sich ebenfalls das Leben zu nehmen? Mit wenigen Worten auf einem kleinen zerknitterten Zettel in ihrer leblosen Hand hatte sie Werner einen Abschiedsgruß geschrieben, ihm gesagt, dass er ein guter Mann für sie und ein guter Vater für seine drei Jungen gewesen sei, und dass sie damit rechne, ihn wiederzusehen – sonst nichts!

Warum? Warum jetzt, als Werner endlich aufgehört hatte, Übersetzungen für die Firma zu machen, um mit seiner Frau nun zusammen das Alter zu genießen? Da rissen die Fragen nicht ab: Was hatte er falsch gemacht? Wenige Monate nach dem Tod seiner Frau kam die nächste schockierende Nachricht: Der älteste Sohn war auf einer Geschäftsreise in Südamerika ermordet worden!

Werner hatte den Tod seiner geliebten Frau, mit der er 42 Jahre verheiratet war, noch nicht verkraftet, nun musste er mit diesem Schicksalsschlag ganz allein fertig werden. Als er mir davon erzählte, stellte er immer wieder die selbstquälerische Frage: Warum? Ich fand keine Worte, mit denen ich ihn hätte trösten können. Nur für mich selbst dachte ich: Wenn er doch seine Last im Gebet zu Gott bringen könnte! Aber wie sollte ich ihm das begreiflich machen? Er hatte mir geschrieben, dass er meinen Glauben, der in meinem Buch zum Ausdruck kommt, nicht nachvollziehen könne. Würde er es verstehen, wenn ich ihm trotzdem mehr davon erzählte? Ich hatte ja so viele Erfahrungen gemacht, sollte ich ihm davon erzählen? Oder war es besser, zunächst nur einfach zuzuhören? Wahrscheinlich war es für ihn das erste Mal, dass er sich einem anderen Menschen so ganz anvertraute. Auch wenn wir uns 50 Jahre nicht gesehen hatten, wirkten doch die ersten Jahre unseres Lebens noch weiter, in denen wir so einträchtig und vertraut miteinander gespielt hatten.

Ich ließ ihn erzählen und das schien ihm gut zu tun. Er öffnete sich mehr und mehr, die bitteren, klagenden und anklagenden Worte sprudelten geradezu aus ihm heraus. Es hatte in seiner Familie kaum Schwierigkeiten oder größere Probleme gegeben; davon konnte er jedenfalls nichts berichten. Die Kinder waren zeitlich exakt geplant gewesen und pünktlich gekommen. Alle waren gesund. Fast vierzig Jahre lang war Werner ein angesehener Mitarbeiter in seiner Firma gewesen. Das Reihenhaus war schuldenfrei, ein kleines Vermögen in Wertpapieren angelegt als Altersvorsorge.

Missgeschicke? Höchstens mal ein kleines Ärgernis mit Mitarbeitern in der Firma oder mit den Kindern in der Schule, aber nichts von Bedeutung – ein normales Leben ohne erwähnenswerte Schwierigkeiten. Da brachen aus heiterem Himmel kurz nacheinander diese furchtbaren Ereignisse herein und niemand wusste warum! Er und seine Familie waren doch immer rechtschaffen gewesen, hatten niemand etwas Böses zugefügt. Auch die Kinder wurden dazu angehalten, ordentlich und freundlich zu sein. Ob ich eine Erklärung dafür hätte, fragte Werner.

Gibt es überhaupt eine Erklärung, eine Antwort auf die tausendfach gestellte Frage »Warum?«? Nein, erklären konnte ich ihm das auch nicht. Ich konnte ihm nur den Denkanstoß geben, die Frage einmal anders zu stellen: Warum nicht? Darf mir so etwas nicht passieren? Andere Menschen müssen auch viel erleiden und erdulden, obwohl sie auch ehrenhaft und anständig sind.

»Habt ihr euch in der langen, glücklichen Zeit einmal gefragt, warum es euch so gut ging, warum ihr eure Pläne verwirklichen konntet, warum alles gelang, was ihr euch vorgenommen hattet?«

Nachdenklich sah er mich an. »Wir waren sparsam und hatten eine gesunde Lebenseinstellung, moralisch ein hohes Niveau und haben uns eigentlich nichts vorzuwerfen! Darum fand ich es selbstverständlich, dass es uns gut ging und wir uns viel leisten konnten.«

»Könntest du dir vorstellen, dass Gott etwas bei euch vermisste?«

»Wie meinst du das? Was sollte Gott vermisst haben?«

»Vielleicht eine persönlichere Beziehung zu dir, zu euch, zu deiner Familie?«

Stummes Kopfschütteln, hilflos fragende Blicke. Werner dachte nach. Nein, das konnte er sich nicht vorstellen. Gott hatte in seiner Familie keine Rolle gespielt. Weder er noch seine Frau hatten Kontakte zur Kirche, einer christlichen Gemeinschaft oder anderen Christen gehabt. Weshalb sollte Gott bessere, engere Beziehungen zu ihm und seiner Familie gesucht haben? War Gott etwa an ihnen interessiert? Was hatte der davon?

»Wärest du denn jetzt nach allem bereit, in eine engere Beziehung zu Gott zu treten, ihn kennen zu lernen? Vielleicht erfährst du, wie sehr er an dir interessiert ist.«

Werner wollte es gerne herausfinden und war dazu bereit. Nun wusste ich es: Das war die Aufgabe, die Gott jetzt für mich hatte! Ich durfte das Gelernte weitergeben an meinen ältesten Freund, der beim Spielen immer gefragt hatte: »Esther, wie machst du das? Ach ja, so mach ich das auch!« Ich durfte ihm davon erzählen, wie Gott mich getragen, gestärkt und getröstet hatte in allen schweren Situationen. Unser Wiedersehen war also Gottes Plan! Wir sollten und mussten uns wieder begegnen.

Und auf die Frage von damals, warum unsere Herzen nicht zueinander fanden, bekam ich nun auch die Antwort: Vor 50 Jahren im Steinbruch hatte ich Gott nicht gekannt. Da wären wir vermutlich beide genau so weit gewesen, wie er jetzt allein war. Wir hätten sicher und ruhig zusammengelebt. Er war immer verträglich und überhaupt nicht streitsüchtig. Er hätte uns als verantwortungsbewusster Familienvater bestens versorgt. Mangel oder seelische Not hätte ich nicht kennen gelernt und wir beide hätten Gott nicht gebraucht.

Von diesen Gedanken sagte ich ihm allerdings nichts. Ich bemerkte aber sehr wohl, wie er mich beobachtete. Und wie er davon beeindruckt war, dass die früher so schüchterne Esther ihr Leben so energisch und doch harmonisch lebte, trotz der schlimmen Geschehnisse, die sie zu bewältigen gehabt hatte.

Wenn mein Mund im Eifer des Erzählens überlief von der Freude, die mein Herz erfüllte, fragte er verwundert, wie ich so fröhlich sein konnte. Das schien ihn mehr zu faszinieren als alle Worte, die ich ihm sagte. Mehr als einmal drückte er auch sein Erstaunen aus, dass ich nicht auf jede Frage eine Antwort hatte, sondern offen zugab, wenn ich etwas nicht wusste.

Ob das alles auch ihm helfen konnte, sein Herz für Gott zu öffnen? Würde er erkennen, verstehen, dass es Gottes Liebe war, die ihm die schweren Schicksalsschläge zumutete, um ihn näher zu sich zu ziehen? Ich hatte es ja erfahren, dass Gott uns nie so praktisch liebt wie in den Zeiten, in denen er uns schwierige Dinge durchleben lässt. Jetzt betete ich darum, die richtigen Worte und Gedanken zu finden, damit ich es auch Werner begreiflich machen konnte.

»Was müsste ich deiner Meinung nach denn tun, damit Gott in mein Leben kommt? Wie soll ich das erreichen, wie kann das gehen?«, fragte er.

»Ganz einfach: Du bittest ihn darum. Wenn du es ehrlich meinst, wenn du es wirklich von Herzen wünschst, dann wird er zu dir kommen und du wirst es bemerken – davon bin ich überzeugt.«

Nach einer Weile wandte er ein: »Ich kann aber nicht beten!«

»Ach Werner! Natürlich kannst du beten! Du musst ja kein formelles Gebet sprechen. Mit Gott kannst du reden, wie dir der Schnabel gewachsen ist. Gott sieht dein Herz und weiß, ob du ihn wirklich kennen lernen möchtest. Er kennt die geheimsten Gedanken, die dich bewegen. Beten bedeutet, dein Leben, alles was dich bedrückt und erfreut, was dir Sorge macht und dich bewegt, vor Gott auszubreiten. Wie ein Kind mit seinen Problemen zu seinem Vater geht und mit ihm spricht, so kannst du zu Gott gehen. Sag ihm zuerst nur einfach: ‚Gott, wenn es dich gibt, dann möchte ich dich kennen lernen!' Das ist alles. Versuche es nur, du wirst es erleben, dass Gott sich dir zeigt. Er hört dich ganz bestimmt! Und du wirst dann auch empfinden, wie viel leichter alles wird. Denn wo ich eine Not zu Gott bringe, wird sie vielleicht nicht erklärlicher, aber auf jeden Fall erträglicher.«

Drei Wochen blieb Werner bei mir. Es war wunderschön, aber zuletzt hatte ich doch das Bedürfnis, wieder allein zu sein. Werner fuhr zurück in den Schwarzwald. »Nun musst du mich besuchen«, meinte er beim Abschied.

Nach seiner Abreise genoss ich erst einmal die Ruhe. Seine Probleme, sein Schicksal und seine Nöte ließen mich jedoch nicht mehr los und kamen auch in dem folgenden, lebhaften Briefwechsel immer wieder zum Ausdruck. Worüber ich mich am meisten wunderte, waren meine Gefühle für ihn. Ich empfand immer deutlicher, dass ich ihn liebte und mich nach seiner Nähe sehnte. So freute ich mich schließlich, seiner Einladung zu folgen, was ich eigentlich gar nicht beabsichtigt hatte. Schenkte Gott mir diese warmen Gefühle für Werner, die ich vorher nie verspürt hatte, um mir zu helfen, für weitere Aufgaben bereit zu sein?

Anfang Juni fand in der Schweiz, in der Nähe von Werners Wohnort, eine Israelkonferenz statt. Vielleicht würde Werner mich zu der Konferenz begleiten? Sicher wäre es geeignet und hilfreich für ihn zu sehen, dass es außer mir noch andere Menschen gibt, die mit Gott leben; denn ich hatte manchmal den Eindruck, dass er mich für einen Outsider mit seltsamen Ansichten hielt, irgendwie ein bisschen abgehoben und weltfremd.

Ich fragte in meinem nächsten Brief, ob ihm mein Besuch Anfang Juni recht wäre und ob er mich möglicherweise auch zu der Konferenz begleiten würde. Seine Antwort kam postwendend. Selbstverständlich würde er mich begleiten und ich sollte mir auch genügend Zeit mitbringen. Er gab mir genaue Anweisungen, wie und wohin ich fahren sollte und dass er mich in Basel abholen würde.

Die Gemeinschaft von so vielen Israelfreunden beeindruckte ihn sehr. Er hatte es nicht für möglich gehalten, dass sich so viele Menschen versammelten, die sich überhaupt nicht oder doch nur wenig kannten, und in herzlichem Einvernehmen einige Tage miteinander verbrachten, Vorträge hörten, sangen und beteten.

Von den Vorträgen verstand er kaum etwas. Das lag nicht nur an seiner Schwerhörigkeit. Es war alles zu neu für ihn, denn er war ja nie in einer christlichen Gemeinde gewesen. Nach seiner Konfirmation hatte er wohl keine Kirche mehr von innen gesehen. Auch das Hauptthema, die Liebe Gottes zum Volk Israel, war ihm total neu und fremd. Kein Wunder, denn als er wohl zum letzten Mal in einer Kirche gestanden hatte, war es selbst für Pfarrer gefährlich gewesen, Juden zu erwähnen und sie gar als das auserwählte Volk zu bezeichnen. Besonders beeindruckte ihn aber der herzliche Umgang, wie alle im Glauben an Jesus Christus und in ihrer Liebe zum Volk Israel verbunden waren.

Für mich war es ein ganz großes Erlebnis. Vor etwa 20 Jahren hatte ich zuletzt an einer Israelkonferenz teilgenommen, kurz bevor wir von Elkes Krankheit erfahren hatten. Einige Freunde von damals traf ich noch und andere kannte ich vom Sehen. Ja, das war ein guter Auftakt für unsere weiteren Gespräche und Werner hatte nun auch andere Fragen.

Wir feierten noch meinen 74. Geburtstag gemeinsam, danach kehrte ich zurück mit der Überzeugung, dass Werner weiter nach Gott fragen würde und bereit war, sein Herz ganz für ihn zu öffnen. Ich wusste, dass Gott ihn führen würde. Er brauchte und suchte Trost nach den schweren Schicksalsschlägen, dem Verlust seiner Frau und seiner Söhne. Er hatte mich beobachtet und bewunderte meine Heiterkeit und Gelassenheit und wünschte sich auch, so zu sein. Alle meine wortreichen Erklärungen hätten dieses Verlangen wohl nicht wecken können, aber meine Begeisterung und Fröhlichkeit, wenn ich von dem erzählte, was Gott an mir und in meinem Leben getan hatte, bewirkten es.

Das bestätigten auch seine Briefe, in denen er mich immer öfter bat, doch für Entscheidungen zu beten, die er treffen musste. Manchmal fragte er, ob ich eventuell auf das eine oder andere Problem schon eine Antwort bekommen hätte.

Es war zu schön, dass wir uns noch einmal begegnen durften, dass wir diese letzten Jahre unseres Lebens miteinander verbringen konnten, wie wir die ersten miteinander verbracht hatten, in sorgloser Einmütigkeit und doch mit vielen Erfahrungen, die wir im Leben gemacht hatten. Gott schenkte uns Freuden, die wir in unserer Jugend während der Naziherrschaft unter dem Einfluss der größenwahnsinnigen »Supermenschen« und in den Jahren des schrecklichen Krieges nicht erlebt hatten. Der Bibelvers aus dem Propheten Joel, mit dem Gott sein Volk tröstet, schien auch uns zu gelten: *Ich will euch die Jahre erstatten, deren Ertrag die Heuschrecken, Käfer, Geschmeiß und Raupen gefressen haben, mein großes Heer, das ich unter euch schickte* (Joel 2,25). Ja, Gott erstattete uns die Jahre, in denen wir von aufgeblasenem »Geschmeiß« sämtlicher Freuden der Jugend beraubt worden waren, ohne dass es uns bewusst gewesen wäre. Sicherlich war es jetzt im Alter besonders faszinierend.

Mir kam es vor, als sei ich um Jahre jünger geworden. Werner schien ähnlich zu empfinden. Er plante, schon wieder nach Wustrow zu kommen. Inzwischen hatte die Post reichlich zu tun, unsere Briefe zu befördern, denn wegen Werners Schwerhörigkeit konnten wir nicht miteinander telefonieren. Manchmal dachte ich: Wenn jemand unsere Briefe liest, ohne zu wissen, wie alt wir sind, er würde uns wohl für 16/17-Jährige halten.

Nach mehrmaligen Fahrten zwischen Schopfheim und Wustrow suchte Werner nach einer Möglichkeit, wie wir näher beieinander leben könnten. Wir berieten, fassten verschiedene Möglichkeiten ins Auge, aber wurden uns nicht einig. Werners Vorstellungen sahen anders aus als meine. So sehr ich Werner auch mochte, fürchtete ich doch das ständige, enge Beisammensein. Ich war zu lange allein gewesen. Es wäre mir lieber, mit ihm zwar im gleichen Ort, aber in verschiedenen Wohnungen zu leben. Aber wenn Gott es so wollte, würde ich mich auch damit arrangieren können. »Mache meinen Willen dem deinen gleich!«, betete ich und bat auch um ein deutliches Zeichen, woran ich das erkennen konnte.

Nicht ganz überrascht war ich dann, als Werner fragte: »Wenn ich hier ein Haus kaufe, würdest du mit mir zusammen darin wohnen?«

Welche Idee! Das wollte Werner tun? Das schöne Wiesenthal verlassen, um mit mir zusammenzuwohnen?

»Wenn das Haus groß genug ist, dass wir uns auch aus dem Weg gehen können. Zwei getrennte Wohnungen sollte es schon haben.«

Kaum hatten wir darüber nachgedacht, da erzählte uns Roland, dass sein Nachbar und Freund sein Haus aus beruflichen Gründen verkaufen wollte. Ob Werner daran interessiert sei? Woher wusste Roland überhaupt von der Frage, die wir eben erst erörtert hatten? Zufall? Das erbetene Zeichen von Gott?

Werner war interessiert und wir sahen es an. Das Haus mit dem schönen Garten gefiel uns beiden. Und nach kurzer Verhandlung mit dem Verkäufer war es ausgemacht. Im April des folgenden Jahres könnten wir einziehen.

Das war ein deutliches Zeichen und ich *musste* einverstanden sein! Na ja, ich war es gern. Es war ein willkommener Auftrag und natürlich auch mein Wunsch, meinem alten und ersten Freund mehr und mehr zu erzählen und ihn spüren zu lassen, wie wunderbar es ist, wenn Gott in unserem Leben Regie führt. Meine Kinder hatten Werner lieb gewonnen und freuten sich mit uns über unser spätes Glück. Willig boten sie ihre Hilfe beim Umzug an, so dass wir uns um nichts kümmern mussten. Die resolute Evi wollte uns nicht einmal in der Nähe dulden und schickte uns für vier Tage fort; ich sollte nur ungefähr aufzeichnen, wie ich die Möbel und Einrichtung im Haus verteilt haben wollte.

In den ersten Wochen kamen wir gut miteinander aus. Wir glichen unsere Gewohnheiten an. Manches behielten wir von Werner bei, anderes übernahm Werner von mir. Das klappte reibungslos, zumal wir ja auch noch viel zu tun hatten, bis wir aus Kisten und Kartons alle Utensilien gefunden und eingeordnet hatten.

Dass Werner noch für kurze Zeit ins Wiesenthal fahren wollte, kam mir sehr gelegen, so konnte ich ungestört ordnen und einsortieren. Dann teilten wir unseren Freunden und Bekannten unsere neue Adresse mit und unsere Entscheidung, unseren Lebensabend miteinander zu beschließen.

Lange dauerte es nicht, da fiel mir auf, dass Werner still und immer stiller wurde. Bereute er etwa seine Entscheidung, nun hier mit mir zusammenzuleben? Aber dann würde er doch nicht ständig meine Nähe suchen! Das passte nicht dazu. Ich überlegte, wie ich ihn mit irgendetwas beschäftigen konnte, womit er abgelenkt war. Auf meine verschiedenen Vorschläge ging er nicht ein. Ich wollte gern wieder malen und hoffte, er würde wenigstens daran interessiert sein – alles ließ ihn gleichgültig.

Für eine Freundin vom Hausbibelkreis, die uns öfter besuchte, hatte Werner gelegentlich Briefe aus dem Englischen ins Deutsche oder umgekehrt übersetzt. Das machte er gern. Sie hatte eine fabelhafte Idee, wie ich meinte: Er könnte für ihren Schwager in Kenia aus einem Buch für Missionshelfer einige Kapitel ins Englische übersetzen. Dabei wäre er in meiner Nähe, ich würde die übersetzten Abschnitte schreiben und seine dabei aufkommenden Fragen bezüglich der Texte auch gleich beantworten. Ich war begeistert, Werner zuerst auch. Leider ließ sein Interesse auch daran nach kurzer Zeit nach. Er wurde immer wortkarger, sprach nur noch ganz wenig mit mir.

Als seine Steuerberaterin von ihm bestimmte Unterlagen abholen wollte, hatte er Schwierigkeiten zu verstehen, was er suchen sollte. Sie wandte sich an mich und meinte: »Darum sollten Sie sich wohl kümmern, er kommt damit nicht mehr klar. Aber dann müssten Sie ihn heiraten, sonst haben Sie kein Recht dazu.« Ich blickte Werner an und zögerte mit der Antwort. Da fragte sie Werner geradewegs, der offenbar gut verstanden hatte, worum es ging: »Wollen Sie Frau Kietz nicht heiraten, damit sie Ihre Unterlagen verwalten darf?«

Ein Leuchten flog über sein Gesicht. Zuerst sah er mich hilflos und unsicher an – abwartend, was ich dazu sagen würde.

»Möchtest du mich denn heiraten?«, fragte ich ihn. Er strahlte, als hätte er auf diese Frage schon lange gewartet: »Aber sicher doch!«, kam spontan seine Antwort.

Schon vor dem Umzug hatte er mich danach, fast scheu, gefragt, aber ich hatte zu viele Zweifel, wollte mich nach dem langen Alleinsein nicht binden und gab ihm auf seine Frage keine eindeutige Antwort. Wenn ihm so viel daran gelegen war, warum hatte er die Frage später nicht wiederholt? Hatte er eine Absage von mir befürchtet? Oder wollte er sich selbst und mir nicht eingestehen, dass er Hilfe brauchte? Sein Wissen, sein Denkvermögen und andere Fähigkeiten hatten rasend schnell nachgelassen. Wenn es so weiter ging, würde er bald ein Pflegefall sein.

Die Steuerberaterin war zufrieden und stellte fest, dass es ohnehin für uns beide das Beste sei. Sie war dann auch unsere Trauzeugin. Die Freude und die Vorbereitungen zur Hochzeit hatten sein noch vorhandenes Können und seine Auffassungsgabe offensichtlich mobilisiert. In kurzer Zeit hatten wir alle Unterlagen zusammen und meldeten uns beim Standesamt an.

Dort erregten wir Aufsehen. Nicht nur, weil zwei so alte Menschen noch heiraten wollten, sondern weil aus unseren ausgefüllten Anträgen hervorging, dass wir aus dem gleichen Ort in Pommern kamen und beide im gleichen Jahr geboren waren.

»Haben Sie sich nicht geirrt bei den Daten?«, wollte die verblüffte Standesbeamtin wissen. »Beide Geburtsort Falkenburg, beide im Jahr 1925. Haben Sie voneinander abgeschrieben?«

Wir klärten sie auf und sie war sichtlich berührt von unseren Angaben: »Eine faszinierende Geschichte wie ein Märchen ist das ja. So etwas sollte man weiter erzählen. Das sollte von der Zeitung aufgegriffen werden, wirklich außergewöhnlich interessant.«

Evi hatte zum Standesamt Sekt mitgebracht und dafür gesorgt, dass wir alle, Standesbeamtin, Trauzeugen und Gäste, miteinander anstoßen konnten. Sie hatte auch für die Feier danach alles vorbereitet. Es wurde ein ausnehmend schöner Tag. Der Bräutigam strahlte, als wäre ein lang gehegter Traum für ihn wahr geworden und ich versuchte, wenigstens heute nicht zu viel darüber nachzudenken, welche schwierige Aufgabe nun auf mich zukam.

Einige Tage lang hielt bei Werner die Euphorie an. Dann ließ sie sehr schnell und deutlich nach. Die Zeitung blätterte er nur noch oberflächlich durch, machte nicht einmal mehr die Kreuzworträtsel. Es schien, als hätte er auch die Sprache verloren oder vergessen; denn seine Wünsche deutete er nur durch Handzeichen an. Weder an seinen alten Freund Gerd schrieb er noch an seinen Sohn. Ich musste ihn wie ein kleines Kind behandeln, ihn anziehen, waschen und rasieren. Oft fand er die Toilette nicht rechtzeitig oder wusste nicht, wie er die Hose aufmachen sollte. »Hättest du, mein Gott, mir nicht eine leichtere Aufgabe geben können?«, murrte ich schon wieder unzufrieden.

Meine Schmerzen im Rücken und in den Gelenken nahmen zu, meine Kraft hatte so abgenommen, dass ich kaum noch für meine eigenen Bedürfnisse sorgen konnte, und nun sollte ich für uns beide denken und handeln. Es schien unmöglich zu sein. Meine Gebete wurden zu Klagen, aber ich hatte keine Vorstellung davon, wie die Hilfe aussehen sollte, die ich brauchte.

Besorgt, was der Tag an neuen Schwierigkeiten bringen würde, seufzte ich tief auf, als wir an einem Samstagmorgen schweigend, wie jetzt immer, am Frühstückstisch saßen. Gab es eine Lösung? Werner waren die Probleme wohl gar nicht bewusst. Spürte er es überhaupt, dass er sich wie ein Kleinkind verhielt?

Verzagt und mutlos schaltete ich das Radio ein. Am Samstagmorgen gab es Klassik auf Wunsch. Vielleicht würde mich Musik wenigstens für kurze Zeit von meinem Dilemma ablenken, daher drückte ich auf den Knopf der Fernbedienung.

»Er hat seinen Engeln befohlen über dir!« Klar und deutlich kam die Stimme aus dem Radio. Es war der Titel des nächsten Wunschliedes, aber ich wusste: Das galt mir! Das war Gottes Antwort auf meine Klage! Über die Ätherwellen sagte der große Gott mir seine Hilfe zu! Er hatte seinen Engeln befohlen, sich um mich zu kümmern und mir zu helfen!

Jetzt weinte ich vor Dankbarkeit und Glück. Gott hat eine Lösung für meine Not! Wie? Das wusste ich noch nicht, aber dass ich darauf vertrauen und warten konnte, daran zweifelte ich keinen Augenblick. Denn ich hatte ja oft erfahren: Wenn Gott etwas tut, dann ist es die beste und vollkommenste Maßarbeit, die man sich vorstellen kann, auf meine Bedürfnisse zugeschnitten wie ein maßgeschneidertes Kleid.

Wenige Tage später saß mir eine gläubige Altenpflegerin aus der Gemeinde gegenüber, die mir bei Werners Pflege helfen konnte. Wir einigten uns schnell. Sie war energisch genug, um sich bei Werner durchzusetzen. Er ließ es zu, dass sie ihn duschte, rasierte, ihn ankleidete und was sonst nötig war. Sie verstand es auch, mit ihm umzugehen, wenn er sich verkrampfte oder auf stur schaltete. Sie wurde mir zu einer Freundin, die an alles denkt und sich heute auch um mich und um meine nachlassende Kraft kümmert. Ich weiß nun, es geht auch dann noch weiter, wenn ich gar nichts mehr tun kann und womöglich selber pflegebedürftig bin.

Einige Wochen lang ging es mit Annemaries Hilfe recht gut, aber Werners Zustand verschlechterte sich erheblich. Wenn Annemarie nicht den ganzen Tag bei uns sein konnte, sah ich keine andere Möglichkeit, als Werner in einem Heim unterzubringen.

Schweren Herzens erkundigten wir uns nach einem Platz in einem guten Pflegeheim. Wir sahen uns die Zimmer an und fanden ein so gutes Haus, dass ich am liebsten auch dort eingezogen wäre, wenn es nicht zu teuer gewesen wäre.

Werner lebte sich schnell ein, war bei Pflegerinnen und Pflegern beliebt. Wenn ich ihn besuchte, strahlte er glücklich. Was er verstand, wenn ich mit ihm sprach, konnte ich nur erraten. Meist ging er nach wenigen Minuten von mir weg, setzte sich neben einen anderen Heimbewohner oder vor das Fernsehgerät und vergaß vollkommen, dass ich auf ihn wartete. Die Pfleger und Pflegerinnen hatten viele Möglichkeiten, ihn zu beschäftigen und auf ihn einzugehen. Sie holten ihn zum Basteln und Malen ab, er wurde angeregt, auch Rollstuhlfahrern zu helfen und Gehbehinderte zu stützen; denn körperlich war er noch sehr fit.

Bei der Weihnachtsfeier im Seniorenheim ging es ihm so gut wie schon lange nicht mehr. Er kam mir strahlend entgegen und umarmte mich mit großer Herzlichkeit. Sogar einen Tisch hatte er für uns reserviert und ich staunte nicht schlecht, als er die alten, bekannten Weihnachtslieder begeistert mitsang.

Eine Pflegerin sagte mir, dass er häufig Gleichgewichtsstörungen habe. Bald nach Weihnachten war er so unglücklich gestürzt, dass er an einem Oberschenkelhalsbruch operiert werden musste. Die Operation war gut verlaufen und er kehrte ins Heim zurück. Alles schien wieder in Ordnung zu sein. Drei Tage später musste er wieder in die Klinik gebracht werden. Wahrscheinlich war es eine Lungenentzündung. Es ging ihm sehr schlecht. Als ich ihn besuchte, erkannte er mich noch und lächelte gequält, aber die Todesschatten in seinen Augen waren nicht zu übersehen.

»Nein!«, schrie mein Herz auf. Das konnte doch nicht sein! Gestern war es ihm doch so gut gegangen, als ich ihn im Seniorenheim besucht hatte. Aber der Arzt machte mir keine Hoffnung. Drei Tage später war mein erster und letzter Freund für immer von mir gegangen! Sein Ende war so schnell gekommen, dass ich es gar nicht fassen konnte.

Für die schönen, glücklichen Tage, die wir noch miteinander erleben durften, und besonders darüber, dass Werner Gott in sein Leben aufgenommen hat, bin ich von Herzen dankbar. Das tröstet mich jetzt und ich bin nicht zu traurig, dass er vor mir gegangen ist. Ich weiß ja auch, dass wir uns wiedersehen werden in der Heimat, aus der wir nicht mehr vertrieben werden können.

Den Pastor, der die wenigen Trauergäste begleitete, hatte ich gebeten, in seiner Ansprache den Text aus 2. Korinther 5,1-2 zu nehmen: *Denn wir wissen, dass, wenn unser irdisches Zelthaus zerstört wird, wir einen Bau von Gott haben, ein nicht mit Händen gemachtes, ewiges Haus in den Himmeln.*

Wie viel Zeit steht mir noch zur Verfügung? Wann werde ich Werner nachfolgen? Sind es Tage, Wochen oder Jahre? Ich will die Zeit nutzen und von den großen Dingen erzählen, die Gott an uns und in unserem Leben getan hat. Es hatte alles seinen Sinn, war alles gut, auch das, was mir gar nicht gefiel, was ich nicht verstand, wogegen ich aufbegehrte und murrte. Die größten Schwierigkeiten, die mir im Leben begegneten, waren der Boden, auf dem Gott sich offenbaren konnte und mir seine unendlich große, unfassbare Liebe bezeugte.

So waren auch für Werner die tragischen Schicksalsschläge der letzten Jahre schließlich Gottes Gelegenheit, ihn anzusprechen, für ihn der Anlass, nach Gott zu fragen und ihn in sein Leben aufzunehmen. Auch seine Trauer wurde in Freude verwandelt.

Selig, wenn in Leidenstagen eine starke Hand uns hält,
wenn man Hilfe hat zum Tragen aus der obern Gotteswelt.
Dann wird uns zum Segen werden stets auch noch das tiefste Leid,
dann sind Tränen dieser Erden Perlen in der Herrlichkeit.